春陽堂ライブラリー

002

野蛮の言説

差別と排除の精神史

中村隆之
NAKAMURA Takayuki

SHUNYODO Library

まえがき

　本書は、〈野蛮〉をキーワードに、私たちの住むこの世界のことを考えてみる、ささやかな試みです。二〇世紀までの世界は、〈野蛮〉の反意語である〈文明〉による進歩を理念にして構築されてきた、と考えられます。ところが二一世紀以降、〈文明〉は失墜し、〈野蛮〉と呼びうる状況がむしろ常態化しているように思われます。

　たしかに、科学技術の不断の進展は進歩的に見える事象です。そうした進展が可能とする人間の知覚や思考の変容について、私たちは今日的課題として考えることもできるでしょう。しかし、その一方で私たちがある時代のある社会集団のうちに生まれ、死んでいくという点、つまり社会的存在としての私たち人間の条件は、有史以来さほど変わっていません。そのさほど変わっていない部分に着目して、二一世紀の現代社会を考えることはできないだろうか。そのさい、とりわけ戦時にむき出しとなる、他者の蔑視や排除という、なるべく避けておきたい人間の負の側面にあえて焦点を当てて考える必要があるのではないか。そうした問いに導かれてたどり着いたのが〈野蛮〉というテーマです。

本書は、講義形式で書かれています。この形式を選ぶことで、〈野蛮〉の主題を広範囲に取りあげたいと思うからです。このため本書には注はありません。その代わり、言及する文献については各講にまとめて挙示します。文献も基本的に日本語で読めるものに限るつもりです。詳しい文献情報については巻末に掲げています。

また、本書の読者に想定しているのが、在学生・社会人を問わず、学生であるということも、講義形式を採用した理由です。筆者自身のことを振り返ってみると、大学生活をつうじて、初めて学ぶことの面白さを知りました。高校までの授業は主に受験を想定した学びですが、大学では、学部学科のカリキュラムの制約はありつつも、比較的自由に授業を選べますし、望めば授業にいつでもモグることができます。在学生・社会人を問わず、所属を問わず、授業を受けたい人にはいつでも開かれているのが大学の素晴らしい伝統であり、本を読んで学び続ける点では人は生涯学生なのだとも言えるかもしれません。

そのような次第でこの「講義」は、古くて新しい〈野蛮〉という主題の意義と射程をできるかぎり広くとって伝えることを大きな目標としています。このため、たとえば奴隷制や黒人差別といった、カリブ海文学研究者の筆者自身が親しんできた特定の題材に特化することを避けました。それはむしろ次の段階であり、まずは大きな歴史的展望でもって、人間にとって〈野蛮〉とは何か、を素描してみることが肝要だと思ったからです。

全一五回にわたる「講義」となりますが、最後までお付き合いくだされば幸いです。

野蛮の言説——差別と排除の精神史

目次

III　植民地主義からホロコーストへ

- 文中で多用する「　」と〈　〉について、前者は語句の引用の意、後者は語句の強調の意でそれぞれ用いた。両者が重なる語句の場合はなるべくどちらかに統一した。
- 文献については、初出時に刊行年（欧米の文献の場合は原著のもの）を（　）内に記した。翻訳書は、出版社名も（　）に併記した。書籍・論文の詳細は、巻末の「参考文献一覧」に記した。
- 文中で差別する側からの呼び名を使用せざるをえない箇所もあるが、その場合、それが差別的呼称（蔑称）であることがわかるよう、「　」を附すなどして配慮した。

イントロダクション

私たちの〈闇の奥〉

〈野蛮の言説〉とは何か？

本講義は〈野蛮の言説〉と題していますが、このタイトルを選んだ経緯について最初に触れておきます。以前『カリブ‐世界論——植民地主義に抗う複数の場所と歴史』（人文書院、二〇一三年）という、カリブ海の歴史に焦点を当てた本を書きました。カリブ海の島々は、一四九二年にコロンブスによって「発見」されたのちスペイン人が入植して以降、ヨーロッパの植民地となり、砂糖黍をはじめとする熱帯作物の一大栽培地になりました。この過程でアフリカに暮らす人々がカリブ海地域に連行されて各農園に売られました。そして、奴隷制が布かれ、人間が人間に隷属するという状況が長らく続いたわけです。

「人間」と言いましたが、注意が必要です。今日の観点からすれば奴隷制は根絶すべき〈悪〉ですが、当時の奴隷主の側は、奴隷を自分たちと同じ人間だとは見なしていませんでした。これは奴隷主をはじめとして奴隷貿易に携わった人々だけが共有してきた偏見ではありません。奴隷貿易以降、ヨーロッパとサハラ以南アフリカとの交渉が活発となる過程で、ヨーロッパの人々は、旅行記などの著述や伝聞をとおして、自分たちとは明らかに形質の異なる人々を異文化の他者と見なすだけでなく、自分たちよりも劣っているとする偏見を強めていきました。彼らを「黒人」や「ニグロ」と呼び、人間よりも動物のほうに近い存在だと捉えてきたわけです。

本講義で考えたいのは、こうした〈野蛮の言説〉、つまり人間が人間を「野蛮な存在」と捉え、表象する言葉がどのようにして生まれてくるのか、ということです。

コンラッドの『闇の奥』

この主題を考察するのに際し、何より挙げておきたいのはジョゼフ・コンラッド（一八五七―一九二四）の『闇の奥』（一八九九年）です。この本は本講義の重要な参照項のひとつであり、いずれ本格的に取りあげます。『闇の奥』は英語圏文学の古典の位置を占める小説です。時は一九世紀後半、主人公の船乗りマーロウが、陽の沈んだ頃、船のなかで四人の友人を相手に印象深い冒険譚を語って聞かせるというのが物語の大枠です。マーロウが語るのは、ベルギーの貿易会社に雇われて中央アフリカを流れるコンゴ河の奥地に入っていったときの経験なのですが、詳しくは後日とし、ここでは書名について一言触れておきます。

「闇の奥」は“Heart of Darkness”という原題を訳したものです。都会では街灯やネオンの明かりで煌々と夜が照らされているのでみなさんは本当の闇を経験する機会は少ないと思います。ですから都会の経験は忘れて、このタイトルから、あらゆる形姿が呑み込まれる暗闇を想像してみましょう。光がまったく届かない、その先が何も見えない真っ暗闇が"Heart of Darkness"の意味するところです。

「闇の奥」は、闇のなかに閉ざされたアフリカの奥地の暗喩をなしています。そして、このアフリカの奥地は、小説のなかで、未開や始原のイメージと深く結びついています。船乗りマーロウがコンゴ河を上流に遡れば遡るほど原始的な暗黒世界に近づいていくのであり、そこは文明不在の土地のように表象されます。

文明のなかの野蛮

このように『闇の奥』は「アフリカ＝未開」という表象をなぞる点で、〈野蛮の言説〉を構築しているのですが、実はそれだけではありません。この小説の舞台をなしているベルギー国王直属の植民地コンゴでは、統治者たちが現地民にたいして人類史に残る犯罪を犯したことが知られています。『闇の奥』はこのことに触れていません。もちろんコンラッドにベルギー王領コンゴでの犯罪を告発する企図はなかったはずですから、そのことを問題にしても仕方がないでしょう。重要であるのは、『闇の奥』をその史実と突き合わせたときに何が見えてくるのか、ということです。そうした読み方をしてみると、アフリカの野蛮の表象のもとに隠されたもう一つの「闇の奥」――西洋の野蛮が見えてきます。

いまでこそ「西洋＝文明／非西洋＝野蛮」というイメージを抱く人は皆無に等しいでしょう。しかし、少なくとも二〇世紀の歴史観ではこの見方はそれなりに強固なものでした。もちろん二〇世紀には、第二次世界大戦、とりわけ〈アウシュヴィッツ〉の経験をつうじて、「西洋＝文明」とする見方を反省する思想的動向が見られますが、他者が西洋によって「野蛮」だと表象されることが問題視されるまでには、エメ・セゼール（一九一三―二〇〇八）やエドワード・サイード（一九三五―二〇〇三）のような非西洋世界の立場から発言する知識人の活躍を待たなければなりません。しかし、奴隷制をはじめとする西洋による蛮行は、西洋がその外部を「発見」し、植民地化をつうじて世界を一体化させていく過程で、繰り返されてきたわけです。

私たちの〈闇の奥〉

本講義は以上の問題意識のもとに〈野蛮の言説〉を考えていきます。私がカリブ海文学やポストコロニアル研究に携わっていることから講義内容は必然的にヨーロッパを起点とする話題に傾くでしょう。しかし、ここは強調しておかなければならないことですが、本講義が目指すのは、〈野蛮の言説〉を外在的に批判することではありません。私たちにもしも良識が備わっているならば、〈野蛮の言説〉が批判対象であることは自明の理です。自明のことを批判しても仕方ありません。そうではなく、〈野蛮の言説〉がなぜ生み出されてしまうのか、それを本当に克服することができるのかを一緒に考えることが狙いです。

あらかじめ私の考えを明確にしておくと、〈野蛮の言説〉を一挙に解決する特効薬のような方法があるとは思っていません。戦争の問題と同じです。圧倒的多数は戦争に反対でしょうが、戦争がこの世界から消滅したことは人類史上ありません。私たちのうちに民族・宗教・性別・文化などの差異がある以上、つまりは私たちが他者と共に生きている以上、他者を差別したり排除したりする言説は永続的に付きまとうと考えるべきでしょう。この問題の厄介さは、〈野蛮〉が究極的には個々人の内面に関わってくることにあるのだと思いますし、その意味で誰ひとり〈野蛮の言説〉から逃れられません。だからこそ、他者が他者であることを尊重する価値観——これが私の立場となりますが——を私たちが内面の偽りなく共有できるかが問われているのです。

近年から一例を挙げれば、ある自民党の議員（山本幸三・衆議院議員）がアフリカ支援活動にふれて「なんであんな黒いのが好きなんだ」と発言したことが報道されました。二〇一七年一一月下旬のことです。この発言の報道を受け、議員はすぐに発言撤回を示唆する弁解をします。しかしその弁解は「アフリカが『黒い大陸』『暗黒大陸』と表現されたことが念頭にあっての発言で、黒人を指して言ったのでない」という、さらに問題を含むものでした。

この政治家の発言は、あたかもコンラッドの小説内に出てくるような露骨な差別主義者かのようです。なぜ二一世紀の日本の政治家が一九世紀後半のヨーロッパ人と寸分違わない差別意識を抱いてしまっているのでしょうか。この人物が例外的に〈野蛮〉であるということで問題は片付くでしょうか。

本件を重く受け止めた日本アフリカ学会の有志はこのアフリカ蔑視発言に反省を求める抗議声明を出しました。「政治家のこのような差別発言は、これまでに何度もくり返されてきました。［…］今回の山本議員の発言も、アフリカ系アメリカ人やアフリカ人に対する蔑視の意識や、アフリカを劣ったものとする見方が、日本社会にそうとう根深く遍在していることの証左だと考えます」。上記声明にあるとおり、この問題は日本社会に遍在する偏見と関わっています。ですからこの社会で暮らす者として、私たちはこうした差別発言を他人事のように放っておくわけにはいかないのです。

＊

講義の導入ですから、ひとまずここまでとし、言及した文献を紹介しておきます。何よりも**コンラッド**の『**闇の奥**』ですが、これには諸訳あります。岩波文庫の中野好夫訳が長らく親しまれてきましたが、一九五八年の翻訳のため、言葉が古く感じるかもしれません。新訳で入手しやすいのは光文社古典新訳文庫版（黒原敏行訳、二〇〇九年）です。先行訳を踏まえての新訳となるのでこの文庫はお薦めです。ただし、本講義との関連では単行本の三交社版（藤永茂訳、二〇〇六年）を参照します。

日本アフリカ学会有志による声明文はインターネット上で読むことができます。熊本大学文学部の慶田勝彦氏の個人サイトに声明文ならびにその後の経過記事がまとめられています。

非西洋世界の代表的知識人として挙げた**エメ・セゼール**については『**帰郷ノート／植民地主義論**』（平凡社ライブラリー、二〇〇四年）を、**エドワード・サイード**については『**オリエンタリズム**』（全二巻、平凡社ライブラリー、一九九三年）をそれぞれ挙げておきます。両著は本講義の主要参考文献です。

Tabula hec Regionis magni brasilis est : ad partem occidentalez
Antilias castelle regis obtinet. Gens vero eius nigrescentis coloris.
fera i immanissima carnibus humanis vescitur. Hec eadem gens arcu
i sagittis egregie utitur. Hic psitaci versicolores alieqz innumere a-
ves fereqz monstruose. et Simiarum plura genera reperiuntur plu-
rimaqz arbor nascitur que brasil nuncupata vestibus purpureo colo-
re tingendis opportuna censetur.
CV
LV
I
BRASILIS
CLIMA
CLIMA

〈野蛮〉の源流——言語・法・宗教

西洋における〈野蛮の言説〉の最初の大きな展開は、一四九二年のコロンブスによる「新大陸発見」に求められます。「発見」以後、西洋人は、自らの世界観をなすキリスト教と、西洋社会を成り立たせる洗練された法の言語でもって、非西洋世界の他者を、文明から隔てられた〈野蛮人〉だと表象していきます。第Ⅰ部では西洋で「野蛮」を意味する「バルバロス」や「ソヴァージュ」の言語的区分、スペイン人によるインディオの虐殺、この虐殺に伴って生じたアフリカ人の奴隷化の歴史とともに、文明と野蛮の構図のもとに、インディオの土地を所有したり、アフリカ人を奴隷にしたりする西洋の法の論理などをたどります。

第一講

西洋の〈野蛮〉観

〈野蛮〉の表象

イントロダクションでは〈野蛮の言説〉という問題設定を提示しました。今回はこの用語の含意するところの説明から始めます。

〈野蛮の言説〉とは文字どおり、他者を野蛮だと表象する言葉を指しますが、これを〈言説〉としているのには理由があります。〈言説〉は哲学・思想の文脈ではフランス語の"discours"（ディスクール）に由来するミシェル・フーコー（一九二六—八四）の概念の訳語として定着しており、ここでもそのことを踏まえています。フーコーにおける〈言説〉は、言われたことや書かれたことの集合を指しています。さまざまな言葉の集合である〈言説〉は、ある社会における共通認識、観念、イメージといったものを形成していきます。フーコーの〈言説〉概念は他の概念との相関関係にあるために非常に複雑ですからここでは立ち入りません。

この概念をつうじてひとまず強調しておきたいのは次のことです。〈野蛮〉とは、その語を用いる個人が帰属する集団の価値観を基準に捉えられるもので、純粋客観的に〈野蛮〉が存在するという立場はとらないということ。そして、その集団の価値観を形成しているのは、何よりも言語であるということです。一言でいえば、〈野蛮〉の表象は言語によって構築されてきたものだ、となるでしょう。

ヨーロッパにおける〈野蛮〉の語源

実際〈野蛮〉はその語源からして深く言語事象に関わっています。

ヨーロッパにおける〈野蛮人〉の語源は、ギリシャ語の"βάρβαρος"（バルバロス）に由来しています。たとえば、紀元前五世紀の歴史家ヘロドトスの『歴史』の記述にはこうあります。「エジプト人は自分と言語を同じくせぬ者はすべてこれを異国人（バルバロス）と称するのである」（『歴史』上、岩波文庫、二六四頁）。同じように、古代ギリシャ人も自分たちの言語を話すことのできない異国人を指して「バルバロス」を用いたと言われます。

ここから二つのことがわかります。一つは、この語は自民族から見た他者を表しているということ。二つ目は、自民族かどうかの区別は自分と言語を同じくするかどうかにあるということです。つまり、自分の言語を解さない人々を対等とは思わなくなる視点が組み込まれるとき、「バルバロス」は他者への蔑称の性質を帯びていきます。

話は近世に飛びますが、一八世紀フランスで『百科全書』が編纂されます。これは一般に世界初の本格的な百科事典と呼ばれるものですが、そのなかに「バルバロス」に基づくフランス語の用語“barbare”（バルバール）の歴史的説明があります（ギリシャ語とフランス語のあいだにあるラテン語“barbarus”はここでは省略）。

ギリシャ人が、ギリシャ語を話せない——自分たちと同程度には話せない全民族にたいし、前世紀来の粗野を脱ぎ捨てられないでいる他の民族と自分たちとは正反対であることを示すために、蔑視して与えた呼び名である。

（ディドロ、ダランベール編『百科全書』［一七五二年版］第二巻、私訳）

この説明のうちでは「バルバール」が文化的洗練さの対極にあるものと見なされており、その基準が言語にあることがわかります。ギリシャ語を問題なく話せるということは、洗練された文明の側にいることの証だということですから、ここでの「バルバール」は野蛮人や蛮族と訳すべきでしょう。

日本語における〈野蛮〉

翻って今日、私たちが用いる日本語の〈野蛮〉という語それじたいはどこから来たのでしょうか。端的には、これは欧米語からの訳語であると言えますが、この語が漢字から構成されている以上、まずは中国語との関係に触れないわけにはいきません。

〈野蛮〉の二文字のなかで注目すべきは、〈蛮〉の字です。古代中国では、歴代王朝を中心にして四方に居住する民族を「四夷（しい）」と総称し、東夷、西戎、南蛮、北狄と呼びました。〈蛮〉は中国王朝から見たときの南方の異民族にたいする蔑称です。

日本語においても、これらの漢字の意味するものは中国語より引き継がれます。異民族を指すこれらの漢字（蛮、夷、戎、狄、胡など）を訓読みで「えびす」と読みますが、これは「えみし」が訛ったというのが定説です（吉井良隆「えびす神研究――ヒルコとヒルメ」一九九九年）。「えみし（蝦夷）」は「えぞ（蝦夷）」の古名、すなわち大和朝廷から見たときの東方や北方の地に住む人々――朝廷に恭順しない異民族――にたいする蔑称です。ついでに述べれば、やはり朝廷に逆らう地方の豪族を指して「つちぐも（土蜘蛛）」と呼んだのも同じような蔑称です。

こうした経緯から日本語では中国にならって南方から来航する異民族を「南蛮」と呼んできました。さらには一六世紀以降、ポルトガル人やスペイン人との交易が始まると彼らを「南蛮人」と呼ぶようになります。

このように、欧米語と同じように、漢字文化圏でもまた異民族を蔑んで指し示すいくつもの単語が存在し、そのなかの〈蛮〉の字が〈野蛮〉を構成していることが見てとれます。

そこで〈野蛮〉なのですが、もともとは中国の洋学書に見られる造語で、明治初期より日本語でも使われるようになったと言われています。

明治初期ということですぐに思い当たるように、この語は「文明開化」の文脈で使われます。大きな日本語辞典に掲載されている用例を挙げておくと、たとえば、江戸から明治にかけて活躍した戯作者仮名垣魯文（一八二九―九四）による『安愚楽鍋』（一八七一―七二年）には「未だに野蛮の弊習と云ってネ」（『安愚楽鍋』岩波文庫、二八頁）という科白があります。「文明開化」を面白おかしく風刺する小説のなかの一文で、ありがたがって牛鍋を食べる人々を皮肉る科白なのですが、これは確認される用例では最初期のものです。島崎藤村（一八七二―一九四三）の『破戒』（一九〇六年）のうちにもこんな科白が見られます。「して見ると、勝野君なぞは開花した高尚な人間で、猪子先生の方は野蛮な下等な人種だと言うのだね」（『破戒』岩波文庫、三三三頁）。このように、〈野蛮〉は日本語の文脈ではとりわけ「文明開化」という「西洋化＝近代化」と対になって用いられるようになります。西洋への憧憬と恐れがないまぜになっていた明治期以降、西洋的なものを〈文明〉とする新しい価値観は、日本社会のなかにだんだんと定着していきます。

日本語の〈野蛮〉の話はひとまずここまでとして西洋のほうへ戻りましょう。

西洋とは何か

〈野蛮〉の成り立ちをこのように見てみると、明らかになるのは、この語が異民族を表象するさいに用いられてきたことです。野蛮人と名指される他者は、自文化よりも遅れて劣った人間集団であることを意味します。それだけにとどまりません。〈野蛮の言説〉の特徴は、その言説が物理的な暴力を引き起こす根拠になることにあります。「あの者たちは未開で野蛮な連中であるから、文明を教え込まなければならない。そのためにも支配下に置かなければならない」というわけです。実際、このような論理のもとに、西洋は海外への領土拡張を積極的に推し進めていきます。

ここで西洋という語についても若干の説明をしておきます。この語は、英語の"West"と"Occident"に相当する訳語で、一般には「欧米諸国の総称」を指します。サミュエル・ハンチントン（一九二七―二〇〇八）の『文明の衝突』（一九九六年）がひと頃流行りましたが、ハンチントン流に言うならば、ここでの西洋はキリスト教を基盤とする一つの文明圏を指しています。ヨーロッパ（より正確には西ヨーロッパ）に地理的に限定してしまうと、ヨーロッパを出自として波及していくその他の地域（たとえば米国）が入らなくなるため、西洋を用いる必要があるということです。

サイード『オリエンタリズム』

「西洋」という語を用いるもう一つの理由は、それがあらかじめ客観的に存在するものではなく、〈言説〉によって構築されたものだということを明確にするためです。この点は、サイードの『オリエンタリズム』（一九七八年）が詳しく示しています。

今回は〈言説〉の意味をフーコーにそくして解説することから始めました。フーコー自身の関心は西洋の外よりも内のほうにありましたが、彼の思想を応用して西洋（オクシデント）の外——東洋（オリエント）——がどのように言説として構築されていったのかを学術的に検証したのが、サイードの『オリエンタリズム』にほかなりません。

この本のなかでは東洋は西洋と切り離すことのできない構築物として示されています。サイードはこう述べています。

> オリエントは、ヨーロッパにただ隣接しているというだけではなく、ヨーロッパの植民地のなかでも一番に広大で豊かで古い植民地のあった土地であり、ヨーロッパの文明と言語の深源であり、ヨーロッパ文化の好敵手であり、またヨーロッパ人の心のもっとも奥深いところから繰り返したち現れる他者イメージでもあった。そのうえオリエントは、ヨーロッパ（つまり西洋）がみずからを、オリエントと対照をなすイメージ、観念、人格、経験を有する

ものとして規定するうえで役立った。（『オリエンタリズム』上、平凡社ライブラリー、一八頁）

簡単に言えば、東洋（オリエント）とは、西洋（オクシデント）の自己像を反転したものだということです。西洋は、東洋の他者イメージを作り上げていくことで、非東洋としての自己イメージを強めていったのです。さらに次の文章も重要です。

東洋（オリエント）は其処として示すことのできるような単なる場所ではない。ほかならぬ西洋（オクシデント）がまさしく其処ではないように。我々はヴィーコの「人間は自分自身の歴史をつくる」、そして「人間が認識しうるのはみずからのつくったものだけである」という達見を真剣に取りあげて、それを地理にまで敷衍して当てはめてみるべきであろう。歴史的実体たることは言うに及ばず、地理的実体（エンティティ）でもあり、かつまた文化的実体でもある「東洋（オリエント）」と「西洋（オクシデント）」といった局所、地域、または地理的区分は、人間によってつくられたものである。（同書、二四―二五頁）

上記に登場するジャンバッティスタ・ヴィーコ（一六六八―一七四四）はナポリ生まれの哲学者で、人間の想像力を重視する大変興味深い思想家ですが、ヴィーコのことはひとまず措き、引用文の内容に注目してみましょう。

ここでサイードが述べているのは、西洋も東洋も、それが人間という行為主体によって書かれたり言われたりすることによって想像上のものにとどまらない実質を有してしまう、ということで、「したがって、ほかならぬ西洋（オクシデント）がそうであるように、東洋（オリエント）もまた、思想・形象・語彙の歴史と伝統とを備えた一個の観念なのである」（同書、二五頁）とも述べています。観念は観念にとどまらず実質をなすというサイードのこの主張は、〈野蛮〉を考えるうえで強調しておきたいことです。

西洋とその外部

このように西洋はその自己イメージを確定していくにあたって他者イメージを必要としてきたのであり、この意味で、サイードによるオリエンタリズムの批判的検証は、西洋における野蛮の表象を考察するにあたっての重要な導きの糸となります。

たとえば、「マグリブ」と呼ばれる北西アフリカ地域一帯は、ヨーロッパの言語のうちで「野蛮人の土地」と、その沿岸部は「野蛮人の海岸」（フランス語でそれぞれ“Barbarie”と“Côte des Barbaresques”）と呼ばれていましたが、そこはヨーロッパから見て地中海の向こう岸の土地でした。サイードにならえば、こうした〈野蛮〉の空間的表象から、東洋（オリエント）と同様、地理的にして文化的実体であるところの〈野蛮〉が構築されるわけです。

もちろん西洋にとっての〈野蛮〉は北西アフリカ地域にかぎられません。それは西洋が「発見」していくことになる非西洋世界に多かれ少なかれ当てはめられる表象です。ですから野蛮の表象とは、西洋がその外部へ拡張していくための格好のレトリック、つまり大義名分となったのでした。

一四九二年

周知のとおり、大西洋に面したヨーロッパ諸国——スペイン、ポルトガル、イギリス、フランス、オランダ——が海の向こうの陸地を「発見」していく時代は「大航海時代」と呼ばれます。これは欧米語では「発見の時代」（英語では"Age of Discovery"）と言い表されるように、西洋が世界を「発見」する主体となる時代であることを含意しています。

その「発見」の起点となるのが、イントロダクションで触れたコロンブスの航海でした。コロンブス（一四五一—一五〇六）はインディアスを西廻り航路で目指したところ、当時のヨーロッパの世界認識のうちには存在しなかった、未知なる島々と大陸に遭遇します。この「新世界」の大陸部はのちに「アメリカ」とヨーロッパ人に呼ばれることになります。当時、コロンブスが到達したのは新世界の島嶼部でしたが、コロンブスはその島々を「インディアス」（空想上のアジア地域、スペイン語で"Las Indias"）だと思い込んでいたことから、のちに英語圏での「西インド諸島」

(West Indies) という呼び名が生じます。

この「発見」は、西洋的な精神においてはヨーロッパ人の文明的優位を示す出来事でした。カール・シュミットが『大地のノモス——ヨーロッパ公法という国際法における』(一九五〇年)で述べるところでは、コロンブスの「新大陸発見」は、「新たに覚醒せる西洋合理主義の業績」(『大地のノモス』上、福村出版、一五五頁) だとされます。

シュミットの立論によれば、大地は「法の母」です。シュミット独特の物言いですが、大地のないところに人間生活は成り立たず、人間は共同で生活するために法を必要とするのだ、と言わんとする表現です。

ノモスとはギリシャ語で「法」を意味する語ですが、シュミットはこの語を「地球上の地所を一定の秩序において分類し場所確定する尺度であり、それと共に与えられた政治的社会的宗教的秩序の形態」だとします (同書、四八頁、強調訳文)。そしてこのノモスは人間が陸地を取得することによって初めて現れる、と言います。すなわち、ヨーロッパにとっての「新大陸発見」とは、最初の大規模な陸地取得の契機です。『大地のノモス』の主題である国際法は、ヨーロッパを出自とし、ヨーロッパの国家間の諸関係を規定する法として出発するのですが、一四九二年以降、その範囲をヨーロッパ大陸以外の陸地にまで拡張していきました。この点については次回もう少し詳しく触れることにして、ここでは次のシュミットの言葉を引きます。

十六世紀から二十世紀までの時代のヨーロッパ国際法は、ヨーロッパのキリスト教的国民を、すべての大地に対して有効である秩序の創造者およびにない手とみなした。「ヨーロッパ的なるもの」は、当時において、大地の非ヨーロッパ的な部分に対してもまた基準的であることを要求するノーマルな状態（スタートス）を表示していた。文明とは、ヨーロッパ文明と同義であった。

（同書、七三頁）

当時の「ヨーロッパのキリスト教的国民」は、自分たちが世界の中心であり、自分たち以外の文明はその名に値しないと考えました。だからこそシュミットのいうヨーロッパによる「新大陸発見」の過程は、ヨーロッパ諸国による領有、征服、布教の過程となりました。ジャック・アタリ（一九四三―）が題して『1492――西欧文明の世界支配』（一九九二年）という本を「新大陸発見」から五〇〇年の記念年に上梓しましたが、この本の問題提起は、一四九二年以降、西洋による植民地化と近代化が始まり、世界の覇権を握っていく、つまりは、この年が「世界支配」の起点だ、とするものです。

こうしてコロンブス以降、カリブ海の島々をふくめた南北アメリカ大陸は、スペインをはじめとする国々の植民地になっていきます。ヨーロッパ人が来る前からそこに住んでいた人々は「インディアスに住む人」ということで「インディオ」や「インディアン」と名付けられ、未開の人間だと表象されます。

コロンブスとその一行は初めて遭遇した他者を二つの類型によって描いています。それは、温厚で平和な性格の野蛮人と、好戦的で人食いの風習をもつ野蛮人というものでした。とくに人食いの野蛮人は「カリブ族」と呼ばれ、「カリブ海」の語源となりました。さらにこの食人の風習は新大陸を見聞した航海者や宣教師などの旅行記や報告記のなかで必ずといってよいほど記されていきます。

善良な野生人

新大陸には「食人種」がいるという風聞はこうして同時代のヨーロッパに伝わっていきます。フランスの著述家に「食人種」の存在を知らしめたのは、ジャン・ド・レリー（一五三六―一六一三）だと言われます。一五五七年から約一〇ヶ月ブラジルに滞在した経験に基づく『ブラジル旅行記』（一五七八年）のなかでレリーは、新大陸では戦争の捕虜になった者を殺して食べる風習がある、とする旨を記しています。ところが、興味深いことに、レリーは、一五七二年八月二四日パリで始まったカトリックによるプロテスタントの大量虐殺事件、いわゆるサン・バルテルミーの虐殺を引き合いに出しながら、食人の風習以上の野蛮な振舞いを一部のフランス人がおとなった、と指摘しています。レリーの記述のうちには〈野蛮〉を相対化する知性の働きを見てとることができます。

その認識はモンテーニュ（一五三三―九二）の『エセー』（一五八〇年）に収められた「食人種について」のうちでよりいっそう深まります。そこで展開されるのは、「善良な野生人」（bon sauvage）と呼ばれる系譜に位置付けられる野蛮人観です。すなわち、西洋人の物差しで測れば、たしかに彼らは野蛮に見えるかもしれないが、彼らは自然状態を生きる野生人であり、むしろ「神がはじめに与えた暮らし方だ」（『エセー』第一巻、岩波文庫、四〇〇頁）というのです。

ところでいま「野生人」という言葉を使ったのには理由があります。フランス語では「野蛮人」を指す"barbare"（バルバール）のほかに"sauvage"（ソヴァージュ）がしばしば用いられるからです。これらの語は、文明を知らない状態にある人々を指す点では同じですが、"barbare"が文明言語を話せない人というニュアンスを帯びるのにたいし、"sauvage"は語源的には「森に住む人」を指します。ですから"sauvage"のほうは動物との親近性がある語として解されます。森のなかで未開生活を送る人々、というイメージが典型です。「未開人」ともよく訳されますが、ここでは「野生人」としておきます。

さてモンテーニュは、新大陸の他者のうちに、理性を得ることでエデンの園を追放される以前の理想の人間像を見ようとしました。モンテーニュの特徴は、異文化に属する他者の側の物差しを想定していることです。彼の思想が文化相対主義の先駆けだといわれる所以はこういうところにあります。

さらにルソー（一七一二―七八）は、『人間不平等起源論』（一七五五年）のなかで、モンテーニュが明確にした「善良な野生人」観をまた別のかたちで発展させて、自然状態を生きる人間にかんする考察から、理性をもつようになった人間の文明社会こそが人間同士の政治的・社会的な不平等の起源なのだ、という思想を展開しました。ルソーが言及する野生人のうちにはもはや食人種というイメージは見られません。ルソーにおける野生人は、人間が理性による認識能力をもつ以前の自然状態を指しているといえるでしょう。

ある見方をとれば、モンテーニュもルソーも、西洋の野蛮観を肯定的なものに反転しただけで、野蛮人を理想化するタイプの〈野蛮の言説〉だと捉えることができます。しかし、また別の見方をとれば――むしろこちらを強調したいのですが――「善良な野生人」は、自民族を最上としたり、社会進歩が最善だとしたりする西洋の通念を疑い、批判するさいの、重要な他者像だったと捉えることができます。もしもこうした他者像が優勢となれば、西洋による植民地の経営と支配の論拠は早々に崩れたことでしょう。しかし、こうした見解は周縁的な認識にとどまりました。

＊

今回のまとめをかねて文献を案内します。

第一回ということで〈野蛮の言説〉というタイトルが意味することから考え始めました。そこではじめに言及したのが、ある社会の価値観を形成するものとしての〈言説〉です。この概念を提唱した**フーコー**の関連著作には『**知の考古学**』（一九六九年）と『**言説の領界**』（一九七一年）があります。

次に〈野蛮〉をめぐる語源を欧米語と日本語双方で確認しました。欧米の辞書の場合、見出しの項目に語源や初出の年が書いてあるなど、有用です。あわせて**エミール・バンヴェニスト**『**インド=ヨーロッパ諸制度語彙集**』（一九六九年）のような本も欧米語のルーツとなる古代ギリシャ語の意味や成り立ちを知ることができます。

日本語の場合、語源を調べるのは意外と難しいですが、図書館には明治期から現代に至る各種辞典が揃っていますし、調べがいがあります。漢字の成り立ちについては、**白川静**『**新訂 字統**』（二〇〇七年）などは定評があります。

サイードの『**オリエンタリズム**』との関連で触れた**ヴィーコ**については主著『**新しい学**』（一七二五年）があります。とくに「詩的知恵」のパートでの古代人の考察は、モンテーニュやルソーの思想にもつながります。また、ヨーロッパや西洋という概念をはじめとする世界史の思想的考察としては**西谷修**『**世界史の臨界**』（二〇〇〇年）があり、この講義でも参照しています。

コロンブスと先住民との遭遇にかんしては数多くの文献が日本語で読めますが、**コロンブス**やその同行者の言葉を伝えるものとしては『**コロンブス航海誌**』（岩波文庫、一九七七年）、『**全航海の報告**』（岩波文庫、二〇一一年）が入手しやすいです。『**完訳 コロンブス航海誌**』（平凡社、一九九三年）はコロンブスの航海の事業面を知るのに最適です。コロンブスおよびその後のスペインの征服者（コンキスタドール）がいかに先住民を表象したのかについては次回触れることにします。

西洋における〈野蛮〉表象のなかで登場する「善良な野生人」にも多くの文献がありますが、最近の論文では、**鈴木球子「啓蒙思想時代の異国のイメージ」**（二〇一七年）が詳しくまとめています。さらに本格的にこの問題をヨーロッパの文献にそくして緻密に考えてみたい場合には**片岡大右『隠遁者、野生人、蛮人——反文明的形象の系譜と近代』**（二〇一二年）があります。

＊

フランスの博物学者
シャルル・プリュミエ神父（1646-1704）が
描いたカリブ族の男性

話の流れで触れられませんでしたが、「カリブ族」という名称について、私には実はいまひとつわからないことがあります。カリブ族はスペイン語では“Caribe”（カリベ）、フランス語では“Caraïbe”（カライブ）と書きますが、先述したジャン・ド・レリーの『ブラジル旅行記』によると、ブラジルのトゥピナンバ族の話すトゥピ語では“Caraiba”（カライバ）と言い、儀式を司るシャーマンのことを指します。もともとは勇敢な人間たちをトゥピ語ではそう呼んだということから、やがてコロンブスが接触する先住民のもとに伝わり、好戦的な食人種「カリブ族」という他者表象がコロンブスとその一行をつうじて形成されたという推測が成り立ちます。その一方で、レリーの旅行記を読んだとされるモンテーニュにおける食人種は主にトゥピナンバ族を念頭に置いているはずですが、はたしてコロンブスの航海誌やスペインの宣教師や入植者が記した著述は読んでいなかったのか、疑問が残ります。さらにルソーの場合には野生人としての“Caraïbe”にはっきりと言及しており、この人々を「善良な野生人」の典型とします。興味深いことにこの表象は、コロンブスが記述した「カリブ族」ではないほうのもうひとつの先住民、すなわち温厚で平和を好む「アラワク族」のそれにむしろ近いといえるでしょう。考え始めると興味が尽きない話題ではないでしょうか。

第二講

文明と野蛮の構図

野蛮人としての他者表象

〈野蛮人〉の語源となった"βάρβαρος"(バルバロス)は、古代ギリシャでは自分たちの言語を解さない異国人を指す言葉でした。異国人は自分たちの洗練された言語を話せない。そうであるから「バルバロス」は自分たちよりも劣った人間たちである。そのような異国人への蔑視がこの語に込められるようになるとき、「バルバロス」は自己と他者を単に区別する語以上に、相手を見下す、蔑称の意味合いを帯びていきました。ここから蛮族や野蛮人といった、他者にたいする一方的にして否定的なレッテルが生じます。

前回確認したように、西洋は、その外部に自己を拡張する過程で、非西洋世界の他者を〈野蛮人〉だと表象するようになっていきました。その一方で、自己とは異なる他者を、〈文明人〉としての自己を相対化する鏡のように捉える、二〇世紀の文化相対主義を準備する思想も西洋の内部で展開しました。とはいえ残念ながらその考え方は周縁にとどまったまま、〈野蛮人〉としての他者表象は、西洋が他の世界を支配することの正当化の根拠となっていきます。

今回着目するのは、コロンブスの「新大陸発見」以降にヨーロッパが他地域の「発見」と支配・征服をつうじて推進していった世界の一体化の過程です。この過程は当然ながら西洋による〈野蛮の言説〉が積極的に形成されていく時期であり、そのさいに「インディオ」と「黒人」が〈野蛮人〉の典型のように記述され、実体化されていきます。

征服のための論拠

ヨーロッパ人が新大陸を領有するにあたり先住民を〈野蛮人〉のように捉えて記述してきた事例は枚挙に暇（いとま）がありません。航海士、宣教師、医師、征服者、入植者たちが書簡や日誌などのかたちで当時の見聞を残しており、それらの記述から、私たちは彼らの認識をとおした先住民をめぐる記述をたどることができます。

世界は神が創造したことが疑われざる大前提であったこの時代のキリスト教世界において、ヨーロッパ人＝キリスト教徒は、自分たちにとっての異民族・異集団にたいして、彼らがいかなる点で劣っているのかを正当化する必要がありました。もちろん第一には、彼らが異教徒だからであるわけですが、ヨーロッパの記述者たちは、〈文明人〉の視座から先住民の食人の風習や裸同然の生活を未開の徴（しるし）のごとく幾度も報告しています。

たとえばカリブ海域への植民第一世代に当たるオビエード（ゴンザロ・フェルナンデス・デ・オビエード・イ・バルデス、一四七八―一五五七）の『カリブ海植民者の眼差し』（一五三五年）を見てみましょう。オビエードは、博物学者の観点から、動植物、地理を詳細に観察する一方、インディオについては、「畜生並」の知性しかもたず、男も女も大勢は「同性愛者（ソドミタ）」で淫乱であり、偶像を崇拝し、人肉を食べることは日常茶飯事であると記します。オビエードはこれらを嘘偽りのない真実の記述だと主張します。

オビエードの『カリブ海植民者の眼差し』は、スペインによる植民地・征服事業の正当性を争うスペイン国内の当時の一大論争のなかで、征服戦争正当論の論者が、インディオを支配するべき論拠として幾度も引用したことでも知られています。その論者とは、ファン・ヒネス・デ・セプルベダ（一四八九―一五七三）という神学者で、当時のアリストテレス研究の権威でした。セプルベダがインディオ支配の原理的な論拠としたのは、アリストテレスの『政治学』（紀元前四世紀）です。

アリストテレスが生きていた頃の古代ギリシャの都市国家（ポリス）では奴隷制が存在しました。このため、ポリスの為政や制度を論じるときには当然ながら奴隷制もまた考察する必要があります。そのようなわけで『政治学』第一巻では奴隷制の是非が論じられるのですが、アリストテレスによれば、支配／被支配の関係はさまざまに確認できる自然な現象である以上、肉体労働などの仕事に向く人間は支配されるほうが望ましい人間であり、「生まれつきの奴隷」がいるのだ、と結論されます。

セプルベダが引くのはまさにこの先天的奴隷説です。インディオは野蛮人であり、アリストテレスの命題にそくして「生まれつきの奴隷」であるのだから従属させるべきだ、とセプルベダは主張します。セプルベダの『第二のデモクラテス――戦争の正当原因についての対話』(一五四四―四五年)には「生まれながらにして他人に服従しなければならないような人々は、もし他人の支配を拒否すれば、ほかに方法がない場合、武力で支配される」(『第二のデモクラテス』岩波文庫、一〇三頁)という一文があります。これは実際にアリストテレスに依拠して征服戦争を正当化する根本的論拠だとしてセプルベダが挙げるものです。

このようにセプルベダが依拠したアリストテレスの先天的奴隷説は、人間の優劣を導く議論であり、その論理だけを抽出してみれば、一九世紀ヨーロッパで隆盛する生物学的な人種主義と共通することもついでながら指摘しておきましょう。

ラス・カサスの見聞した〈悪〉

このように〈野蛮人〉の土地を征服するのは正当なことだとする見解にたいし、疑義を唱えた人もいます。その代表はバルトロメ・デ・ラス・カサス(一四八四―一五六六)です。ラス・カサスは先のセプルベダの論敵としてインディオ擁護を訴え、スペインによる支配の正当性を勇敢に批判します。

そもそもラス・カサスは征服者(コンキスタドール)として新世界に渡り、スペイン人の征服戦争と植民事業にも加わった人物でした。当時、新大陸ではエンコミエンダ制と呼ばれる植民地支配が実施されていました。これは征服者や入植者の功績に応じてインディオを分配し、インディオをキリスト教徒に改宗させることを目的とする制度です。征服の功労者であったラス・カサスにもインディオが分配されました。しかし、ラス・カサスは同胞であるスペイン人がインディオにおこなう残酷な所業に耐えかねて「回心」し、清貧を重んじる修道会「ドミニコ会」に入会します。以後、スペイン人による征服戦争の禁止とエンコミエンダの即時撤廃を求める活動に生涯を捧げます。

ラス・カサスは新大陸での征服者によるインディオへの残虐行為をつぶさに観察し、これを『インディアスの破壊についての簡潔な報告』(一五五二年)で報告しています。

この本に書かれていることは、抽象的に言えば、〈悪〉そのものです。人はどのようにしたらそこまで悪逆無道になれるのか、ということがスペイン人のおこないをとおして延々と描かれています。スペイン人が最初に入植したエスパニョーラ島を例にとりましょう。当初、インディオはスペイン人を友好的に遇していましたが、スペイン人は横暴になり、食糧を食い尽くし、インディオの女性や子供を奪ってかしずかせるなどひどいおこないをするようになります。やがてスペイン人のある隊長が島で権威を誇る王の妻を強姦したことで、インディオと交戦状態に入ります。しかし、馬に乗り、剣と槍を備えるスペイン人たちと比せば、インディオの武器は攻撃にも防御にも役に立たない程度のもので、まったく戦いにはなりません。ラス・カサスの言葉を借りるなら、スペイン人はこの交戦の場面において「インディオを相手に前代未聞の殺戮や残虐な振る舞いに耽りはじめた」のです（『インディアスの破壊についての簡潔な報告』岩波文庫、三七頁）。

スペイン人は村々にやって来ると、見つけ次第容赦なく、インディオの腹を切り裂いたり、その身体をずたずたに切り刻んだりします。インディオの体を一刀両断にし、首を切り落としたり、内臓を破裂させたりします。自分たちの腕前を競い合うためです。母親から乳飲み子を奪いとり、子の頭を岩に叩きつけたり、川に投げたり、母親もろとも剣で突き刺したりします。絞首台を設置し、一三人ずつ一組にして（これはイエスと一二人の使徒に由来します）吊り下げたのち、足元に火を焚いて焼き殺すこともあれば、地位の高いインディオにたいしては枝で編んだ網のうえに彼らを縛りつけて下から火で焙って苦痛を与えて殺すこともありました。

以上はエスパニョーラ島でラス・カサスが実際に目撃したこと、つまりラス・カサス自身が加わっていた征服戦争の記録です。

征服に加担したスペイン人はみなキリスト教徒でした。そのキリスト教徒がこれだけの残虐性を発揮して殺戮を繰り返した原因を、ラス・カサスは「彼らが金を手に入れることを最終目的と考え、できる限り短時日で財を築き、身分不相応な高い地位に就こうとしたこと」に見てとります（同書、三三頁）。そして、こう記します。

言っておくが、キリスト教徒はそのような人びとを獣よりも劣るとみなし、粗末に扱ってきたし（もし彼らがその人たちを獣なみに大事に扱っていてくれたら、まだましであったであろう）、それどころか、彼らを広場に落ちている糞か、それ以下のものとしか考えなかったのである。

（同書、三四頁）

無法者の〈野蛮〉

ラス・カサスは『インディアスの破壊についての簡潔な報告』のなかで征服者（コンキスタドール）のことをしばしば無法者（ティラーノ）と言い換えています。「無法者」という訳語の原語〝tirano〟は文字通りには「暴君」であり権力を濫用する者です。そのような存在としてスペイン人は「インディアス」に君臨していたということです。

ラス・カサスはこの無法者の側に加わることを拒み、当時の記録をこのようなかたちで残しました。この時代に新大陸で何がおこなわれていたのかを伝える貴重な史料です。ただこの本は、新大陸への植民活動の機会を同じく狙うイギリス、フランスなどのヨーロッパ諸国に政治的に利用され、残虐なスペイン人という否定的イメージを広める結果ともなります。このためスペインでは『インディアスの破壊についての簡潔な報告』を著したラス・カサスは、スペイン国民の威信を傷つけた人物と見なされ、後代に批判されることにもなります。この報告書を虚偽に基づいたものだとし、その史料的価値を全面的に否定する学説もあったそうですが、現在の研究ではその視点は支持されていません。

　さて、今日、ラス・カサスの報告書から私たちが何を汲み取るべきかをここで明確にしておきましょう。ここから真っ先に読みとれるのは、当時の征服者の筆舌に尽くし難い残忍さです。しかし、そのことを批判しても始まりません。当時のスペイン人は残虐であり、ラス・カサスはそのなかの「良心」であった、と人道主義的な反応をするのに留まるのであれば、私たちが〈野蛮の言説〉を理解することは到底叶わないでしょう。そうではありません。そうではなく、なぜ征服者がここまでも無情になれたのかという人間の内面性を理解するためのテキストとしてラス・カサスの報告書は読まれるべきです。

　〈文明〉と〈野蛮〉の構図を反転させて、〈文明〉のほうこそ〈野蛮〉であるというだけでは、私たちはその〈闇の奥〉にま

ラス・カサス『インディアスの破壊についての簡潔な報告』セビリア版（1552年）

でたどりつくことはできません。ラス・カサスの報告書の内容からわかるのは、その土地と人々を征服するための戦争において無類の残虐さが発揮されていることであり、無法者＝暴君とインディオのあいだには決して覆すことのできない圧倒的非対称な力の関係があった、ということです。そして、この点が何より重要ですが、スペイン人はインディオを同じ人間とは見なさなかった、ということであり、ラス・カサスの先の言葉を繰り返せば「広場に落ちている糞か、それ以下のもの」だと捉えていた、ということです。ラス・カサスによれば、インディオが一人のスペイン人を殺せば、スペイン人はその報復に一〇〇人のインディオを虐殺しなければならないとする法を定めたと言います（同書、四一頁）。相手は人間ではない以上、何人殺しても構わないということですが、このことは裏を返せば、人間であるスペイン人の生命は尊重するという道徳的な価値観はあるということです。インディオを、非人間と見なし、権利を有しない存在だと見なすことではじめて、これほどまでの残虐性を発揮することができるのだ、と理解することができます。

ヨーロッパ国際法と新大陸

新大陸の征服の過程を考察するさい、法的観点も重要性を帯びます。「新大陸発見」にあたり、ヨーロッパにとって未知なる大地は誰に帰属するのかが問われていくわけです。

スペイン・ポルトガル両国による世界の分割線

前回、シュミットの『大地のノモス』（一九五〇年）をわずかに引きました。「新大陸発見」によってヨーロッパが初めて大規模な陸地取得の機会を得て征服と領有に乗り出す、という文脈でしたが、その話の続きをしておきましょう。一四九二年以降、ヨーロッパの人々は自分たちに都合の良いルールを決めていきます。その最初の取り決めが、一四九四年、スペインとポルトガルのあいだで結ばれたトルデシリャス条約です。ポルトガル人は当時ヨーロッパの下を南下してアフリカ経由でインディアスに行く航路、すなわち東廻り航路を開拓する一方、スペイン人は新大陸において発見した島々を領有していました。そこで当時の世界地図上で大西洋に分割線を引き、その東側で「発見」された領土はポルトガルに、その西側の領土はスペインのものとする、という条約です。分割線はアゾレス諸島とカーボヴェルデの子午線から西方三七〇レグア（およそ二〇〇〇キロ）の子午線に沿って引かれました。さらにこの分割線は、一五二九年のサラゴサ条約により、地球上の反対側まで拡張され、文字どおり、スペインとポルトガルが世界を分割することになります。そのうえこの条約の発端には教皇がスペインの便宜を図って引いた分割線（教皇子午線）があったことから、スペイン・ポルトガル両国の条約

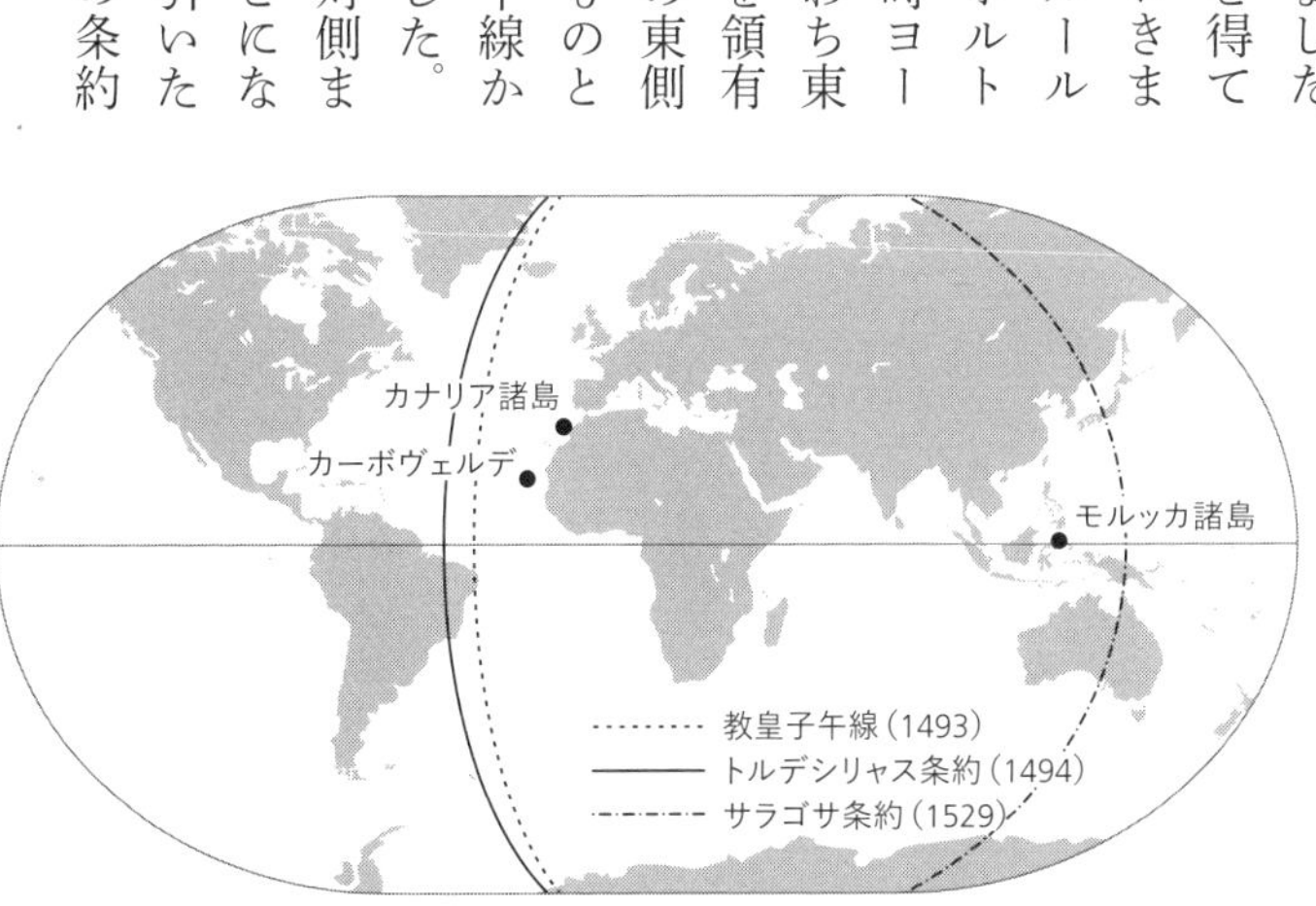

は教皇というキリスト教世界の最大権威によって保証されたことになります。

ヨーロッパの論理では、新しい陸地を「先占」することよりも「発見」することがまずは重視されていました。したがってトルデシリャス条約以降、イギリスもフランスも「発見」する機会を逸してしまったのですが、今度はこの分割線に別の意義が与えられていくことになります。スペインとポルトガルの世界支配の分割の取り決めとされていた線の意味が変わっていくのです。

シュミットによれば、その最初の兆候は、一五五九年、スペイン・フランス両国のあいだで交わされたカトー・カンブレシス条約に伴う秘密事項にありました（ヨーロッパでは領土をめぐる戦争が絶え間なく起こっていました）。最初は口頭でのみ含意されたというその取り決めは、この分割線を「新世界」と「旧世界」を分かつラインだと捉えて、「旧世界」すなわちヨーロッパ内では条約、和平、友誼は効力をもつが、ヨーロッパ大陸の彼方の新世界においては、このラインの彼方にある以上、条約、和平、友誼は効力をもたない、としました。この意味での分割線は「友誼線」と呼ばれます。

　トルデシリャス条約で効力を有していたスペインの領有権は、そのままではもはや通用しなくなります。なぜなら、ラインの向こう側ではすべてが不問になるからです。イギリスもフランスもこの「友誼線」を口実にして海賊にスペインの船を襲わせることも、カリブ海の島々を実力行使で「先占」することもできたのです。こうしてトルデシリャス条約は事実上失効し、ヨーロッパ列強による陸地取得の争奪戦が始まるというわけです。

ビトリアの「正戦」論

カール・シュミットによれば、新大陸は「ヨーロッパによる先占と拡張のための自由なフィールドとして現われた」と言います（『大地のノモス』上、福村出版、七四頁）。好きなように領有し植民地とすることのできる自由な空間が新大陸だったわけです。

すでに述べたように、新大陸領有の権原、つまり領有行為が正当化される法は、当時のヨーロッパにとって、教皇を権威とするトルデシリャス条約の分割線や、陸地の「発見」にありました。さらに一五五九年以降に根拠をもつようになる「友誼線」によって実力行使による自由な領有がイギリスやフランスなどにも認められるようになるわけです。

しかし、シュミットは、新大陸での陸地取得にかんして最初の国際法上の問題提起をおこない、新たな秩序形成に寄与した重要な学説も紹介しています。スペイン人の神学者フランシスコ・デ・ビトリア（一四九二―一五四六）のそれです。

ビトリアの議論もまた、前述のラス・カサスと同じく、征服の正当性をめぐっておこなわれたものでした。ピサロによるペルー征服の正当性に疑問を抱いたビトリアは、一五三九年、サラマンカ大学でスペインによるインディアス支配の正当性をめぐる講義をおこないます。『人類共通の法を求めて』(岩波書店)に収められた講義「インディオについて」のなかで、ビトリアは当時の根拠をいっさい覆してしまいます。すなわち、スペインとポルトガルのあいだで定めた世界分割の子午線も、陸地の「発見」も、領有の権原とはならないと論破したのです。「バルバロ(ス)」であるインディオにたいしても、異教徒ではあるが「人間」であり、所有権があることを論証します(翻って言えば、「奴隷」には所有権がない、ということです)。シュミットによれば「非キリスト教的な、非ヨーロッパ的な人民や君主たちの陸地は「自由」であり無主であるのかどうかが、また、非ヨーロッパ的な人民たちは、彼らがより高い段階の人民たちによる組織化の対象になるほど組織の低い段階にあるのかどうかが、まさに最初の国際法上の問題」であり、このことを明確に問題提起したうえで、これを否定したのがビトリアでした(同書、一六五頁)。

ビトリアにとってスペイン人による征服(コンキスタ)の「権利」の法的な根拠になりうるのは、教皇の伝道委任でした。ビトリアは、インディオを改宗させるというその使命が征服の本来の権原をなすという、キリスト教的確信を抱いています。すなわち、「バルバロ(ス)」がスペイン人による布教を妨げることがある場合には、スペイン人は相手に宣戦布告し、戦争をおこなえるというのです。教皇の伝道委任が正当原因(理由)であるかぎりで、スペイン人による征服は「正戦」、文字通り、正しい戦争であるとされたのです。

シュミットによれば、ビトリアは「正戦」としての交戦権を教皇の伝道委任という神学的な論拠に基づいて根拠づけました。しかし、この交戦権は、後代の法律家の議論のなかで、より中立的・客観的な根拠に変わります。すなわち、教会と伝道を根拠とするビトリアの「正戦」論は、同等の主権をもつ諸国家が「正しい敵」（刑罰の対象となる犯罪者と区別される「敵」概念）と定める相手にたいしておこなう近代的な「正戦」論へと移行してゆくわけです。

ですからこれ以降、国際法の学者にとって新大陸の取得の正当性はもはや問題とはならなくなり、むしろ新大陸にまで領土を拡張したヨーロッパ諸国間の戦争をめぐる法として機能していくのです。

無主地と野蛮人

しかしながら、シュミットの整理する国際法の学説史とはまた別に、インディオを〈野蛮人〉だとしてその土地を征服する手続は依然としておこなわれていきました。

法学の考えに「無主地」という概念があります。これは「主のいない土地」を意味するラテン語の"terra nullius"（テラ・ヌリウス）の訳語ですが、国際法上は、誰かが住むことができる、国家に帰属する土地を指します。つまり、この概念を適用すれば、ヨーロッパ人が「先占」したすべての陸地は彼らのものとなるわけです。

もちろんカリブ海とアメリカ両大陸には先住民が暮らしているのは歴然とした事実です。先のビトリアは非キリスト教徒とはいえ「人間」であるとするインディオの所有権を認め、「無主地」の適用を否定したわけですが、たとえば、次のような手続を踏めば、やはり「無主地」だと主張することもできます。

すなわち、所有権は、人間のもつ自然権だが、その所有権は労働をつうじた自己所有によって行使されなければならない。この点で、新大陸のインディオはその肥沃な大地の恩恵を受けるだけでみずから土地を耕し、改良することをしない。なぜなら彼らは原始的な生活を営んでいるだけだからだ。

ここから、先住民の土地を、誰にも所有されていない「無主地」と規定し、ヨーロッパ人であればその土地を所有してよいという法的な論拠を自分たちに与えることができるようになります。

この主張は、私の適当な思いつきなどではなく、ジョン・ロック（一六三二―一七〇四）が『統治二論』（一六九〇年）所収の有名な「市民政府論」で展開する、所有権論です。ロックはヨーロッパ人がインディオの土地を取得すべきだとこの論で明確に主張しているわけではありません。問題はそこにはありません。問題は、ロックが所有権の範囲を労働に定め、少なくともインディオは土地を共有地として用いているだけで私的に所有をしていない、と論じたことにあります。同じような観点に立てば、それ以前にも、「国際法の父」と称されるオランダの法学者グロティウス（一五八三―一六四五）が、その戦争論のなかで、それほど明確ではありませんが、〈野蛮人〉が住む土地は「無主地」であると捉えうる考えを示しています。

土地を耕さない者、労働をしない者を〈野蛮〉とするロックのような見方は、モンテスキュー（一六八九—一七五五）にも引き継がれます。モンテスキューは『法の精神』（一七四八年）で“sauvage”（野生人（ソヴァージュ））と“barbare”（野蛮人（バルバール））を分類し、前者は狩猟民を典型とし、団結できない小民族、後者は牧畜民を典型とし、団結できる小民族としました。これらの野生／野蛮の段階と対置されるのが文明であり、野生／野蛮の段階にある民族は土地を耕作しないとしました。文明と野蛮の構図は、ヨーロッパの法思想のなかでほとんど自明のこととして反復され、強化されていくのです。

*

今回は新大陸の征服とインディオの〈野蛮人〉表象を中心に話を進めました。

まず新大陸をめぐる著作としては岩波書店から刊行されていた「**大航海時代叢書**」に触れないわけにはいきません。「大航海時代叢書 第Ⅰ期」一二巻、「第Ⅱ期」二五巻、「エクストラ・シリーズ」五巻、「アンソロジー新世界の挑戦」一三巻から構成される巨大な叢書群であり、日本語における類い稀な翻訳文化遺産です。今回の講義で活用した**ビトリア**『**人類共通の法を求めて**』と**オビエード**『**カリブ海植民者の眼差し**』については「アンソロジー新世界の挑戦」に収められています。なお、細かいことですが、オビエードの著作は『インディアスの博物誌ならびに征服史』（一五三五年）第一部の抄訳だということも付け加えておきます。また、アリストテレスの先天的奴隷説のアメリカ先住民への適用をさらに知りたい場合には、**L・ハンケ『アリストテレスとアメリカ・インディアン』**（岩波新書、一九七四年）があります。

竹田英尚『文明と野蛮のディスクール』（ミネルヴァ書房、二〇〇〇年）およびその姉妹書**『キリスト教のディスクール』**（同）は、「大航海時代叢書」の史料群を網羅的に活用しながら、今回扱った問題をより克明かつ批判的に論じています。**ツヴェタン・トドロフ『他者の記号学――アメリカ大陸の征服』**（法政大学出版局、一九八六年）もこの問題の基本書です。

新大陸征服によるヨーロッパの国際秩序形成についても確認しました。今回の大枠は再三言及したシュミットの**『大地のノモス――ヨーロッパ公法という国際法における』**に負っているわけですが、その関連で参考にしたのが**西谷修『アメリカ――異形の制度空間』**（二〇一六年）です。「無主地」を所有することで生じたアメリカという制度空間の成り立ちと展開を思想的に捉えたアメリカ論であり、シュミットの所説が明快に解説されています。

グロティウス、ロック、モンテスキューにも最後に駆け足で触れましたが、これについては**渡邉憲正「「文明と野蛮」の図式」**（二〇一三年）を参考にしました。今回は紙幅の関係で割愛せざるをえませんでしたが、グロティウス、ロックの戦争論についても詳述されるこの論文を読むと、戦争の論拠に〈野蛮〉の表象がいかに使われたかについて、よりいっそう学ぶことができます。

＊

次回は新大陸に導入される奴隷制と「黒人」に主に焦点を当てるつもりです。この点について最後に触れておきたいのが、ラス・カサスと奴隷制との関係です。ラス・カサスはインディオの保護のために、新大陸へ黒人奴隷を連れてきてインディオの代わりに働かせることは良いことだと判断し、実際にそういう考えを示しました。しかしラス・カサスはその考えが自身の無知に基づくものであり、スペイン人によるインディオへの所業と同様に、ポルトガル人によるアフリカ人への所業もまた残虐で悪質なものであったことを知り、そのことを深く後悔します。ラス・カサスは『インディアス史』（一五五二―六一年）のなかでその悔悛を書き記しました。原書で全三巻のうち一二九章に記されたその言葉を引用して締めくくります。

その後司祭［＝ラス・カサス］は、黒人奴隷を導入するという意見を、自分が最初に具申したことに対して、浅慮の責めを負わねばならぬとみずからを裁き、深刻なる悔恨にさいなまれた。それというのも、黒人が捕獲される際の状況も、インディオが捕囚の身となっている状態と等しく、不正義の手段によるものであることを、司祭はあとで調査し判明したからで、それについてはもっとあとで明らかにされるであろう。黒人たちが〔ポルトガル人によって〕捕虜にされたのは、正当なる戦いによるものであろう、と司祭は想像していたからであったが、しかしながらインディオを解放する目的で、黒人を導入するようにとの進言をしたことは、思慮のある救済策などではなかった。

（『インディアス史』七、岩波文庫、五七―八頁）

第三講
人種差別と奴隷制

ラス・カサスと奴隷制

前回は、「新大陸発見」以降、ヨーロッパ人がインディオを野蛮人と表象しながら新大陸征服を正当化する過程を確認していきました。ヨーロッパ人とインディオとの遭遇は、最初の本格的な〈野蛮の言説〉を生みだしたと言えるでしょう。ラス・カサスが、インディオの保護のために黒人奴隷制の導入を進言し、のちにそのことを悔いた『インディアス史』(一五五二—六一年)の文章でもって前回終えました。ラス・カサスの黒人奴隷制進言の背景には彼の告白する二つの「無知」があります。一つは、引用文で確認したように、「黒人」が「不正義の手段」で囚われたものであり、司祭が考えていたように、ポルトガル人との正当な戦争で捕虜になったわけではなかったことです。二つめは、「黒人は縛り首にするのでなければ決して死ぬことはない」という「黒人」にたいする当時の通念によるものです。ラス・カサスはカリブ海の熱帯の環境に「黒人」は適しているとも考えていたのですが、製糖所の過酷な労働が始まると死者が続出したと記述しています（『インディアス史』七、六〇頁）。

このように『インディアス史』には少なからずアフリカと奴隷制にかんする記述があるのですが、それは編者の石原保徳の言葉を借りれば、「インディアスの破壊にほぼ一〇〇年先行し、今なお続いているアフリカの破壊が、インディアスのそれとパラレルに進行しているだけではなく、インディアス「発見」後は、両者が因果関係をもってすすむようになった事態」（同書、四七五―六頁、強調原文）をラス・カサスは認識していたためでした。「インディアスの破壊」が「アフリカの破壊」と相関関係にあることを一六世紀の段階で早くも見抜いていたとすれば、ラス・カサスはその透徹した認識でもって、ヨーロッパ人が自民族中心史観のもとに世界各地を植民地化する未来を予見していたとも言えるでしょう。

今回注目していくのは、インディオと並んでヨーロッパ人にとっての異質な他者であった、この「黒人」の表象についてです。「黒人」という言い方は、誰もがすぐわかるように、その肌の色に結びついているわけですが、まずはこの呼び名を確認することから始めましょう。

黒人とニグロ

「黒人」という語のヨーロッパ諸語の語源として同定できるのは、ラテン語で「黒」を意味する形容詞“niger”（ニゲール）です。ロマンス諸語系の言語（フランス語、スペイン語、イタリア語、ポルトガル語など）では、この“niger”からそれぞれ「黒」を意味する単語が派生します。フランス語を例にとればそれは“noir”（ノワール）であり、英語の“black”に相当する、形容詞と名詞です。欧米語のなかではしばしば「黒」が「闇」や「不明瞭」といった否定的意味を帯びます（英語ではこの否定的な意味は類義語の“dark”に強いでしょう）。この否定的負荷のかかった「黒」が同時に人にたいしても用いられるようになりました。

「ニグロ」という差別語もまた“niger”から生まれました。「ニグロ」を意味するポルトガル語の“negro”（ネグロ）は、エンリケ航海王子（一三九四—一四六〇）の冒険航海をめぐる年代記『ギネー発見征服誌』（後述）のなかに早くも見出せます。スペイン語でも同じく“negro”（ネグロ）と呼び、ここからフランス語では発音と綴りが転じて“nègre”（ネーグル）となります。ある信頼できる辞書によれば（フランス国立科学研究センターの提供するweb辞書CNRTL）、航海士のジャン・パルマンティエ（一四九四—一五二九）が著した『一五二九年ディエップからスマトラ島への航海日誌』のなかで“nègre”が「黒人」の意で記述されていると言います。

“nègre”が差別語として一般化するのは、ヨーロッパでは「啓蒙の世紀」と呼ばれる一八世紀です。この頃に「ニグロのように働く（あくせく働く）」という諺が使われます。“nègre”という語は、黒人を差別する語として用いられますが、「ニグロのように扱う（虐待する）」、「ニグロのようにおこなう（続ける）」という慣用表現も使われるようになり、カリブ海とアメリカ大陸の奴隷がとりわけそう呼ばれました。「ニグロ」の語の背景には大西洋奴隷貿易と奴隷制があるのです。

奴隷貿易の起源

ではヨーロッパ人がアフリカの人々をインディアスに連行する奴隷貿易はどのようにして始まったのでしょうか。

その始まりに位置するのは、ポルトガルによるアフリカ大陸沿岸部の探検航海です。先ほどエンリケ航海王子の名前を引きましたが、高校の世界史に登場する、このポルトガル王国の王子のことを覚えている人もいるでしょう。エンリケは航海士ではなかったのですが、エンリケが航海のパトロンになったことから、彼の関与した「発見」にちなみ、「航海王子」という名誉称号でのちに呼ばれるようになったわけです。その彼の業績を讃えるために記されたのが、ポルトガル王国の修史官ゴメス・エアネス・デ・アズララ（一四一〇―七四。アズララは「スーララ」とも表記）による『ギネー発見征服誌』（一四五三年）です。これは前回話した「大航海時代叢書 第Ⅱ期」シリーズの『西アフリカ航海の記録』（一九六七年）に収められています。

ギネーという地名は、北アフリカのベルベル人（当時の呼称では「モーロ人」）の言葉で「黒人の土地」を指す“Akal n-Iguinawen”に由来し、セネガル川（当時の呼称では「ニロ川」）を挟んで南方がポルトガル語で「ギネー」（Guiné）と呼ばれます。『ギネー発見征服誌』には、ポルトガル人が沿岸部に上陸してベルベル人や黒人を捕えてポルトガル本国に連れて帰ったことが記されています。一四四八年の時点で本国に連行され奴隷とされた人数は九二七人におよびます（『ギネー発見征服誌』岩波書店、四七二頁）。

その一方、当時のアフリカにもまた奴隷制は存在していました。たとえば、戦争による捕虜が、家内奴隷などにされるケースは人類史上よく見られることで、アフリカでも例外ではありません（ちなみにラス・カサスも正当な戦争での捕虜を奴隷とすることについては手続上問題がないと考えていました）。奴隷になるケースは、戦争のほかに負債であったり飢饉であったり多様な理由が考えられたそうです。と同時に、アフリカの諸地方でおこなわれた奴隷制では、奴隷とされる人々にも、儀礼や結婚をつうじて、その民族の構成員となる道が残されていました。とはいえここで私は、当時のアフリカの奴隷制が、たとえば古代ギリシャの奴隷制と比べたさいにより人間的であったかどうか、あるいは当時のヨーロッパ封建制時代の農奴制に相当するのかどうかを確認したいわけではありません。そもそも、それぞれの社会制度や価値観が異なる異文化のあいだで、奴隷制やそれに類する制度だけを取り出して比較することができるのか、という問題があります。むしろ重要なのは、世界中の人間社会の形成の過程で、奴隷制のような他民族の支配と差別が要請されてきた、ということです。

アフリカおよびインディアスの破壊としての奴隷貿易

とはいえ、奴隷制という〈野蛮〉がアフリカにも存在した、というこの指摘は、これから話題にするヨーロッパ人による大西洋奴隷貿易の相対化を意図しているわけではありません。日本語版『ユネスコ アフリカの歴史』（一九九二年）ではポルトガルと交易を始めたころ、セネガンビア（現在のセネガルとガンビア）にはグリオ（世襲的語り部）、鍛冶屋、織工、靴屋などいろいろな職業はあったものの、外来のポルトガル人と交易する商人という職業はなかったため、王がその役割を担ったと言われます。王は商人から馬や鉄などを得るかわりに、求めに応じて奴隷を受け渡したのです。セネガンビアの奴隷制については次のように記されます。

この社会の構造は奴隷制に基盤を置くものではなかったし、セネガンビアのこれらの従属身分にある者はおそらく私的な性格のものであった。しかしながら、いったん輸入品の代価として「奴隷を売る」必要がでてくると、事態は急速に変化した。王家や貴族などの支配階級はこの取引きから社会的、道徳的悪評ばかりでなく、個人的な利益を引き出した。社会的な諸関係や近隣諸民族との関係が、短期間の間に大いに変化したことは十分考えられるのである。

（『ユネスコ アフリカの歴史』第四巻、同朋舎出版、九七一頁）

むしろここで注意すべきは、この引用にあるように、アフリカにおける交易は、ヨーロッパ人との接触後、奴隷を商取引の主要な対象とすることで、その性質を急速に変えたのではないか、ということです。この奴隷貿易が、その取引に関わる諸民族のバランスを崩壊させる要因となったのではないかと十分に考えられるのです。

アフリカの諸王国との奴隷貿易を最初に始めたのはポルトガルでしたが、それだけでは人類史上の巨大な奴隷貿易に発展することはありませんでした。コロンブスの「新大陸発見」とその後のインディアスの破壊があってこそ、インディオの代わりにアフリカから人間を商品として連れてくる、いわゆる三角貿易は確立したのです。そしてその背景には、ポルトガルのみならず、スペイン、イギリス、フランスといった海洋に面したヨーロッパ諸国家による新たなる陸地取得をめぐる争奪戦と、ヨーロッパ輸出用の熱帯作物の栽培制度であるところのプランテーション制度の成立がありました。

大西洋奴隷貿易は、ヨーロッパ人によるインディアスへの奴隷の供給が、人類史上、類を見ない「種族（人種）」の大規模な移動を暴力的に引き起こしたという点で、質・量のいずれの面でもアフリカに巨大な破壊をもたらす事業であったことは疑いえません。ラス・カサスが考えていたように、ヨーロッパ人によるアフリカの破壊とインディアスの破壊のあいだには、明白な因果関係があったのです。

資本主義と奴隷制

奴隷貿易によって数世紀にわたってアメリカ両大陸・カリブ海に連行されたアフリカ人の数は、現在の記録では、約一二五〇万人におよぶとされます。このうち「新大陸」まで生き延びることができたのは一〇七〇万人だと『環大西洋奴隷貿易歴史地図』(二〇一〇年)の序文は伝えます。

先ほど、「ニグロ」の語の背景には大西洋奴隷貿易と奴隷制がある、と言いました。そのことを雄弁に物語るのが、エリック・ウィリアムズ(一九一一―八一)の『資本主義と奴隷制――ニグロ史とイギリス経済史』(一九四四年)です。カリブ海域を中心に南北アメリカ大陸沿岸地域でおこなわれた単一熱帯作物の栽培とその労働を支えた奴隷制が、イギリスを嚆矢とするヨーロッパの産業革命の経済的基盤(宗主国における資本の本源的蓄積)を準備した、とする古典的学説です。ウィリアムズはこの本で「ニグロ奴隷貿易」や「ニグロ奴隷制」といった風に「ニグロ」という語を用います。それはこの語が歴史的文脈のなかでそう使用されていたことを踏まえています。すなわち人種的にカテゴライズする呼称としては、奴隷貿易と奴隷制の文脈では差別語「ニグロ」が主に使用されてきた、ということです。

プランテーションの労働力としては当初は先住民や白人貧困層の契約移民が使役されたのです

が、経済的利潤を考えた場合にもっとも効率が良かったのが、アフリカで奴隷を調達することでした。こうして奴隷貿易と奴隷制が確立していくわけですが、ウィリアムズが強調するには、この奴隷制を一定の期間正当化するために、黒人を劣等だとする人種差別がヨーロッパの言説空間で生じてきたのです。「奴隷制は、人種差別から生まれたのではない。正確にいえば、人種差別が奴隷制に由来するものだった」（『資本主義と奴隷制』理論社、一六頁）のです。ウィリアムズのこの見解についてはあとでもう一度触れたいと思います。

このようにコロンブスの「新大陸発見」以降、ヨーロッパを中心に形成される世界秩序を政治的・経済的側面から捉えるならば、資本主義経済が植民地本国で発展するなかで、最初の重要な基盤をなしたのは「大西洋システム」であったと言えます。池本幸三・布留川正博・下山晃『近代世界と奴隷制――大西洋システムの中で』（一九九五年）において用いられるこの術語は、著者たちがウィリアムズの学説を踏まえながら、ウォーラーステイン（一九三〇―二〇一九）の世界システム論を理論的な参照軸として規定したものです。それによれば、「大西洋システムは、一五、一六世紀に形成され始め、一七世紀なかごろの「砂糖革命」によって形態を整え、それ以後、中心地域を移動させながら拡大し、さらに新大陸の植民・開発の進展や大西洋奴隷貿易によって多角的通商網を展開させつつ、一八世紀中ごろに完成した」（『近代世界と奴隷制』人文書院、一九頁）ものです。

奴隷船で連行された人々は、奴隷商人にとってみれば、奴隷として農園主に買い取ってもらうための〈商品〉でした。ある人間を売り買いしたり、所有したりする側の人間は、売られたり買われたり、所有される側の人間を自分たちと同じ〈人間〉であるとは当然見なしていなかったわけです。

奴隷制と黒人法典

同じ〈人間〉とは見なさないからこそ、農園主によっては奴隷が働けなくなるまで痛めつけたり、必要最低限の衣食住も保証しなかったりする環境が生じます。こうしたことから、カリブ海のフランス領の島々では、ルイ一四世統治下の一六八五年に「黒人法典」が制定されます。この法典には農園主の奴隷にたいする最低限の責務や、奴隷もまたカトリック教徒であるから日曜日は休日をとることなどが定められ、奴隷生活の環境改善をもたらした法律だと評価する向きもあります。

たしかにそうした肯定的な効果があったのは事実でしょう。と同時に、この法典が、奴隷の法的規定をおこなったということのほうがより一層重要だったのではないでしょうか。たとえば、奴隷身分で結婚して出生した子供は奴隷であることや、奴隷は一切所有できないことや、主人とその家族に何らかの暴行を加えた場合は死刑に処されることなどが記されます。他方、奴隷が解放されて自由人となる場合の条件も規定されていますが、解放の権限は、自由人である奴隷主に委ねられています。

この法典は国家的観点から奴隷制の位置づけを明確にしたものであり、奴隷という身分が法的事実であることを示しました。すなわち、特定の条件下の人間を人間以下の存在に貶めることを成文化した、ということです。法が定めるところによって、奴隷主が購入した〈人間〉は奴隷であり、その子供も、主人がその自由を許可しない限りは、生涯、奴隷であり続けるわけです。言い方をかえれば、この法典の公布以降、奴隷制の根拠が、これに関わる個別・具体的な人々のおこないから、フランス国家の権威的文言のなかに移ったともいえるでしょう。この恐るべき法典がフランスで破棄されるのは一八四八年の奴隷制廃止まで待たなくてはなりません。

奴隷貿易と奴隷制の廃止は国によって異なりますが、一九世紀をつうじて廃止されていきました。奴隷制の廃止によってたしかにアフリカを出自とする奴隷たちは自由の身となりました。合理的に考えれば、奴隷制廃止とともに、奴隷制に由来する人種差別もまた消えてなくなるはずです。しかし、当然そうはならず、西洋における〈野蛮の言説〉は根強く維持され続けてい

LE CODE NOIR
OU
EDIT DU ROY
SERVANT DE REGLEMENT
POUR le Gouvernement & l'Administration de Justice & la Police des Isles Françoises de l'Amerique, & pour la Discipline & le Commerce des Negres & Esclaves dans ledit Pays.
Donné à Versailles au mois de Mars 1685.
AVEC,
L'EDIT du mois d'Aoust 1685. portant établissement d'un Conseil Souverain & de quatre Sieges Royaux dans la Coste de l'Isle de S. Domingue.

A PARIS,
Chez la Veuve Saugrain, à l'entrée du Quay de Gêvres, du côté du Pont au Change, au Paradis.
M. DCCXVIII.

『黒人法典』ソーグラン版（1718年）

くのです。

キリスト教的世界観と黒人

〈野蛮の言説〉は、理性的な「正しい」判断からは逃れてしまいます。繰り返しますが、私たちはいまでこそ奴隷制が〈悪〉であるとして、これを断罪することができます。ですが、たとえばラス・カサスが例外的だったように、このことを同時代的に認識するのはきわめて難しいことでした。

恐るべきことではありますが、当時のヨーロッパ人は、アフリカの「黒人」が奴隷となることを当たり前だと考えていました。「彼ら」は、白い肌をした自分たちとまったくその姿形が違います。衣服を身にまとう自分たちと異なり、「彼ら」は、インディオと同様、ほとんど裸で暮らしています。「彼ら」は〈文明〉の側にいる自分たちとは似て非なる、野蛮な他者だったのです。

さてその野蛮な他者である「彼ら」をいかに自分たちの世界観のなかで理解するのか。これはヨーロッパのキリスト教徒においては重要なことでした。

そのキリスト教の世界観を改めて確認しておくと、この世界は、何から何まで、神の天地創造に由来します。では神はどのようにこの世界を創ったのか。『旧約聖書』の「創世記」に書いてあるとおり、最初の日に「光あれ」と言って光と影を、第二から第五の日までに、空、海、大地、太陽、月、魚（海の生きもの）、鳥（空の生きもの）を順々に創造します。それから第六の日、家畜、這うもの、地の獣（地上の生きもの）を創ったのち、神はこう言います。「われわれにかたどり、われわれに似せて、人を創ろう。そして海の魚、空の鳥、家畜、地の獣、地を這うものすべてを支配させよう」。こうして神にかたどられた男女が創造されます。そして第七の日は、天地万物を完成させたということで、神は安息します。

こうして再確認してみると、日本の現代社会の想像力のなかでは、いかにもファンタジー系仮想空間のごとき世界観ですが、第七の日とは、私たちの現実世界における日曜日に当たります。先に見た黒人法典における奴隷の安息日の規定もそうです。つまり、日曜日が休みである根拠は、もっとも古いところでは創世記にまで遡れます。

話を戻しましょう。この天地創造の話に続くのが、周知のとおり、エデンの園です。神はアダムを創り、アダムを木々と川からなる楽園「エデンの園」に住まわせます。アダム一人だけではかわいそうだと、神はアダムのあばらでイブを創ります。園の真ん中には「善悪の知識の木」があり、その実は「決して食べてはならない。食べると必ず死んでしまう」と神に忠告されますが、蛇にそそのかされてその実を食べたアダムとイブは神の逆鱗に触れて楽園を追放されました。

したがってキリスト教的世界観においては、人間の始祖はアダムとイブです。ですから、ヨーロッパ大陸以外で、異教徒として暮らす人々もまたアダムとイブの子孫だと当然帰結されるのです。当時のヨーロッパ人の見聞記において興味深いのは、コロンブスの航海の記録に典型的であるように、自分たちにとって未知であることをキリスト教的世界観のなかに回収して解釈しようとする点です。

アズララの『ギネー発見征服誌』を再び例にとりましょう。七ヶ月間逗留したポルトガル人がカラヴェラ船で去るときにベルベル人（モーロ人）が涙を流したという逸話についてアズララが解釈する場面です。アズララによれば「われわれはすべてがアダムの子孫」であり「理性をそなえた生物として魂を与えられている」。しかし「彼ら」の「肉体の器官」は「われわれ」の「肉体の器官」ほどには「徳行に適さない」。実際、「彼ら」は「ほとんど獣にひとしい生きかた」をしている。アリストテレスは、人間の生き方を三つに分ける。第一は観照（思索の生活）のうちで「半神人」として生きること、第二は自己の財産を利用して人と交わりながら都市で生きること、第三は人との交わりから離れて荒野で生きること、である。第三の人々は「まったく理性を用いることをせず、野獣同様に暮らしている」。そしてアズララは言います。

この人たちはわれらの主なる神の思召しによって、バビロニアの塔において人間の言葉が乱され人類が世界に分散したときに、あの地に住みつき、知恵は少しも発達しないで最初の状態のままにとどまっているのであるが、しかし他の理性的動物と同様に、愛、憎しみ、希望、恐怖、そのほか十二の感情を有しているように思われる。

(『ギネー発見征服誌』岩波書店、二五九頁)

「他の理性的動物」とは、端的には、文明人にしてキリスト教徒である「われわれ」のことです。アフリカ大陸に住む野蛮な人々とは、同じルーツは共有しながらも、明らかに自分たちより も「遅れた」、神の恩寵を授からなかった者たちであるが、「彼ら」にも「われわれ」と同じく人間的な感情があるのだ、とアズララは解釈します。

いわゆる大航海時代は、ヨーロッパ人が「世界史」の「主体」として外の世界に領土を拡張し、支配していく時代に当たりますが、これを別様に言えば、ヨーロッパ人が未知なるものを自分たちの言語のなかで解釈し、表象する時代です。その解釈と表象は、自分たちのキリスト教的世界観のなかでおこなわれます。大航海時代とは、ヨーロッパ人による〈野蛮〉の他者表象が本格化するという意味で、〈野蛮の言説〉の最初の主要な形成期だったのです。

このように考えていくと、先に紹介したエリック・ウィリアムズの見解、すなわち「奴隷制は、人種差別から生まれたのではない。正確にいえば、人種差別が奴隷制に由来するものだった」という見解は、やや結論を急ぎすぎているかもしれません。私はこのウィリアムズの見解を補ってこう言い直したいと思います。人種差別的な言説は、ヨーロッパ人がその外の世界の住人との接触を大規模に持ち始めた大航海時代以降に本格的に形成されていき、なかでも奴隷貿易と奴隷制が隆盛する一六世紀から一八世紀にかけて、黒人にたいする支配を正当化するために強化されていったのだ、と。

キリスト教的世界観の黒人表象

この点を補足しておくと、フレドリクソンの『人種主義の歴史』（二〇〇二年）が伝えるように、大西洋奴隷貿易が本格化する以前には、キリスト教信仰のうちには改宗した「黒人」を神聖視するなどの好意的な表象もありました。ヨーロッパ以外の地域にキリスト教徒の王プレスター・ジョンがいるという噂が信じられ、アフリカのキリスト教国エチオピアこそがプレスター・ジョンの国だと考えられた時期もありましたし、キリスト降誕に駆けつけた東方三博士のうちの一人がアフリカからやってきたとされているのは、よく知られるところです。大西洋奴隷貿易が本格化する以前には、こうした黒人愛好の表象もあったことは付け加えておくべきでしょう。

とはいえ、このことはヨーロッパの「白人」のうちに「黒人」にたいする差別意識がもともとなかったことを意味するのではありません。イギリスによる世界の表象を論じたマーシャルとウィリアムズの『野蛮の博物誌――18世紀イギリスがみた世界』（一九八二年）は、むしろ、「ふつう奴隷貿易の時代のものと考えられている黒人観の多くは、それ以前からヨーロッパ人の意識のなかにひそんでいた」という見解を支持しています（『野蛮の博物誌』平凡社、三四一頁）。

　実際、地理的関係から北アフリカとの交渉が盛んだったスペイン人やポルトガル人と違い、イギリス人は、大航海時代以前には「黒人」を知らなかったと言います。『野蛮の博物誌』によれば、イギリス人が「黒人」と初めて会ったのはギニア海岸への航海の途上であったと推測され、そのときの記録をこう紹介しています。「人々は単に浅黒いのではなく、文字どおり漆黒であった。この世でもっとも肌の白い民族のひとつが、もっとも黒い人種のひとつと顔を合わせたのだ」（同書、六一頁）。

　この最初の接触の記述は、「白」と「黒」という肌の色に基づく外形上の違いを対比的に示しています。しかしこの差異は「肌の白い民族」にとっては決定的なものでした。ヨーロッパ人の自民族中心史観では、自分たち以外のすべての民族は劣っているわけですが、なかでも「黒人」は、とりわけその外形上の違いから、彼らの世界観のうち、もっとも低位に置かれることになります。そして、ヨーロッパ人は「黒人」がもっとも野蛮な存在であるという言説を作りあげていくわけです。

　さて、聖書の教えでは、人類はアダムとイブを始祖とする以上、学者たちはなぜ「彼ら」が黒い肌をしているのかを聖書に基づいて解釈を試みました。聖書にそくして解釈しようとすると、その違いは主に気候に求められます。ですが、同じ赤道直下のカリブ海やラテンアメリカの先住民の肌は浅黒い程度です。アダムの子孫という人類単一起源説、つまり聖書の教えでは、インディオのことは説明できても、ブラックアフリカの住民の外形的特徴を説明できません。結局のところ、神の意思によってそうなったとしか言えない、ということになります。

さらに、創世記には「ノアの三人の息子たち」という有名な挿話（九章）があります。父ノアは自分を辱めた息子ハムに怒り、ハムの息子カナンを奴隷化する呪いをかけます。「カナンは呪われよ。奴隷の奴隷となり、兄たちに仕えよ」と言うのです。ハム（エジプト語で「黒」を意味する）をめぐるこのエピソードは「ハムの呪い」と呼ばれ、「黒人」を奴隷とする神学的根拠と長らくされました。

このように大航海時代以降のヨーロッパにおける他者表象は、もっぱら聖書的世界観に基づいておこなわれていきましたが、一八世紀から一九世紀にかけて、この聖書的世界観は少しずつ科学的世界観に移行し、象徴的にはダーウィンの学説の登場で完全にその役目を終えます。こうして世界の説明原理が聖書から科学に変わることによって、〈野蛮の言説〉にも科学的根拠が与えられていくわけです。

＊

今回は奴隷貿易と奴隷制の話をしました。このテーマについては実に多くの本があります。まず全体の通史のなかでの奴隷貿易・奴隷制の位置づけについては一九九七年刊行以来のロングセラーである**宮本正興・松田素二編『改訂新版 新書アフリカ史』**（二〇一八年）が良いでしょう。奴隷貿易・奴隷制についての手ごろな本としてはカラー図版が豊富な**ジャン・メイエール『奴隷と奴隷商人』**（創元社、一九九二年）と、**布留川正博『奴隷船の世界史』**（二〇一九年）がお薦めできます。

マーカス・レディカー『奴隷船の歴史』（みすず書房、二〇一六年）は、今回は話す機会がなかった奴隷船の「中間航路」を描き出します。同じく、これは視覚資料となりますが、**アレックス・ヘイリー**の同名の小説を原作とするテレビドラマ**『ルーツ』**の奴隷船の場面も参考になります。奴隷制社会における「黒人法典」については、**浜忠雄『ハイチ革命とフランス革命』**（一九九八年）に抄訳が掲載されています。

次回はキリスト教的世界観から科学的世界観に移行する時期のヨーロッパにおける〈野蛮の言説〉をたどります。扱う時代は「啓蒙の世紀」と呼ばれる一八世紀です。さまざまな文献に触れることになりますが、啓蒙の時代を理解するにあたり最適の本を予習用に挙げておきましょう。一つは**ロイ・ポーター『啓蒙主義』**（岩波書店、二〇〇四年）、もう一つは**弓削尚子『啓蒙の世紀と文明観』**（二〇〇四年）です。いずれも適度な分量で読みやすいですが、本講義との関わりでは『啓蒙の世紀と文明観』をぜひ読んでいただきたく思います。

II

啓蒙思想と科学の時代

西洋では一八世紀以降、理性の行使に基づく世界の解明の学問的探求が深まります。この啓蒙の時代に世界中の諸民族は「人種」（動植物の場合は「品種」）の概念で分類されていきます。「白人種」が知性的ないし審美的に優れているという前提のもと、一九世紀には進化論の確立により「人種」の優劣が科学的に「証明」されるようになります。現在は「似非科学」としてその科学性を否定されている社会進化論は、当時の西洋では〈常識〉の部類に属しました。第二部では「人種の科学」が成立する過程をたどりつつ、文明社会を最上位とし、未開社会を進化の前段階とする当時の〈常識〉を改めて考えてみます。

第四講 ナチュラリストと哲学者

理性の行使

今回は「啓蒙の世紀」と呼ばれるヨーロッパの一八世紀に着目し、〈野蛮の言説〉の展開過程をたどっていきます。

思想や主義としての「啓蒙」は“Enlightenment”（英語）、“Lumières”（フランス語）、“Aufklärung”（ドイツ語）といった語の訳語に当たり、いずれの語も「光」によって照らして見えないものを見えるようにすることを指します。啓蒙思想を担った人々は“philosophes”（フィロゾフ）と呼ばれます。フランス語で「哲学者」を意味しますが、前回予習用に案内した『啓蒙主義』（二〇〇一年）でロイ・ポーター（一九四六―二〇〇二）が述べるように、象牙の塔にとじこもった閉域の世界の住人ではなく、ジャーナリストのように世界の現実を伝え、その認識を変えようとする活動的な書き手を、この場合は指しています。フランスでディドロとダランベールが編纂した『百科全書』は、フィロゾフ（啓蒙思想家）を「偏見と伝統と社会の通念と権威、一言でいえば大方の人びとの精神を隷属させているすべてのものを踏み越え、自分の頭で考えてみようとする」人と定義しています（『啓蒙主義』岩波書店、五頁）。

実際、啓蒙期のフィロゾフは、社会通念を疑うことで新しい認識や物の見方を提示していきました。カント（一七二四―一八〇四）は啓蒙の意味するところを、人間が「みずから招いた未成年の状態から抜けでること」だと定義しました（『永遠平和のために／啓蒙とは何か 他3編』光文社古典新訳文庫、一〇頁）。未成年状態からの脱却をまさしく可能とするのが、自分の頭で考えること、すなわち理性を行使することだということです。

啓蒙の世紀

啓蒙期は、理性を重視した時代です。ここから理性万能主義や合理主義という言い方もされますが、カントが言う意味で、理性を用いることとは、自力で考えることだという点がなによりも重要です。

自力で考えるということとは「偏見と伝統と社会の通念と権威」に縛られないということです。この自由な知の態度により、ヨーロッパの知は大きな変貌を遂げ、近代的な知の基盤を形成していきます。そうした「啓蒙の世紀」のいくつかの特徴のうち、ここでは次の二点を強調しておきましょう。

（一）理性の重視。人間は神から与えられた理性を行使する点で、動植物にたいして優位とされます。理性を備えた人間は、それを行使して、さまざまな知識を得ることができます。知識の獲得によって社会をよりよい方向に導いていくことを目指すという意味で、啓蒙期の思想は、進歩の観念と結びつきます。理性の観点に照らせば、聖書で書かれている予言や奇跡などを鵜呑みにできません。この意味で神の教えを教条的に説く教会は、進歩を束縛するものですから、教会にたいしては批判的な立場をとります。

（二）世界の解明という使命。大航海時代以降、航海士、冒険家、宣教師がヨーロッパ大陸以外の動植物や民族、地理や風土について、数多くの見聞をヨーロッパに持ち帰ってきました。これまで総合されないままできたそれらの知識を体系化し、世界がどのようになっているのかを解明することに啓蒙期の学者たちは本格的に取り組み始めました。ナチュラリスト（博物学者）は世界中の動植物に関心を寄せ、自然の体系を解明しようと試みる一方、フィロゾフもまたナチュラリストの知見に基づいて世界中の民族と地理に関心を抱き、世界の歴史を究明しようとします。その過程で聖書的世界観は少しずつほころびを見せ始め、一九世紀にはダーウィンの『種の起源』（初版一八五九年）によって崩壊します。

聖書的世界観を突き崩した進化論の話は次回以降（第六講）にとっておき、ここではダーウィンという固有名詞に代表される進化論が登場する過程にむしろ注目しましょう。なぜならば、キリスト教的世界観が科学的世界観に交代するこの移行期において、世界を科学的に解釈し説明する言説の基盤が形成されたと考えられるからです。

この点を〈野蛮の言説〉の観点から整理すれば、大航海時代以降、ヨーロッパ・キリスト教世界の住民を文明とし、その他の地域の住人を野蛮人や未開人とする言説が本格的に形成されていくなかで、啓蒙期に科学的な言説が付け加わり、文明／野蛮の分割線を強化していきます。この分割線を明確に引くにあたって新たな根拠に持ち出されるのが「人種」という概念です。

人種という概念

人種主義をめぐる多くの研究が示すところでは、「人種」を示す“race”が本格的に用いられ始めるのは一八世紀です。それまでは馬や犬といった家畜動物の血統を示す言葉（この場合の“race”の訳語は「品種」）として用いられた“race”は一八世紀以降、肌の色に代表される人間の形質に基づく、生物学的な分類概念として流通するようになります。

〈野蛮の言説〉をたどるこの講義のなかで「人種」は避けがたいキーワードとなります。二一世紀を生きる私たちはこの概念に由来するイデオロギーと差別が過去になされてきただけでなく、現在でも依然として解消されていないことを知っています。そして、人種差別が〈悪〉であり撤廃されなければならないことを理解しています。

のちの回で見ていくように、ナチズムの反ユダヤ主義を生み出したのも、南アフリカのアパルトヘイト政策を生み出したのも、啓蒙の世紀に生物学的な概念として提示される“race”に由来しています（先んじておけば、“racism”（レイシズム）の語はナチスのユダヤ人迫害の根拠として使用されます）。そうしたことを踏まえてユネスコが特定の「人種」の優越を否定したのは一九五〇年であり、国連決議に基づく人種差別撤廃条約の発効は一九六九年のことです。さらに、今日の生物学的な言説では「人種」の概念は明確に否定されています。ですから、これらの認識を踏まえて「人種」は存在しないという所説を展開することが、敢えて言えば「今日のフィロゾフ」の役割だと言えるかもしれません。しかし、ここでの私の立場は、むしろ理性によって克服できない問題を考える、というものです。ですから本講義で取り組みたいのは、差別の温床となる「人種」概念の無効性を証明することよりも、どのようにして「人種」という概念は正当化され、文明／野蛮の分割線の新たな根拠を生み出していったのかをたどることにあります。

ナチュラリストと「存在の連鎖」

一八世紀のヨーロッパは、今日までよく知られるナチュラリストを輩出します。一人はスウェーデンのリンネ（一七〇七―七八）、もう一人はフランスのビュフォン（一七〇七―八八）です。全自然の究明を学的使命とし、鉱物、植物、動物の情報を可能なかぎり収集して、それらを分類し体系づけることをおこなった、代表的なナチュラリストがリンネであり、ビュフォンです。

自然を観察し、分類することは、人間が自然界で上位に位置することを示しています。人間を動物と連続するものだと捉えるのか、あるいは断絶したものだと捉えるのかは、この時代の著述家の立場によって異なります。人間が動物と質的に異なるという考え方は、知恵の実を食べたことにより楽園を追放されたアダムとイブの挿話に端的に示されるように、伝統的なキリスト教のそれです。他方、人間を動物と連続する方向で考えるのは、キリスト教の公的な見解ではないものの、プラトン以来脈々と受け継がれる「存在の連鎖」という考えに基づきます。

「存在の連鎖」とは、創造主である神というもっとも高いものから、無生物の鉱物のようなもっとも低いものまで、すべては連鎖しているという宇宙観です。というのも、神という完全にして一なるものからこの世界が生じたのだとすれば、神という至高の存在と、地面に生えている草木や石ころといった神の被造物がどのような関係にあるのかを考えなくてはなりません。そこで神は完全なる充溢性（それ自体で完全である状態）によってさまざまなものを産出したのであり、神↓天使↓人間↓動物↓植物↓鉱物といったように、存在は高いものから低いものへと連鎖していると捉えられたのです。天使という見えない存在が哲学的に仮定されるのは、人間という有限な存在に隣り合う高次の階梯に神がいるとは考えられず、神は人間にはおよそおよばない遥かなる階層にいると考えられたからです。人間は自分より高次な存在については推定することしかできませんが、自分より低次にある神の被造物については観察し、分類することができるわけです。それゆえ啓蒙期の精神において「存在の連鎖」の考えはそれまでの時代以上に前景化したと言われています。

「存在の連鎖」を信奉するナチュラリストはこの宇宙観の正しさを証明しようとします。すなわち、「存在の連鎖」のうちの「連鎖」の在り方を解明しようとするのです。「存在の連鎖」が正しいのであれば、動物のもっとも低い部類と、植物のもっとも高い部類が隣接しているはずです。この動物と植物のあいだの「失われた環(ミッシングリンク)」を発見したのが、スイスのアブラハム・トランブレー(一七一〇—一八四四)によるヒドラ研究でした。トランブレーは顕微鏡で微生物ヒドラの生態を観察し、ヒドラが強力な自己再生能力をもち、無限に分裂・増殖できることを発見するのですが、このヒドラが動物と植物の中間だと捉えられたのです。

リンネの人種論

リンネは「分類学の父」と称され、生物分類をするさい、ラテン語で〈属〉と〈種〉(英語でそれぞれ"genus"と"species")を記すという方法を発明したことで知られています。主に動植物の分類に使われる概念ですが、この分類法でもってリンネは人間を二つの〈種〉に分けました。一つは、今日人類が属する〈種〉の学名として通用しているホモ・サピエンス(賢い人)です。い

リンネ『自然の体系』(1735年)の動物の分類表

ま一つは、すでに廃れてしまったホモ・トログロデュッテス（穴居人）です。この「トログロデュッテス」は現在、チンパンジーの学名パン・トログロデュッテスのうちに受け継がれています。

この二つの人間の〈種〉が分類されるのは、一七五八年に公刊されたリンネの代表作『自然の体系』の第一〇版によります。一七三五年に出版された第一版はわずか一一頁でしたが、版を重ねるごとに情報が増え、第一〇版では一三八四頁におよび、記載される動物の〈種〉も第一版では五九〇種が四四〇〇種へと更新されます。その第一〇版でリンネが提示するホモ・トログロデュッテスは、動物のなかで高等だと見なされる猿と、人間のあいだの中間存在、すなわち「存在の連鎖」のなかのもうひとつの「失われた環（ミッシングリンク）」として考案されたのではないかと考えられるのです（岡崎勝世「リンネの人間論」二〇〇五年）。すなわち、現在でいうところの類人猿、オランウータンやチンパンジーといった動物をホモ・トログロデュッテスだと分類したということです。この学名がチンパンジーに受け継がれた所以です。

他方、ホモ・サピエンスについては、リンネは四つの〈亜種〉

CAROLI LINNÆI REGNUM ANIMALE.

I. QUADRUPEDIA. II. AVES. III. AMPHIBIA. IV. PISCES. V. INSECTA. VI. VERMES.

PARADOXA

(subspecies)を分類しました。すなわち、ヨーロッパ人、アメリカ人、アジア人、アフリカ人です。リンネはこの四分類を肌の色に基づいておこなっており、それぞれ順に白色、赤色、暗色、黒色があてがわれます。第一版では、異なる〈種〉のように分類しました。しかしこれはアダムの子孫であるという単一起源説を否定してしまうことから第一〇版では、ホモ・サピエンスのなかに〈亜種〉として分類しなおしたと言います。

なぜ四亜種なのかといえば、これには古代ギリシャ・ローマに遡る、この世界の物質を構成するのは四元素（火・空気・水・土）であるという考えと、その四元素説と関連する四体液説を踏まえていると言います。四体液とは、血液、粘液、胆汁（黄胆汁）、黒胆汁であり、これらの体液の具合で人間の気質や体質が決まるとする説をヒポクラテスが展開しました。多血質、粘液質、胆汁質、黒胆汁質です。リンネは四亜種を分類するさいに肌の色のほかにこの四体液説を当てはめたのです。ここでアジア人をのぞく、三亜種の記述を確認しておきます。

> アメリカ人［アメリカ先住民］――赤い肌、胆汁質、直立姿勢。濃く黒い直毛。拡張した鼻孔。そばかすだらけの顔。あごひげなし。頑固、陽気、自由。体に赤い破線を描く。慣習にしたがう。
>
> ヨーロッパ人――白い肌、多血質、筋骨たくましい。長い金髪。青い瞳。穏やか、知性に

すぐれる。ものごとの発見者。北の気候に適した衣服を身につける。宗教的慣習にしたがう。

アフリカ人——黒い肌、粘液質、筋肉が弛緩。なめらかな肌、サルに似た鼻、ふくれあがった唇。女性の乳房は膨張している。その乳房から豊富な乳がでる。狡猾、怠惰、無頓着。体に油を塗りつける。権威にしたがう。

（マーシャル、ウィリアムズ『野蛮の博物誌』平凡社、三六九—七〇頁）


リンネは「存在の連鎖」の信奉者でした。そのことを踏まえてこの記述を捉えるならば、ヨーロッパ人が人間の〈亜種〉の最上位と捉えられていることがただちにわかります。と同時に、アフリカ人は、猿に喩えられ、否定的な気質を記述されていることからも、最下位に位置付けられていることは疑いありません。類人猿に隣接する人間としてアフリカ人が想定されていたと言えます。

ビュフォンの人種論

ビュフォンの代表作『一般と個別の博物誌』（一七四九—一八〇四年）は完成までに半世紀の歳月を費やした超大作で、全四四巻（三七巻目以降は死後出版）からなります。なお「個別」というのは、動物、植物、あるいは鳥類や魚類など、自然界の各部分に特化した博物誌という意味であり、一般というのはそれらを統合した総論的な博物誌ということです。

ビュフォンの念頭にもやはり「存在の連鎖」がありました。博物学の研究方法を論じた第一巻でビュフォンは、博物誌の観点からすると人間は「動物の部類」に入るという「屈辱的な真理」を受け入れなければならないと言ったあと、こう続けます。

> 次に宇宙を構成するさまざまな事物を順序よくたどってゆき、創造されたすべての存在の頂点に身を置いてみると、もっとも完全な生物からもっとも形の定まらない物質へ、もっとも体制の整った動物からもっとも粗雑な鉱物へと、ほとんど知覚しえない段階をたどって下降してゆくことができるのを、人間は驚きをもって眺めることになるだろう。
>
> （『ビュフォンの博物誌』工作舎、二九七頁）

「存在の連鎖」の階梯が高いものから低いものへと段階的に下降していくというイメージを明確に述べているくだりです。動物界に分類されるとしても人間が存在の優位にあるという事実は変わりません。この考えに基づいてビュフォンは博物学の分類方法で万物を〈綱〉→〈属〉→

HISTOIRE NATURELLE.

HISTOIRE DES ANIMAUX

CHAPITRE PREMIER.

ビュフォン『一般と個別の博物誌』第2巻「動物誌」Pierre de Hondt版（1750年）

〈種〉といったように大区分から小区分に分類することに伴う恣意性を指摘します。いわく「自然はある種から別の種へと、しばしばある属から別の属へと、感知できないほどの微妙な差異をもって移ってゆくから」です（同書）。この観点からリンネ式分類法の不十分さを指摘し、分類を細分化していく方途を提唱します。

以上の方法論をふくんだ第一巻に続き、第二巻と第三巻で人間論が展開されます。第一巻から三巻は一七四九年に刊行されています。ビュフォンは自然界の動植物の個別の博物誌に先立って人間の分類と記述をおこないました。

リンネ式分類法をとらないビュフォンは、人類の四亜種は採用せず、実際に観察される諸民族ごとにその特徴を記すという方法をとります。そのさいの前提となるのは、前回から確認している人類単一起源説です。この考えは、世界中の諸民族を同一の〈種〉つまり"species"のうちで捉える一方で、アダムを基準に人間の退化の度合いを捉えます。ですから、アダムにもっとも近いのがヨーロッパ人だと当然帰結されるのです。

ビュフォンは人間のさまざまな変種は、自然環境の違いによって主に決定されると考え、それぞれ肌の色、体格、美醜、文明度などが異なってくると捉えました。この分類方法により、北緯四〇度から五〇度のあいだ、つまりローマとパリのあいだの経緯の下に住むヨーロッパ人が、もっとも美しく、人類の本来の肌の色である理想的な人間だ、と述べました。

他方、アフリカ大陸の住民のうち、もっとも否定的に描かれるのは「ホッテントット人」です。ホッテントット人とは南部アフリカの牧畜民で、コイコイという自称をもちますが、ヨーロッパ系言語ではこの名で呼ばれました。ビュフォンはホッテントット人を類人猿に近い存在として記述しています。この点については次回詳しく触れます。

啓蒙思想家たちの人種論

リンネやビュフォンをはじめとするナチュラリストによる自然の解明は、同時代のフィロゾフ（啓蒙思想家）にヨーロッパ大陸をふくめた地球全体に目を向けさせます。直接見聞したことはなくとも、アジア大陸、アフリカ大陸、アメリカ大陸には自分たちと異なる外見の人々が異なる社会生活を営んでいることを知っている以上、フィロゾフは、神によって創造されたこの世界の成り立ちやその地理などにも目を向けます。

ヴォルテールは、聖書の文言を一字一句神の教えと説く教会を批判しつつも、創造者であるところの神の存在は認める理神論者の立場から『歴史哲学――「諸国民の風俗と精神について」序論』（一七六五年）を記しました。このなかで「さまざまな人種」という項目を立て、人種間の著しい差異を強調します。「創世記」に由来する人類単一起源説では、ノアの子孫が世界各地に散らばり、各地の自然環境に適合してそれぞれの社会集団を形成してきたと解されるわけですが、ヴォルテールはむしろこれらの人種は同一の〈種〉というよりも、異なった〈種〉であるのではないかという見解を示します。「ニグロ」についてはこう述べています。

> 彼らの円い眼、平たくつぶれた鼻、つねに厚ぼったい唇、さまざまな形をした耳、頭髪の縮れ毛、さらには彼らの知能の程度さえもが、彼らと他の人種の間に驚くほどの差異があることを示している。
> （『歴史哲学』法政大学出版局、八頁）

あえてスキャンダラスな書き方をするヴォルテールの意図についてては解釈を要するところですが、かれの見解が、当時のヨーロッパ知識人の黒人観を反映していることや、同時代に広まっていた人類多起源説に近いことは見てとれます。実際、さまざまな人種の形質の違いを引き合いに出しながら「それぞれ異なった人種ではないなどとは、ほとんど考えられないほど」だと言います（同書、九頁）。

これに関連し、人類多起源説の人種主義の文脈で言及されるヒューム（一七一一―七六）の「国民性について」（一七五四年）に付された有名な注にも触れておきましょう。

> 私は黒人が生まれつき白人に劣るのではないかと思いがちである。あの顔つきをもった文

明的な国民はかつてほとんどいなかったし、活動や思索のいずれにおいても著名な個人さえいなかった。彼らの間には精巧な製造業は見られないし、芸術も学問もない。［…］もし自然がこれらの人種間に本来の区別をつくらなかったのならば、このように斉一的で不変な相違は、これほど多くの国と時代に生じえなかったであろう。わが国の植民地は言うに及ばず、黒人奴隷はヨーロッパ中に散らばっているが、彼らにはなんらかの才能のきざしさえ発見されていない。

（『道徳・政治・文学論集［完訳版］』名古屋大学出版会、一八三頁）

ヒュームのこの文章からは明確な差別意識が見てとれます。白人あるいはヨーロッパ人を人間という〈種〉のなかの最上位だとする見解に基づくかぎり、ヒュームの露骨な差別主義もナチュラリストの分類も結局のところ程度の差にすぎません。そして、そうした〈種〉における最下位に「ニグロ」が位置するという通念もまた啓蒙期の人種観に共通しています。

『百科全書』の一七六五年版より記載された「ニグロ」の項目は、博物誌的意味でもってまず外観から記述されますが、その内容は先ほどのヴォルテールの黒人にたいする記述とおおよそ重なります。すなわち、肌の色のほかに、「大きくて平たい鼻、厚ぼったい唇、毛髪の代わりに縮れ毛」と記述されます。「縮れ毛」はフランス語では"laine"（レーヌ）で文字通りには「羊の毛」、すなわち動物の体毛です。したがって「ニグロ」は「人間の新たな〈種〉をなしているように見受けられる」とされます。人類多起源説が採用されるとともにニグロが動物種に隣接すると見なされます。

ビュフォンにおいてもニグロは「醜い」とされていましたが、『百科全書』でも同じです。また博物誌の用法とは別に、商取引の用法で「ニグロ」が奴隷を意味することや、その動物性が強調されています。

カントの場合

啓蒙期のフィロゾフのうち、カントは人種の概念やその分類に強い関心を示した一人です。「さまざまな人種について」（一七七五年）では人類の〈亜種〉であるところの人種がどのような原理のもとに規定できるかを哲学的に考察しています。

その規則の前提となるのが「生殖力のある子を一緒になって産む動物はやはり同じ一つの自然の類に属する」というビュフォンの規則（『カント全集3』岩波書店、三九七頁）です。たとえば、猫と犬のあいだには子供が生まれないのは、ここでいう「自然の類」が異なるからです。このことから白人と黒人のあいだに「混血児（ムラート）」が生まれるのは人類に属する証拠となります。

この原理に基づきながらカントは人類を四種族に分類します。その分類は「さまざまな人種についての一〇年後に書かれた「人種の概念の規定」（一七八五年）でより知見が深められ、「白色人、黄色インド人、ニグロ、赤銅色アメリカ人」とされます（『カント全集14』岩波書店、七二頁）。この場合、皮膚の色は遺伝によって決定するものであり、その意味で異なる種族（人種）に属するとします。「種族という概念は、同一の根幹をもつ動物のクラス区分であって、しかもそれが不可避的に遺伝的である場合にかぎられる」と言います（同書、八三頁、強調引用文）。

カントの場合、人種分類の規定の原理的考察に最大の関心があります。四種族としたのも今後明らかになる知見次第で変わりうるとしており、かれの学究的にして謙虚な態度を示しています。

くわえてカントは人類多起源説を明確に否定し、「白人のクラスは、人類のなかで特別な種をなすものとして、黒人のクラスと区別されるのではない」と記します（同書、八三頁）。この点はかれの人種論の特徴的なところです。

今日の観点から見て、カントは同時代のナチュラリストやフィロゾフに比べて「人種」をめぐる時代の先入観から自由であったように思えます。実際、「人種の概念の規定」と同じ年に出版されたヘルダーの『人類史の哲学考』（一七八五年）では黒人にたいするあからさまな差別が見てとれます。いわく「ニグロはヨーロッパ人のために何ひとつ発明しなかった。彼らは自己を完成させたり、ヨーロッパを征服したりするという考えを一度も持ったことがない」（ポリアコフ『アーリア神話』より引用）。

とはいえ、カントの議論には、人種を規定しようとするその企図において、血統主義的な観点が紛れ込むのも事実です。「現在見られるさまざまな種族は、それら相互の混血がことごとく回避されるのであれば、もはや消滅しえないだろう」(『カント全集14』九〇頁)という一文は、混血化が進めば消滅がありうると読み替えることができます。「ガンビアでニグロに退化したとされているポルトガル人は、黒人と交雑した白人の子孫である」と述べるように(同書、九一頁、強調引用文)、ここでは種族がそのままであることのほうが望ましいとする考えが読みとれる気がします(ガンビアはセネガルに隣接する地域で、奴隷貿易の拠点のひとつでした)。

*

今回は「ナチュラリストと哲学者」という題目で話しました。前回予習用に挙げた文献ですが、**弓削尚子『啓蒙の世紀と文明観』**(二〇〇四年)を再度挙げておきます。

アーサー・ラヴジョイ『存在の大いなる連鎖』(ちくま学芸文庫、二〇一三年)は、「存在の連鎖」の観念の歴史をたどった名著であり、この概念についてはラヴジョイの仕事に負っています。本書とともに**『西洋思想大事典』**(一九九〇年)の「存在の連鎖」や「進歩の観念」などの関連項目も関心のある方はぜひ読んでみてください。

リンネについてはとくに**岡崎勝世「リンネの人間論」**(二〇〇五年)を参照しました。同論考の内容は、岡崎勝世**『科学vsキリスト教——世界史の転換』**(二〇一三年)にもほぼそのまま見出せます。これはキリスト教的世界観から科学的世界観への転換を歴史記述という観点からたどった著者のプロジェクトの一環です。前作には『**聖書vs世界史――キリスト教的世界観とは何か**』（一九九六年）と『**世界史とヨーロッパ――ヘロドトスからウォーラーステインまで**』（二〇〇三年）があります。

ビュフォンについては『一般と個別の博物誌』の抄訳が『**ビュフォンの博物誌――全自然図譜と進化論の萌芽**』（工作舎、一九九一年）に収録されています。なおこの本は当時の図版を縮約してカラーで掲載しており、ナチュラリストの仕事を知るうえでたいへん貴重です。ビュフォンの人間をめぐる記述は**西川祐子「ビュフォンの「人間誌」（『自然誌』より）その1」**（一九八五年）も参考にしました。

ヒュームと人種主義との関係にかんしては**高田紘二「ヒュームと人種主義思想」**（二〇〇二年）があります。また、今日の生物学的言説における「人種」概念の否定については、**ベルトラン・ジョルダン『人種は存在しない――人種問題と遺伝学』**（中央公論新社、二〇一三年）を挙げておきます。

次回の話題も引き続き「人種」です。一八世紀から一九世紀にかけての転換期における人種をめぐる科学的言説を「ホッテントット・ヴィーナス」と呼ばれた一人の女性の運命をたどりながら考察します。

第五講

展示されたひとりの女性

聖書的世界観からの転換

　ヨーロッパ人が啓蒙期に本格的に取り組み始めた「人種」をめぐる研究は、肌の色の分類に基づくものでした。博物学的分類では、"species"にあたる〈種〉において、その形質があまりに違う、たとえば「ニグロ」と自分たちがまず同じ〈種〉に当たるのかどうかが大きな議論となりました。人類の単一起源説と多起源説です。前回の講義では後者を代表する考えをヒューム、ヴォルテールの考え、そして『百科全書』の項目のうちに見ました。『自然の体系』第一版（一七三五年）刊行当時のリンネもそうです。しかし、啓蒙期にふたたび耳目を集めた「存在の連鎖」の観点では、同じ〈種〉のなかの変異であると捉えるほうが理にかなっており、聖書の教えと矛盾しない意味でも単一起源説が支持されることになります。

　前回、啓蒙の世紀の特徴に理性の重視を挙げ、理性によって人間と動物が分かたれると述べました。しかし、ここには人間と動物をめぐる聖書的世界観からの大きな転換があったことを補足しておきます。聖書的世界観では、人間は動物とは本質的に違い、ゆえに人間は動物を統べる地位にあると考えられます。これにたいして、ビュフォンをめぐる話で確認したとおり、博物誌の上位の大区分では、人間は動物に分類されます。これまで人間は動物よりもはるかに高等な存在だと考えられていましたが、チンパンジーやオランウータンが動物のなかで高等種であり、ゆえに人間に近い存在であることがわかってきました。そのような人間と動物の近接性ないし連続性の発見から、「存在の連鎖」のなかでの人間は、動物と近接し連続する存在にまで格下げされるのです。とはいえ、人間の〈種〉のなかでヨーロッパ人ないし白人が頂点であり、そのグラデーションにおいてもっとも下位に位置づけられたのが黒人、とくに「ホッテントット（人）」と呼ばれる人々でした。

「人種」の分類は、当初は気候や風土といった自然環境の違いによって各人種間の差異が生じたと捉えられていましたが、科学的言説の進展により、その差異の主要要因は遺伝による継承であり、自然環境は副次的要因だという考えが出てきます。これは前回言及したカントの「人種の概念の規定」（一七八五年）に見られました。

ブルーメンバッハの五亜種説

カント（一七二四―一八〇四）の同時代人であり、かれよりもはるかに若いドイツのブルーメン

ブルーメンバッハによる頭蓋骨に基づく「人種」分類（1795年）
左から（1）モンゴル人種、（2）アメリカ人種、（3）コーカサス人種、（4）マレー人種、（5）エチオピア人種

バッハ（一七五二—一八四〇）は、リンネの人類の四亜種説のあとに出てきた近代的な人種分類の提唱者として知られています。

ブルーメンバッハは『人間の自然な変種について』（一七七五年）という博士論文にあたる人種論を著し、第三版（一七九五年）で人種分類を完成させます。この最終版でブルーメンバッハは地理的要素と形質の両面から人類を、（一）コーカサス人種（ヨーロッパ大陸）、（二）モンゴル人種（東アジア地域）、（三）エチオピア人種（アフリカ大陸）、（四）アメリカ人種（アメリカ大陸）、（五）マレー人種（大西洋地域）の五亜種に分類します。

現在は人種という〈亜種〉は存在しない、あるいは人類一亜種だという考えが研究では一般化しています。今日の学校教育でもこの考えが一般的であることを願いますが、ブルーメンバッハのこの分類は二〇世紀に至るまで影響力をおよぼし、コーカソイド、モンゴロイド、ネグロイド、オーストラロイドというその後の人種概念の祖型となります。

ブルーメンバッハの分類においてまず注目すべき点は、コーカサス人種という分類名です。この名称はコーカサス山脈に由来し、この地域が人類の発祥の地である可能性が高く「もっとも美しい人種」を輩出している、というのがその理由です。表面的な形質

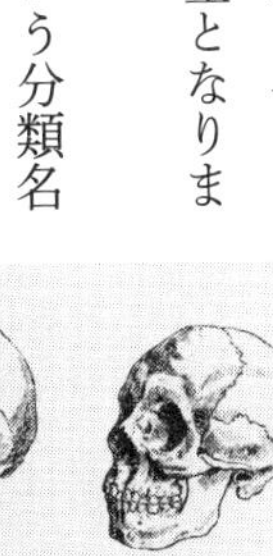
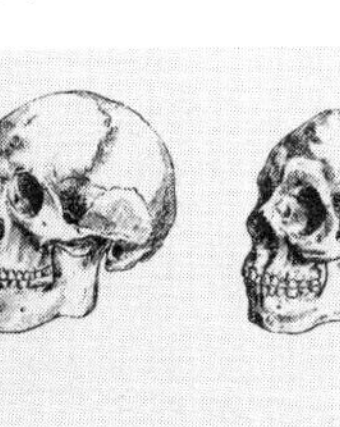
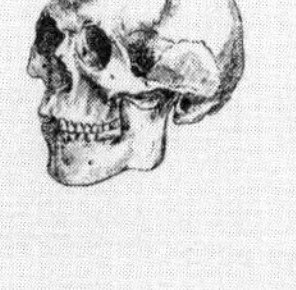

だけでなく骨格にも注目したその研究で、かれは頭蓋においてもコーカサス人種が美しいとしています。ビュフォン同様、単一起源説に基づく彼の考えでは、このコーカサス人種が、アダムを始祖とする人類に近く、ほかの人種はより退歩した亜種だという見解を示しました。

かれの研究によれば、人類はコーカサス人種を頂点に、モンゴル人種とエチオピア人種に枝分かれしていきました。アメリカ人種は、コーカサス人種とモンゴル人種の中間に、第三版から新たに加わったマレー人種は、コーカサス人種とアフリカ人種の中間にそれぞれ当たります。グールドの『人間の測りまちがい』(一九八一年)によれば、この退歩の枝分かれ理論のために、ブルーメンバッハはリンネの四亜種説にマレー人種の区分をあらたに加えたわけです。

ブルーメンバッハは、知性においては各人種の平等という、当時では先進的な立場をとる一方、ヨーロッパ的審美眼を基準とする人種の優劣の階梯を設けました。美醜による優劣はビュフォンや『百科全書』の項目でも確認したとおりで、啓蒙期における「人種」の比較基準のひとつでした。ブルーメンバッハはこの〈美〉という価値を主要基準にしたということです。ブルーメンバッハが提唱した、ミケランジェロ像に典型的なヨーロッパ的〈美〉の人種的基準はヨーロッパの圧倒的な文化的優位を背景にして世界中に広まっていきます。現代の科学的観点からすれば、主観的にして非科学的だと切って捨てられるところがありますが、その広範な影響力こそよく考えなければなりません。

人間と動物のあいだ

人間と動物を隣り合う階梯として連続的に捉えるという発想は、博物学の発展をもたらすと同時に〈野蛮の言説〉を洗練させていきます。啓蒙期において人種的に最劣位に置かれる「ニグロ」については、ビュフォンが当時の奴隷商人や旅行者の記録に基づきながら、セネガル人、ギニア人、アンゴラ人、コンゴ人とそれぞれの民族の気質の差異を記述していますが、そのなかでビュフォンがひときわ関心を寄せて記述するのが、「背が低い」、「たいへん醜い」と形容される「ホッテントット（人）」です（『ビュフォンの博物誌』工作舎、一四頁に図版が再録されています）。

繰り返しますが、「ホッテントット」はヨーロッパ言語のなかで当時流通していた差別的な他称であり、コイコイが自称です。ですがこの講義は〈野蛮の言説〉を考察することが目的ですからあえて「ホッテントット」を用いることにしています。

付け加えておくと、この他称は、アフリカ南部に入植したオランダ人（かつてはボーア人、現在はアフリカーナーという名称が採用されています）が、コイコイの人々のあいだで交わされる吸着音（舌打ちをしたときの音に近いもので、アフリカ南部の部族の言語に特徴的な子音）を理解できず、揶揄してそう呼んだのではないかと推察されています。

「ホッテントット」は、女性の臀部が大きく突き出ているなどのきわだった外観上の特徴から、この人々を観察したヨーロッパ人のあいだでもっとも猿に近いと記述されてきました。ここからホモ・サピエンスと類人猿の「失われた環」が「ホッテントット」であるのではないかとする著述家も出てきます。「存在の連鎖」にしたがう人間と動物の連続性をめぐる考察で、「ホッテントット」は繰り返し登場することを、ラヴジョイの『存在の大いなる連鎖』（一九三六年）は示します。

人間に一番よく似た猿は、人間の直ぐ次の種類の動物である。また我々の種の中の最低の人間と猿との相違はそれほど大きくはないから、猿に言語能力があれば、野蛮なホッテントットやノーヴァゼムブラの愚かな住民に劣らず、人類の地位と尊厳とを要求しても正しいのではあるまいか。……この種類のものの中で最も完全なもの、オランウータンとアンゴラの原住民によって呼ばれているものは、野性の人間または森の人間という意味であるが、人間にもっともよく似ているという名誉を持つ。この種全体は顔つきが人間に似ていて、猿の顔をした人間というような例は多いのであるが、このものは［人間に］一番似ていて、それは顔つきだけはなく、身体の恰好、四つ足ばかりではなく直立して歩くこと、言語器官、鋭い理解、猿類の他のものには見られない穏和で優しい情、およびその他の点においてもそうである。

（ブラックモー、ヒューズ『平修道士のいる修道院』第二版、一七一四年。

『存在の大いなる連鎖』ちくま学芸文庫、三六六―七頁）

これは『存在の大いなる連鎖』で引かれる、一七一〇年代という早い段階でのホッテントットとオランウータンをめぐる比較記述です（「ノーヴァゼムブラの愚かな住民」というのが出てきますが、これは北極海に浮かぶ列島の先住民であると思われます。そのような極寒の地に住んでいるのは動物のような存在に違いないという偏見でしょう）。この引用に付されたラヴジョイの注にはその傍証に当時の他の著作からの引用が掲載されており、「ホッテントットは人間の正反対である。……それゆえもし理性を備えた動物と野獣との間に中間物があるとすれば、ホッテントットがその種であることを主張するのが一番妥当である」、あるいは「喜望峰のあたりに住む黒人が、我が国の旅行者が知っているあらゆる人間の中で最も野獣的である」といった記述を紹介しています（同書、五八一頁）。

このように「存在の連鎖」という思想は、人間を動物と連続する存在として下位に置くことで科学的世界観への転換を図っただけではなく、その科学的な観察の名のもとに「ニグロ」をさらなる下位の存在として表象することを可能にしました。

オランウータンはマレー語に由来し、先の引用にあったように「森の人」を意味するとされます。これはちょうどフランス語の「野生人」（未開人）を表す“sauvage”（ソヴァージュ）を想起させます。ルソー（一七一二―七八）には第一講で「善良な野生人」の話をしたさいに言及しましたが、かれもまた啓蒙期のフィロゾフにあたります。そこで『人間不平等起源論』（一七五五年）におけるオランウータンと「ホッテントット」にかんする記述に目を向けておきます。

まずオランウータンにかんしてですが、人間と猿の中間種であることに関心を持ちながら、コンゴ王国の旅行記をはじめとするいくつかの記述から、こう推測します。すなわち「われわれの旅行者たちは、古代人がサテュロス、ファウヌス、シルヴァヌスという名で神としたその同じ存在を、ポンゴ、マンドリル、オランウータンという名で無造作に獣にしているのである。おそらく、さらに正確な研究ののち、それが〔獣でも神でもなく〕人間であることがわかるであろう」（『ルソー・コレクション 起源』白水社、一二九頁）。

次いで「ホッテントット」についてですが、ドイツの旅行家で博物学者のコルベ（一六七五―一七二六）の記述のうち、ヨーロッパ人よりも優れていると賞賛している点をルソーは引用します。その一部を紹介すれば「ホッテントットは喜望峰のヨーロッパ人よりも漁業をよく理解している」、「狩猟をすれば驚くほど巧みで、走る身軽さは想像を絶している」、「ヨーロッパ人が匹敵できないほどの鋭い視力と確実な手を持っている」などです（同書、一一八頁）。

こうした観察ができるのは、啓蒙期のフィロゾフやナチュラリストのなかでも、文明人であることのほうがむしろ不平等の起源をなしているという、文明と野蛮の関係を反転させる視点を着想できたからです。啓蒙期のフィロゾフの視点は、『人間精神進歩史』（一七九三―九四年）を著したコンドルセ（一七四三―九四）のように、高位の文明段階にいるヨーロッパ人が無知蒙昧な野蛮人を理性の高みに教導すべきだとする自民族中心の進歩史観が典型的ですが、ルソーは自民族が他民族を優越しているという視点をとりませんでした。文明と野蛮を逆転させる発想はこの関係性そのものを解体する視点までは持ち合わせないとはいえ、ここには啓蒙期の人種主義を相対化しえた貴重な視点が見出せます。

ディドロの『ブーガンヴィル航海記補遺』（一七九六年）にもこの機会に触れておきましょう。一七六〇年代にフランス初の世界一周を達成したブーガンヴィルの航海記録『世界周航記』（一七七一年）に感銘を受けたディドロがその「補遺」として記した架空旅行記で、彼の死後に出版されました。ブーガンヴィルはタヒチに滞在したさいの住民の様子、またフランスに連れて行ったタヒチ人アオトゥールーについて書いており、ディドロはそれらに着想を得た物語のなかで、自然状態にいるタヒチ人の視点からヨーロッパ文明の相対化を試みます。ディドロにおいては自然の法律にしたがう状態がもっとも理想的だとされ、国民の法、宗教の法といった人為的な法体系はむしろ悪弊ではないかと考えるのです。ディドロのこの見解もまたルソーに近く、「善良な野生人」の系譜に連なるものだと言えるでしょう。

動物園から人間動物園へ

人間と動物に話を戻します。啓蒙期は人間が動物の一部だという新たな認識を生み出しましたが、そこには人間が自然界のなかで優位な〈種〉だという前提があります。万物を観察するという行為には見る側の優越性があります。人間は見る〈主体〉であり、植物や動物はあらかじめ見られる〈客体〉です。動物園や植物園は、この動植物にたいする人間の優位を可視化させたものだと捉えることができます。

珍しい動物を収集し、それを見て楽しむというのは当初は権力者に許された特権でした。古くはメソポタミア文明の諸王にまで遡るという動物のコレクションですが、今日の動物園の祖型とされるのは一七世紀にフランス国王ルイ一四世（一六三八―一七一五）がヴェルサイユ宮殿の庭園内に造らせた動物観賞施設にあります。フランス語で"ménagerie"（メナジュリー）と言いますが、これは大型の動物や海外の珍しい動物を集めた場所のことです。動物観賞施設を造ることは、みずからの富や権勢を誇るとともに、〈自然〉を飼いならすという象徴的な意味もありました。施設に収容される動物は、人間社会で馴染みのある家畜や飼育動物ではなく、野生動物です。野生動物という〈自然〉をコントロールできるのが人間の王だということです。

フランス革命が起きると、このヴェルサイユ宮殿のメナジュリーが解体され、収容されていた動物が「パリ植物園」（それまでは「王立植物園」という名称）内に一七九三年に新たに造られたメナジュリーに連れてこられました。ちなみに王立植物園時代の管理者こそほかならぬビュフォンでしたが、かれは革命の前年に亡くなっています。

このように近代動物園ができるのは一八世紀から一九世紀にかけての世紀転換期です。当時はこうした動物園の数はヨーロッパ内では少なかったのですが、見世物として巡回するメナジュリーは一七世紀から一八世紀にかけて一般的だったようです。

いま、なぜ動物園の話をしているかといえば、当時のヨーロッパ人の世界観における人間と動物の境界を考察したいからです。ヨーロッパで動物園が発展していく背景には、ヨーロッパ諸国家の富と権力があります。そして、その権勢はあきらかに植民地経営と結びついています。第三講で触れた大西洋奴隷貿易と奴隷制は、一八世紀がもっとも盛んで、熱帯の作物はヨーロッパに大きな富をもたらしていました。珍しい動物の供給源もまた植民地であったのです。

珍しいものを見世物とする発想は、見る者の優位のうえに成り立ちます。一九世紀に本格化する博覧会で植民地現地民が展示されるようになりますが、今日、この人間の展示を「人間動物園」と呼ぶことがあります（この概念は二〇〇二年にフランスの植民地主義研究の歴史家ニコラ・バンセルたちが同名の書籍で最初に用いました）。この名称は、植民地現地民の展示が「人間」を「動物」として表象するコンセプトに基づいていたことを見事に示しています。〈野蛮人〉は〈自然〉にかぎりなく近いわけですから、野生動物が見世物とされるのと同じ論理で、ヨーロッパにおける見られる〈客体〉となるのです。

ホッテントット・ヴィーナス

この時代の「人間動物園」の典型が、当時「ホッテントット・ヴィーナス」という名でロンドンとパリで見世物興行に出ていたコイコイの女性です。ボーア人が入植して築いたケープ植民地の東側で一七八九年ごろに生まれました。彼女の出生時の名前は知られておらず、アフリカーンス語で名づけられた「サーチェ・バールトマン」(Saartjie Baartman) が通名です。

かの女と家族はボーア人ペーテル・カーサルの農園で奴隷に近い身分で働き、次いでその弟ヘンドリック・カーサルの農園で年季奉公人となって働きます。コイコイの男性と結婚し、子供を授かるもののすぐに亡くなり、結婚相手もボーア人に殺害されます。

一八一〇年、ヘンドリックの友人であるイギリス人医師アレクサンダー・ウィリアム・ダンロップがサーチェに関心を抱き、ヘンドリックと一緒にかの女を使って見世物興行をおこなうことを思いつき、イギリスに連れていきます。このとき、かの女のアフリカーンス語での名前は英語風に変わり「サラ・バートマン」(Sarah Baartman) と呼ばれます。

こうしてダンロップとヘンドリックはロンドンのピカデリー通りの建物で「ホッテントット・ヴィーナス」という見世物興行をおこないます。ところが、当時のイギリスは奴隷貿易禁止(一八〇七年)の三年後にあたりました。熱心な奴隷制廃止論者がこの見世物を告発し、サラ・バートマンをイギリスに連行したことが奴隷貿易禁止法に抵触するとして裁判をおこないます。争点は、サラ・バートマンが奴隷の身分で連れてこられたのかどうかでしたが、本人が現在の状況に満足していると述べたことから、公訴は棄却されました。

一八一四年、サラ・バートマンはフランスに渡ります。サラの所有者がダンロップとヘンドリックからフランス人の動物サーカスの興行主レオーに変わったためでした。見物料は三フランで、檻のなかで子サイと並んで展示されたと言われます。バーバラ・チェイス゠リボウ『ホッテントット・ヴィーナス——ある物語』(二〇〇三年)によると、当時の『パリ新聞』には次の広告が出ていたとされます。

ケープ植民地のチャムブース川よりただいま到着。これまでにパリで展示された未開人のなかで、もっとも特異な見本。サントノレ通り一八八番地にて午前一一時より午後九時まで一般公開。入場料、一人三フラン。(『ホッテントット・ヴィーナス』法政大学出版局、二九九頁)

一八一五年、ナチュラリストで比較解剖学の先駆的研究で知られ、当時フランス最大の知性とも評されたジョルジュ・キュヴィエ（一七六九―一八三二）がサラに強い関心を持ちます。パリ植物園内にメナジュリーと同年に設置された国立自然史博物館の正教授であったキュヴィエは、レオーの許可を得てかの女の身体の研究をおこなうようになります。

当時、ナチュラリストはホッテントットの女性の身体に異常な関心を抱いていました。それは何よりもホッテントットとオランウータンとの連続性という観点からの関心です。その臀部とともにナチュラリストがことさら興味を抱いていたのは、女性器に関わります。ホッテントットの女性には長く伸びた小陰唇があり「ホッテントットのエプロン」と呼ばれていました。この「エプロン」の謎を生物学的に解明することも多大な関心事でした。エプロンは性欲の強さを示しており、その点で動物から人間への進化の過程を示すものだという仮説が一般に抱かれていたのです。実際、キュヴィエはサラに会ったときのことを次のように回想しています。

我々がオランウータンで観察するのと全く同じように、彼女は唇を突き出した。彼女の行動はいくぶんつっけんどんで、気まぐれであり、サルの行動をほうふつとさせる。彼女の唇は異様に大きい。彼女の耳は多くのサルのように小さく、耳珠が非常に小さく、外縁はほとんどない。これらは動物の特徴である。私はこの女性の顔ほどサルに似た人間の顔をかつて見たことがない。

（グールド『人間の測りまちがい』上、河出文庫、一七九頁）

人間とは見なされないその扱いにサラは深く心を痛めたのでしょう。次第に酒に溺れていき、最後はアルコール依存と肺炎（天然痘ともいわれます）が原因で、一八一六年一月一日、二六ないし二七歳という若さで亡くなりました。『ジュルナル・ジェネラル・ド・フランス』には次の記事が掲載されたと言います。

このたび、自然史博物館内に、ホッテントット・ヴィーナスの遺体から型をとった塑像がお目見えすることになった。彼女は、わずか三日間の闘病の後、昨日死亡した。彼女の遺体には、口のまわりと大腿部と腰部にいくつかの赤褐色の斑点が見られる以外、病気の痕跡は認められない。彼女のたっぷりとした肉付きと巨大な突起物は減ずることなく、強く縮れた髪は、黒人が病気あるいは死亡した場合に一般に見られるように、真っ直ぐになっていなかった。この女性の解剖によって、キュヴィエ氏には、人種の多様性の由来について非常に興味深い一章がもたらされるであろう……

（『ホッテントット・ヴィーナス』三九五―六頁）

ここにあるとおり、サラ・バートマンの遺体はまずは型取りされたのち、キュヴィエによって解剖されます。サラ・バートマンの脳、生殖器が取り出され、ホルマリンの液浸標本にされます。キュヴィエは一八一七年にこの解剖の成果を『ホッテントット・ヴィーナスの名でパリにて知られる女性死体の観察所見』と題して出版しました。型取りされた塑像と骨格は、最初は国立自然史博物館、一九三七年以降は人類博物館に一九七六年まで展示されることになります。

このようにかの女の身体は、存命中は「人間動物園」の檻のなかに閉じ込められ、死後は博物館の資料として、見られる〈客体〉であり続けました。資料としては一八一六年から数えれば一六〇年間展示されてきたことになります。

サラ・バートマンの遺体が南アフリカに返還され埋葬されるのは二〇〇二年のことです。

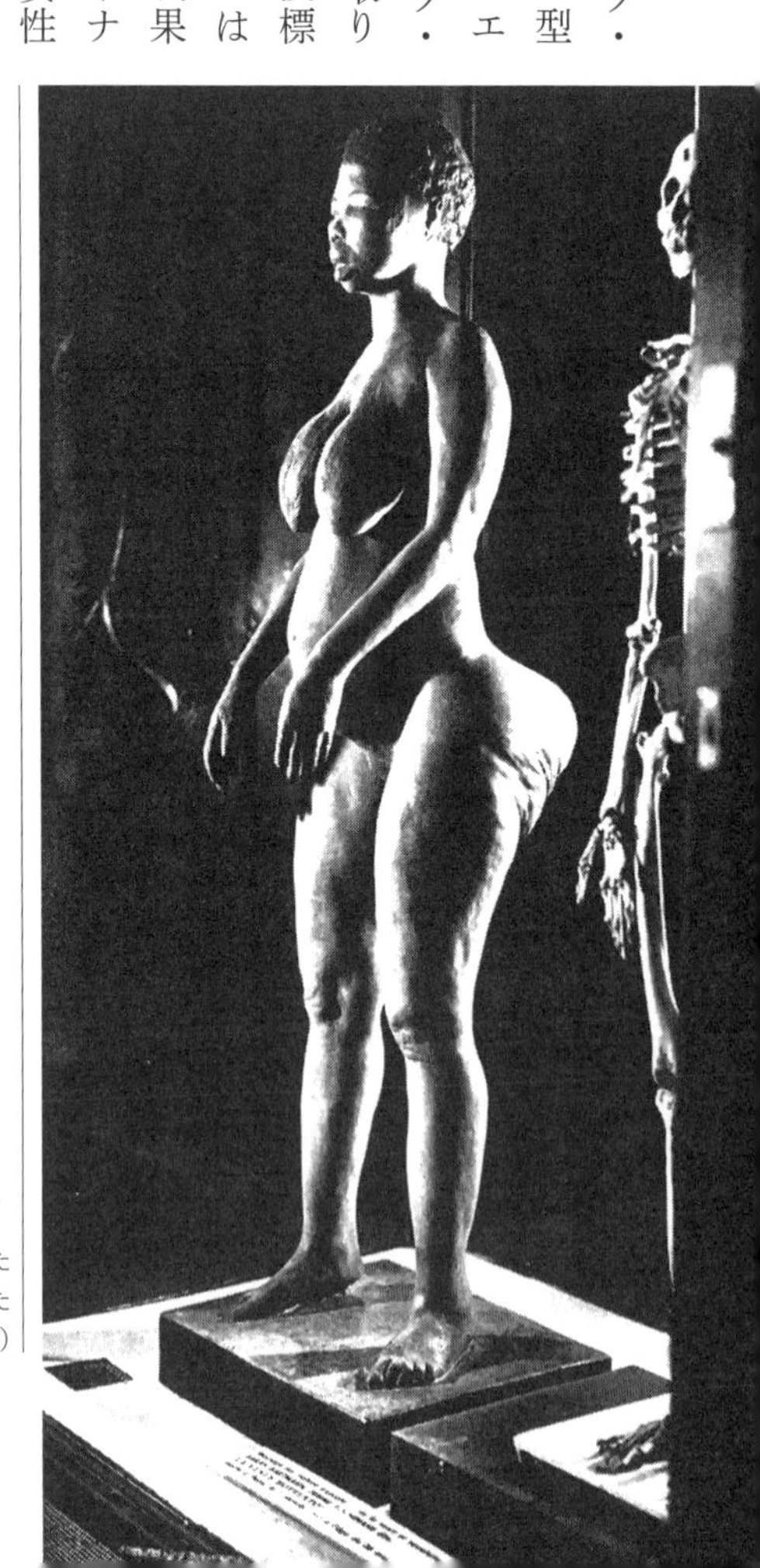

人類博物館に展示された
サラ・バートマンの型取りされた
塑像と骨格の標本（1952年撮影）

＊

今回のサラ・バートマンの話に心を痛めた人は少なくないかと思います。今回まっさきに紹介しなければならないのは、**バーバラ・チェイス＝リボウ『ホッテントット・ヴィーナス──ある物語』**（法政大学出版局、二〇一二年）です。講義内でなんども引きましたが、これはアメリカ合衆国の黒人女性が書いた小説です。チェイス＝リボウは当時の資料に歴史家さながらに当たってこの物語を書いています。なぜ歴史書ではなく小説なのかといえば、チェイス＝リボウが望んだのは、見られる〈客体〉であり、みずからの視点を残すことのできなかったサラ・バートマンに声を与えることだったからです。ですから、この小説ではサラ・バートマンが一人称の「わたし」で語るのです。

この小説が時代背景の根幹に据えているのは、前回の講義からキーワードとしている「存在の連鎖」です。講義でもさまざまなフィロゾフやナチュラリストの思想や言葉を紹介していますが、その関連では、『ホッテントット・ヴィーナス』の第一八章を一読いただきたいところです。この章はキュヴィエが自然史博物館の教室にサラ・バートマンを連れてきて、みずからの考えを滔々と語る場面なのですが、著者のチェイス＝リボウは「一八一四年から一八七〇年ごろまでの」科学的著作の文章を「いろいろとり混ぜて」当時の学者たちの「人種」をめぐる見解を再現しており（同書、四五八頁）、科学の名のもとに平然と語られる黒人にたいする差別意識を追体験することができます。

ブルーメンバッハの分類については、**スティーヴン・グールド『人間の測りまちがい――差別の科学史』**（河出文庫、二〇〇八年）の下巻に収録されている「三世紀間に見られた人種にかんする考えと人種差別主義」という論文に主に基づいています。動物園の記述にあたっては、**溝井裕一『動物園の文化史――ひとと動物の五〇〇〇年』**（勉誠出版、二〇一四年）を参照しました。

第六講
不平等な「科学」——人種主義と進化論

ダーウィンと進化論

　前回は「存在の連鎖」の思想を背景としながらヨーロッパの科学者たちが人間と動物の連続性を解明する「失われた環（ミッシングリンク）」を探究する過程をたどりました。その「失われた環（ミッシングリンク）」ではないかと注目されたのが「ホッテントット」と呼ばれる南アフリカの民族であり、故郷の地からヨーロッパに連れて来られた「ホッテントット」のサラ・バートマンが、見世物とされて死後ただちに解剖されるという悲劇に焦点を当てました。

　今回から一九世紀ヨーロッパにおける〈野蛮の言説〉を扱います。今回のキーワードは進化論（theory of evolution）です。周知のとおり、人間の祖先がサルであるという、ダーウィンに帰される学説です。しかし、これからその概略をたどっていくように、「ダーウィン＝進化論」という説明は熱心なダーウィニズム信奉者の努力の賜物であり、実際には進化論と呼ばれる学説は長い時間をかけてヨーロッパの科学のなかで醸成されていったと言えます。

実際、進化論的発想は「存在の連鎖」の考えのうちにすでに見られるものでした。「存在の連鎖」では鉱物→植物→動物→人間→天使→神という、無生物から生物を経て神に至る階梯が想定されました。この神学的な考えは、「神という〈一者〉の生の充溢として万物が流出した」という充溢の原理、すなわち、すべての生命は神から溢れ出て、一本の線で途切れなく続いているという原理から説明されるものでした。ですが、啓蒙期における自然科学の発展のなかで注目されていったのは、神の充溢のほうではなく、途切れなく一本の線で連なっている、という考えでした。つまり、充溢の原理のうちに見られる、動物と人間が連続している、という連続性の原理のほうが着目されるようになったわけです。啓蒙期のナチュラリストにより「存在の連鎖」のなかに積極的に見出されたこの連続性の原理が進化論を準備するわけです。

ダーウィンの決定的な著作『種の起源』(一八五九年)のなかで進化論とのちに呼ばれる学説が提示されるわけですが、その著作が発表されるおよそ半世紀以上前から進化論の前段階とも言える、知の地殻変動が準備されます。そしてそれは同時に、人間の序列化を当たり前だとする植民地主義的・帝国主義的な知としても編成されていくのです。

進化論の萌芽

進化論に関心をもつ人にはよく知られていることですが、ダーウィンの『種の起源』が発表される半世紀以上前にフランスの著名なナチュラリストであるジャン＝バティスト・ラマルク（一七四四―一八二九）が進化論と呼びうる考えを示していました。

ラマルクは脊椎、つまり背骨の有無によって生物を分類し、無脊椎の生物をより詳細に分類した研究で知られます。その過程で、生物は高次なものに発達していくという確信を得たラマルクは、主著『動物哲学』（一八〇九年）で二つの連関する考えを提示します。一つは用不用説と呼ばれるもので、動物は、環境に適応する過程で必要なものを発達させ、不必要なものは退化させるという説です。二つめは用不用説に基づいて獲得された一世代の形質が、子孫に伝わるとする獲得形質の遺伝説です。

たとえば、用不用説によれば、キリンの首が長いのは、高いところの木の葉や小枝などを食物とするためだ、と説明されます。ある時代のキリンが少しだけ首が伸びたとします。親キリンの少し伸びた首が子キリンの首に遺伝する。さらに子キリンの首はまた長くなると、それが次の子孫に遺伝し、やがて大きな進化を遂げていく、というわけです。これが獲得形質遺伝説です。ラマルクの説が今日のダーウィンのように支持を得られなくなった主要な要因は、獲得形質遺伝説がのちに否定されたことにあります。ある生物が一生のうちに獲得した新たな形質は、遺伝情報としては次世代に継承されないというのが現代の定説です。用不用説もまた、のちに見るように、ダーウィンの自然選択説が取って代わることになります。

『動物哲学』のなかでラマルクが人間についてどのように考察しているのかも気になります。ラマルクによれば、人間はもともと四手類の一種族であったが、直立の姿勢を獲得して二手類となった。そのことにより他の動物の種族を支配するようになった、と推論しています（『動物哲学』朝日出版社、二〇〇七—八頁）。またこの直立歩行の獲得が言語発達を可能とした、とも述べています。このように人間の由来についても、ラマルクは進化論的見解を先見的に示していたことが確認されます。

解剖学と人種理論

一九世紀はヨーロッパにおける世界観の変動期であるとともに列強が植民地主義を世界中に推し進めていく時代です。マルクス（一八一八—八三）に代表される社会主義思想が育まれた時代である一方、ヨーロッパが、その圧倒的な経済力・軍事力・外交力を背景に、世界の実効支配を本格化させる世紀であり、その支配のレトリックに、これまで確認してきた文明と野蛮の図式が当たり前であるかのように用いられてきました。一九世紀の著述家のうちに他者を野蛮として表象する記述を確認しはじめたらそれこそ枚挙に暇（いとま）がありません。自分たちの「人種」こそが高度な文明人であり、それ以外の「人種」を自分たちの下に見るという認識と感覚は一般的なものでした。

この認識と感覚に「客観性」を与えていたのが自然科学です。一八世紀から進展する自然科学は、神による世界創造の上に成り立つキリスト教的世界観に少しずつ揺さぶりをかけながら、森羅万象を解明しようとするヨーロッパ人の優越性を「証明」します。

その優越性を物質的に解明する手だてとなるのが解剖学の分野でした。人体解剖というと、キリスト教に反する禁忌のような印象が一般にはあると思います。しかし、人の死体解剖は、ルネサンス期イタリアにすでに見られます。貴族が子孫の健康を案じて家庭内の死者の検死を依頼することがあったと言われます。また、キリスト教においても聖遺物を摘出するために聖人の遺体を解剖することは、聖別化のプロセスでもあった、とグレゴワール・シャマユーの『人体実験の哲学――「卑しい体」がつくる医学、技術、権力の歴史』(二〇〇八年)は伝えます(『人体実験の哲学』明石書店、三七頁)。シャマユーの指摘では、基本的に人体の解剖には刑死体に代表される「卑しい身体」が用いられ、人体の組成を明らかにする公開解剖の場合には、罪人や貧民といった貶められた死体が使われました。しかしその一方で解剖が聖別化のプロセスのごとく教会で崇拝される聖遺物を産み出してきたことは、供犠のような聖と卑の関係性を思い起こさせもします。

解剖学の分野が発達するのは一八世紀です。解剖学はこの時期から人間と動物との連続性や各人種の差異の解明のため、「実験科学的人種研究」に乗り出します。シャマユーの言葉を借りれば「最初は肌の色に拘泥する表面的差異の話であったが、そこから医学は実験的方法によって文字どおり人体の皮を剝ぎ、バラバラにし、各臓器と体液を緻密に検分することで人種的差異の「座」となる場所を血液の中に、あるいは肉体の中に探し求めた」のでした（同書、四一二―一三頁）。
この文脈において、たとえばドイツの解剖学者ザムエル・トーマス・ゼメリング（一七五五―一八三〇）が『黒人とヨーロッパ人の身体的差異について』（一七八五年）を著します。この著書のためにゼメリングは一三人におよぶ黒人の死体を解剖したうえで、こう結論します。いわく「証拠として列挙したすべてから考慮すると、一般的に黒人はやはりヨーロッパ人よりもサル類の境界近くに位置しているという結論は、正当にして根拠があるように思われる。しかし、黒人はそれでもなお人間なのであり、真正の四足動物よりもはるかに上位に位置し、そうした動物とは非常に明白な差異をもち、分け隔てられている〔…〕」（森貴史「カンパーの顔面理論からナチスの人種論へ」）。第五講で確認したキュヴィエによるサラ・バートマンの死体解剖（一八一六年）とそれに基づく著作（一八一七年）は、オランウータンと黒人との間の中間種に「ホッテントット」を位置付けようとしたものでした。自然科学におけるこれらの人種研究はいまでこそ全否定されているものの、ヨーロッパ人の意識のうちに深く沈潜するに足るだけの科学的言説がこの時期に蓄積していったのです。

『カンパーの顔面角理論』（1792年）所収の図版
左から猿、オランウータン、黒人、カルムイク人の頭蓋を並べ顔面角を計測したもの

顔面角理論から骨相学へ

解剖学と人種理論の結びつきを考えるうえで、しばしば引き合いに出されるのが、オランダの解剖学者ペトルス・カンパー（一七二二―八九）が提唱した顔面角理論です。この理論は、解剖学的知見に基づいた、サルから人間までの横顔を描画するさいの絵画技術論です。顔面角とは額の角度を指し、その角度の幅でもって各「人種」や類人猿を描き分けることができるというもので、古代ギリシャのアポロン像の顔＝一〇〇度、ヨーロッパ人＝九〇度、黒人＝七〇度、オランウータン＝五八度、サル＝四二度とそれぞれ測定されます。顔面角の広さが「美」の基準となり、ギリシャ人を最高美とする序列化がなされます。

顔面角理論は、人間の各亜種はそれぞれ特有の頭蓋の形状を有しているという「事実」（フランス語では“fait”と言い「為されたこと」を意味するラテン語の“factum”に由来）に基づきます。この亜種の分類はビュフォン以来の分類学に基づいており、黒人種の頭蓋の形状はサルのそれに近いとされるのです。『カンパーの顔面角理論』（一七九二年）によれば、額から上唇までのラインは各人種の顔によって違うものの、「黒人とサ

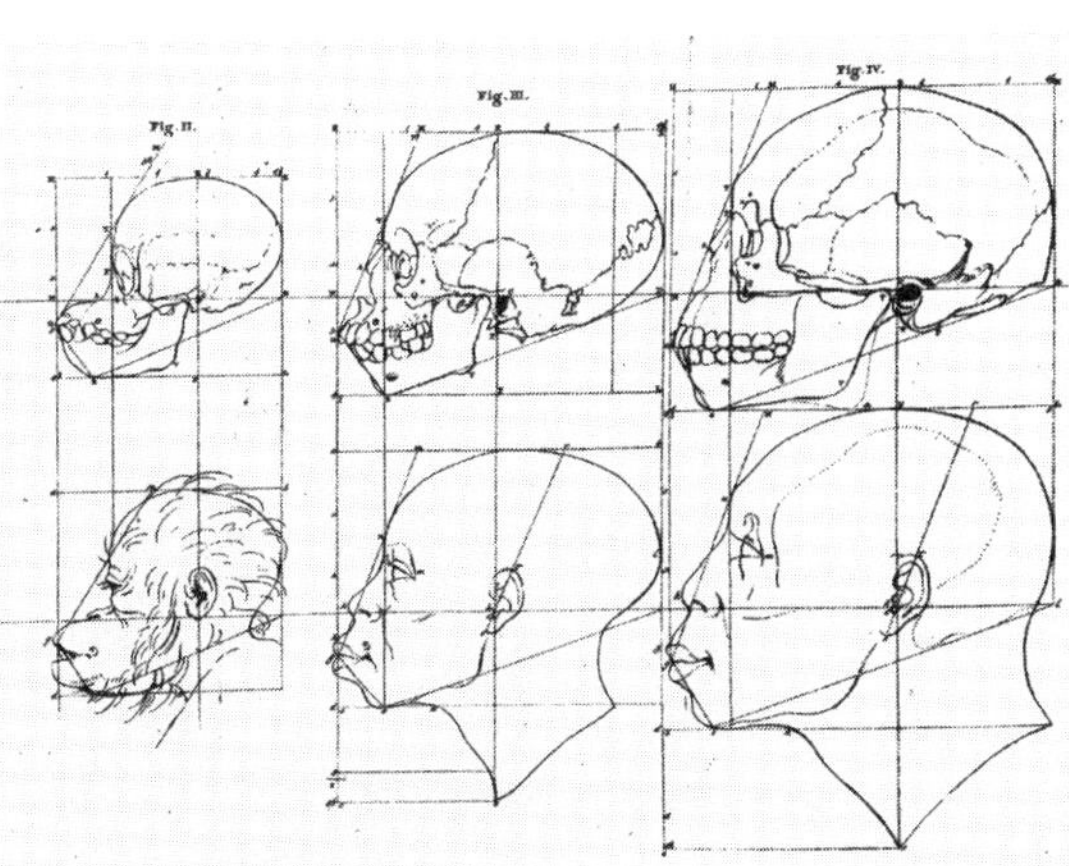

ルが一致しているのが明らか」であり、そして顔面角線なるものの「ラインの角度を後方へと低く傾ければ、黒人の顔になる。さらに、角度をもっと低く下げていくと、このラインは、サル、イヌ、シギの角度になるのだ。したがって、それは、この体系的学説の最初の基礎をなすものである」と記します（『カンパーの顔面角理論』関西大学出版部、xxii-xxiii頁）。問題はカンパーに明白な人種差別的企図があったかどうかではなく、この理論の前提となる頭蓋の序列化それ自体が人種主義的枠組みのなかにあるということです。

カンパーの顔面角理論は、その後、頭蓋骨研究の展開に寄与します（カンパーもまた頭蓋骨の収集家でした）。ドイツ出身でのちにフランスに永住する解剖学者フランツ・ヨーゼフ・ガル

（一七五八―一八二八）は「骨相学」（phrenology）の提唱者として知られます。骨相学とは、その思想的源流をたどると、アリストテレスの時代の心身一元論にまで遡ります。外面に表れる徴（しるし）は、内面の徴と一致しているという考えです。これが人相や外観からその人物の内面を判断するという観相学（人相学）の基本的発想であるわけです。人の内面を表情から判断することは、誰しもが日々経験していることです。この日常から導かれる経験知から、人相と性格の一致や人相と能力の一致を研究する観相学が生まれていきます。

骨相学は、外面／内面の関係を頭蓋／脳の関係に応用したものです。すなわち、人間と動物の性向（精神的気質）と能力は生得的に決まっており、その性向と能力は脳に宿っている。ゆえに人間と動物の頭蓋の形状から脳の性向と能力を推察することができる、というものです（平野亮『骨相学』二〇一五年）。この学問名称自体はガルの弟子が名付け広めたものであり、日本語では「骨相学という訳語で定着しましたが、「フレノロジー」（phrenology）が意味するところは「心の学」でした（ギリシャ語で「心」を意味する"φρήν (phrēn)"と「論証する言葉」を示す"λόγος (logos)"から成ります）。ではその心の「座」がどこにあるかというと、それは脳だというわけです。すなわち「心の学」としての骨相学は、今日まで続く「心脳問題」や「脳死問題」の源流なのです。このような主張からなるガルの骨相学は、霊魂の問題を唯物的に解決しようとする点で、当然ながらキリスト教にたいする挑戦ともなりました。

骨相学に基づいて脳の各機能を記したガル本人の頭蓋骨
ローデンバウム世界文化芸術博物館（旧ハンブルク民族博物館）蔵

ガルは、脳の各部分にはそれぞれの特有の機能があるという今日の脳機能局在論を先取りする主張をおこなっていました。しかし死体解剖によって摘出される脳は停止している以上、脳の働きを直接解明することは一九世紀には不可能でした。しかしながらある日（ガルの死後）偶然にも生きた人間の脳をサンプルに実験ができるという機会が訪れます。拳銃自殺に失敗した人間が病院に運ばれたのです。その男の脳の一部は剝き出しとなったままでした。数時間後に死ぬその男は知的機能も言語能力も保たれていたのですが、頭蓋の外傷部分にヘラを当ててみると言葉が出なくなり、圧迫をしなくなると、また喋れるようになったと言います。こうした「受動的実験」によって脳の一部が言語機能を司っていることが「証明」されたのです（『人体実験の哲学』三八四頁）。

このように脳機能局在論を先取りしていた骨相学ですが、一八二〇年代から三〇年代にかけて流行したのち、瞬く間に忘れ去られます。その理由は、能力のみならず気質もまた頭蓋の形状から推察できるという、いわば頭蓋の観相学を提唱したことにあります。ここから骨相学に基づいた気質判断ができるということで大衆的人気を得るわけですが、やがて通俗化し、廃れます。フェリックス・ラヴェッソン『十九世紀フランス哲学』（一八六八年）によれば、骨相学は、唯心論を否定したことから、その反動として、心理学や生理学の分野から疑問視され、否定されました。

モートンが作成した頭蓋骨の大きさの統計
（グールド『人間の測りまちがい』上、128頁の表を基に作成）

頭蓋骨研究と人種主義

アメリカの解剖学者サミュエル・ジョージ・モートン（一七九九―一八五一）は、頭蓋骨を人種間の不平等の「客観的」計測に用いた研究で知られます。当時の解剖学者は頭蓋骨のコレクションに熱心でしたが、なかでもモートンは千個にもおよぶ頭蓋骨（その多くは先住民「インディアン」のもの）を収集したと言われます。モートンの仮説は、ガルの骨相学を人種間のそれに明確に応用したものであり、脳の物理的形状、とくに大きさを計測することで人種のランク付けができるというものでした。

いまでも客観性の指針として統計データが用いられます。統計にさいしての仮説が間違っていれば、その統計データも誤るわけですが、仮説が信じられているあいだの数量データは、人々に一目で、つまり直感的に納得させます。このような次第でモートンがまとめた下の表は一九世紀の西洋の言説のなかで繰り返し参照されるのです。

モートンの初期の人種区分は、ブルーメンバッハの五類型に基づきます。すなわち「コーカサス人種」「モンゴル人種」「マレー人種」「赤色人種（インディアン）」「ニグロ」の分類のうち、頭蓋容量の最良を誇るのは「コーカサス人種（白人種）」であり、最低を競い合うのは「マレー人種」と「ニグロ」です。たとえば、この表はドイツの医師・画家カール・グスタフ・カルス（一七八九―一八六九）の著作で引用され、さら

人種	個数	平均	最大	最小
コーカサス人種	52	87	109	75
モンゴル人種	10	83	93	69
マレー人種	18	81	89	64
アメリカ・インディアン	147	82	100	60
エチオピア人	29	78	94	65

（内容量：立方インチ）

にのちに見るゴビノーの『人種不平等論』（一八五三―五五年）のなかでもカルスから孫引きされます。

頭蓋骨計測により人種の知的優劣を「客観化」しながら、モートンはそれぞれの人種の祖先は別々であったに違いないとする人種多起源説を支持しました。モートンのこうした研究は、明白な人種差別であり、その根拠となる「事実」は当然否定されています。しかし、〈野蛮の言説〉をたどる私たちは、こうした研究がモートンの個人的偏見によってのみ導かれたわけでないことを知っています。端的には、人種のあいだの知能の優劣論は、西洋の科学的言説のなかで蓄積されてきた〈野蛮の言説〉の必然的帰結です。この時代が植民地主義の時代であり、白人種が生物界においてもっとも有能であることを証明することが当たり前だったことを忘れてはなりません。

ゴビノーの人種思想

ナチ・ドイツの人種思想にも影響を与えたフランスの作家アルチュール・ド・ゴビノー（一八一六―八二）が『人種不平等論』を著すのは、こうした時代の趨勢においてです。

本書には疑われざる命題があります。それは、文明の衰退は人種間の混血化によって生じる、というものです。この命題から帰結される人種思想は、白人種がその他の「人種」と交わって子孫を残すことは、白人種の退化をもたらすというものです。白人種を中心とする歴史の各時期における衰退は、この人種間の混血化によって説明されるのです。

ゴビノーは貴族の出であり、政治的には保守主義者でした。みずからの家系もふくめて白人種は混血により没落しているという自覚があったようです。ゴビノーの時代のフランスでは一八四八年に第二共和制が成立し、奴隷制の即時撤廃が宣言されました。共和主義者のこうした左派的進歩思想は数ヶ月盛り上がりを見せますが、第二共和制の指導者は、労働者による蜂起(六月蜂起)の鎮圧後、反共和派にすぐさまとって代わり、保守化します。そうしたなかでナポレオンの甥にあたる皇族ルイ・ナポレオン(一八〇八―七三)の大統領時代にゴビノーは外交官を務めます。

『人種不平等論』の基調はいわば「西洋の没落」論です。その没落の要因はすでに見たように混血にあります。混血忌避論は第四講で取りあげたカントの人種論にも見出せた考えでした。とはいえゴビノーの認識ではすでに白人種は混血によって汚染されていました。「美、知性、力を本来独占していた」(『ゴビノー著作集』第一巻、三四四頁)白人種は混血をつうじてそのいずれかの要素を歴史的に失っていったと言います。

ゴビノーの分類では人種は白人、黄人、黒人に分類され、もっとも下位が黒人とされます。もっとも動物的にしてもっとも劣等な知性であるわけです(同書、三三九―四〇頁)。今日の観点からは偏見に満ちたこの人種本質主義が、ゴビノーの思想の基盤をなしています。それぞれの人種には優劣に基づく特質があるのですが、これらの人種の混血化をつうじて各特質も混じり合い、均質化が進みます。そのプロセスは、ゴビノーの考えでは、白人種の退化にほかなりません。

先に述べたように、ゴビノーの『人種不平等論』はナチのアーリア人種至上主義に援用されていきます。しかしこれまでの指摘にあるように、ゴビノーの主張は反ユダヤ主義とは言えません。ゴビノーが混血退化論と各人種の序列化に基づく人種本質主義を明白に打ち出したことに、その利用価値はあったのです。

ゴビノーからルナンへ

『人種不平等論』はゴビノーの渾身の作だったのですが、フランスでは大きな反響を呼び起こすことができず、著者自身は落胆したと言われます。『人種不平等論』はその後ドイツ語訳が出版されるとむしろドイツで歓迎されました。とはいえフランスで無反応であったわけではありません。エルネスト・ルナン（一八二三―九二）が『人種不平等論』を高く評価しています。ルナンは『国民とは何か』（一八八二年）という共和主義的「国民」論の古典ともいうべき文章を残した人物で、過去の遺恨や血統的な差異を超えて「日々の国民投票」によって確認される連帯意識が「国民」観念を生み出す、という考えを提示したことで知られます。またルナンは、「神の子」イエスを「人間」だと捉え、聖書的世界観から実証主義的世界観のなかでイエスの伝記を著した点でも後代に記憶される人物です。
ルナンの人種主義についてはそれほど着目されることはありません。『人種不平等論』が完結した翌年、彼は本書にかんする感想を悲観主義者ゴビノーに私信で綴っています。ルナンは、混血による退化が歴史上事実であるとしても、一部の「高貴な血」があれば、国民全体を「貴族」とすることができるのだ、という楽観主義的見解を示しています。ただし、次のような言葉を補足するのを忘れません。

偉大な諸人種との混合で人間の〈種〉［人類］が腐敗してしまうような完全に劣等な諸人種は除外し、私は均質的な人類というものが将来誕生すると考えるのです。
（ルナンによる一八五六年六月二六日付のゴビノー宛私信、私訳）

「完全に劣等な諸人種」の代表例は当然「黒人」だったはずです。一八七〇年の普仏戦争によるフランスの敗北を受けて成立する第三共和制は、共和主義政体でありながら、植民地主義政策を積極的に推し進めました。一八七一年に出版されたルナンの『知的道徳的改革』には次の文言が記されています。

優等人種が劣等人種や退化した人種の刷新を図ることは、人類にとって神の摂理そのものである。わが大陸では、下層の庶民も、ほとんどすべてがいわば零落した貴族である。そのいかつい手は、卑しい道具などより剣を扱うのにはるかに向いている。彼は労働することよりも戦うことを選ぶ。つまり本来の身分に戻るのである。諸国民を帝国の下に支配する（レゲーレ・インペリオ・ポプレス）、これこそわれわれの使命である。［…］自然は労働者の人種を生み出した。中国人種がそれだ。彼らの手先の器用さは驚嘆に値するが、名誉の感覚というものがほとんどない。彼らを公正に統治せよ。そして公正な統治という恩恵への見返りとして、征服者の人種のためにたっぷりと持参金を徴収するのだ。彼らはそれに満足するだろう。大地を耕すための人種、それはニグロだ。彼らをかわいがり、思いやりを示してやるがいい。そうすればすべて順調に進むだろう。

以上の訳文はエメ・セゼールの『帰郷ノート／植民地主義論』（平凡社ライブラリー、一三九―四〇頁）から引いたものです。ここにはゴビノーへの手紙に示されていたルナンの人種主義思想の連続性が見出せます。ルナンは、ヨーロッパ人が軍人にして貴族として、この世界の統治者にふさわしいと考えます。セゼールが指摘するように、これは第三共和制下における植民地支配の言説の文脈のなかで理解すべきでしょう。その意味でこれは「文明化の使命」と言われるフランス植民地主義の典型的な言説です。セゼールはこの文章を長く引用したのち、「ヒトラーか、ローゼンベルクか？」と問いかけたうえで、「ルナンだ」と畳みかけます（ローゼンベルクはナチ・ドイツのイデオローグ）。どういうことか。セゼールは、この時代の言説がヒトラーの時代まで地続きであったことを「植民地主義論」のなかで明確に指摘しているのです。

＊

今回の講義内容に関連する文献を案内します。前回も挙げたものですが、人種の科学の概要についてはグールドの『人間の測りまちがい』（全二巻、河出文庫、二〇〇八年）がよくまとまっています。講義で言及したグレゴワール・シャマユーの『人体実験の哲学――「卑しい体」がつくる医学、技術、権力の歴史』（明石書店、二〇一八年）はシャマユーの博士論文に基づく、フーコーの『臨床医学の誕生』（一九六三年）を念頭に置いた、非常に重要な科学史の仕事です。

カンパーの理論にかんする森の論文を収めた浜本隆志編『欧米社会の集団妄想とカルト症候群――少年十字軍、千年王国、魔女狩り、KKK、人種主義の生成と連鎖』（二〇一五年）は〈野蛮の言説〉を考えるうえで示唆的な論集です。

ゴビノーの『人種不平等論』については、長谷川一年「ゴビノーの人種哲学――『人種不平等論』を中心に」（二〇〇〇年）とその続編（二〇〇一年）に詳説されています。同著者の「ゴビノー

とフィルマン――二つの人種理論」（二〇一九年）では、ゴビノーの『人種不平等論』にたいするハイチからの応答の書アンテノール・フィルマン『人種平等論』の内容が紹介されています。ゴビノーの『人種不平等論』は一八世紀から一九世紀にかけての人種理論を知るうえで重要な本ですが、訳書は存在しません。フィルマンも同様で、今後その紹介が待たれる著作です。

のちに疑似科学や似非科学の名のもとに葬られた著作の多くは日本語で読めないままです。その意味で研究者による紹介が重要です。骨相学については講義でも参照した**平野亮『骨相学――能力人間学のアルケロオジー』**（二〇一五年）がその展開だけでなく今日の応用までふくめた見取図を示しています。

もちろんこれらの言説は、先述のフィルマンの『人種平等論』や今回の最後に引いたセゼールの所説と併せて読まなくてはなりません。西洋から〈野蛮〉と表象されてきた人々の側からの言説が本格化するのは二〇世紀以降ですが、その批判の重みを実感するためにも、西洋の〈野蛮の言説〉を根気よくたどる必要があります。次回も引き続き一九世紀後半の〈野蛮の言説〉を考察します。

第七講
ダーウィン『種の起源』のインパクト

ダーウィンの時代

西洋の学知（学術的な知識）のなかで蓄積してきた進化論的見解がダーウィンの『種の起源』によって明確に打ち出される時代とは、世界の成立と展開を説明する根本原理が〈神〉という超越者にはもはや求められなくなっていく時代です。と同時に、世界の成立と展開を〈神〉なしに証明することができるようになる西洋の科学的言説（のちに「疑似科学」として斥けられる言説）は、その客観性、実証性の名のもとに、他者の序列化をよりいっそう強めます。

第四講以降、私たちは西洋における聖書的世界観から科学的世界観への転換の過程における〈野蛮の言説〉をたどってきましたが、これから確認していくダーウィンの学説は、そのまま二一世紀の私たちの学的基盤をなしていると見なせます。その意味でもダーウィニズムと〈野蛮の言説〉との関係を確認しておく必要があります。

『種の起源』

イギリスのナチュラリスト、チャールズ・ダーウィン（一八〇九―八二）があの有名な『種の起源』を発表するのは一八五九年のことです。本書は進化論を提示した古典として一般に知られますが、初版では「進化」を意味する“evolution”は登場せず、この語は決定版に相当する第六版（一八七二年）で初めて用いられるようになります。進化論（theory of evolution）という学説名はしたがって『種の起源』が同時代の科学者からの支持を得る過程で命名されていくわけです。

ダーウィンが『種の起源』初版の「はじめに」で振りかえるところでは、「種の起源」のアイデアを得たのは、ナチュラリストとしてビーグル号に乗船したことに遡ります。大学卒業後、二〇代のダーウィンは一八三一年から三六年のあいだにビーグル号に乗船し、各地に上陸しながら世界周航を果たしました。『ビーグル号航海記』（一八三九年）はそのさいの観察の記録です。航海中の動物観察を経て、ダーウィンは種の「転成」（transmutation）、すなわち、ある種が別の種に変化することに思い至ります。一八三七年、種の「転成」を確信したダーウィンはイギリス

ON

THE ORIGIN OF SPECIES

BY MEANS OF NATURAL SELECTION,

OR THE

PRESERVATION OF FAVOURED RACES IN THE STRUGGLE FOR LIFE.

BY CHARLES DARWIN, M.A.,

FELLOW OF THE ROYAL, GEOLOGICAL, LINNÆAN, ETC., SOCIETIES;
AUTHOR OF 'JOURNAL OF RESEARCHES DURING H. M. S. BEAGLE'S VOYAGE ROUND THE WORLD.'

LONDON:
JOHN MURRAY, ALBEMARLE STREET.
1859.

The right of Translation is reserved.

ダーウィン『種の起源』初版（1859年）

で研究を重ね、一八四四年には「種の起源」の結論に達したものの、成果を性急に公表することはせず、地道な検証を続けていたところ、マレー諸島の自然誌を研究するアルフレッド・ウォーレス（一八二三―一九一三）がダーウィンと「種の起源」についてほぼ同様の結論に達したことを知ります。そこで急遽、これまでの研究内容の概論を執筆する必要に迫られ、公表したのが『種の起源』でした（『種の起源』上、光文社古典新訳文庫、一五―六頁）（補足しておけば、ウォーレスはダーウィンを尊敬しており、両者の関係は良好でした。『種の起源』発表の前年にはウォーレスとダーウィンの共同名義でリンネ学会誌に「種の起源」にかんする論文を掲載していますし、ウォーレス自身、のちに熱心なダーウィニズムの普及者となります）。

したがってダーウィンが語るとおり『種の起源』は「あくまで要約」です（同書、一七頁）。本来はダーウィニズムの根幹をなす用語「自然選択」（「自然淘汰」とも訳されます）を題名とした大部の書を準備していたわけですが、結局その本が完成することはありませんでした。

自然選択の原理

では「自然選択（自然淘汰）」（natural selection）とは何でしょうか。種の変容にかんすることの説明原理こそダーウィンが「発見」し、論証を試みたものです。ラマルクの『動物哲学』（一八〇九年）に見られるように、世界に生息する動植物の種は、地球上に存在してからというもの、長い時間をかけて変化を遂げていった、と考えられてきました。この進化論的考えは、神による天地創造以降、すべての種は不変であるという聖書的世界観と真っ向から対立します。ダーウィンも若いときには創造説支持者でしたが、先述のとおり「進化論者」の道を歩みます。だからこそ、これまでの進化論的発想を単なる可能性の次元からより高次の蓋然性の次元に引き上げる必要がありました。そのためにダーウィンは周到に研究を続けてきたのです。それは創世記説を一掃するものであり、事実、『種の起源』の「はじめに」にはこう宣言されています。

私は、入念な研究を重ね、できるかぎり公平な判断を下した結果、明快な結論を抱くに至った。すなわち、個々の生物種は創造主によって個別に創造されたという創造説の見解は、大半のナチュラリストが受け入れ、私自身もかつては受け入れていたが、明らかに誤っているという結論である。種は不変ではない。同じ種の変種とされているものは、その種の子孫である。それと同様に、同じ属とされている種は他の、たいがいは絶滅している種の直系の子孫なのである。

(『種の起源』上、光文社古典新訳文庫、一三頁)

この結論を導くにあたり、ダーウィンが構想したのが「自然選択」です。「選択」という行為は、人間が飼育動物や育成植物で品種改良をするさいにおこなうものです。これは実証可能な実験であり、どのような「選択」をすれば、どのような特質の品種となるのかを証明できます。これを「人為選択」(artificial selection)と言います。このように人間による選択によって確認されることが、地球の歴史上、人間の外においておこなわれてきたのではないか、という仮説のもとに想定されたのが「自然選択」です。すなわちこの場合の「自然」とは、人間を超越する体系だった法則のことです。その「自然」の法則にしたがって選択がおこなわれるということです。

実は、この「自然」は『種の起源』の執筆時には神の意思を想定していました。実際、本書初版の冒頭の辞には、ある著者の次の言葉が引かれています。「個々の事象は神の力が個別に介入することによって起こっているわけではない。神の定めた一般法則によって起こっているのだ」(同書、一四頁)。「自然選択」とは一般法則であり、それを定めたのは神だ、とダーウィンは言いたいわけです。松永敏男『チャールズ・ダーウィンの生涯——進化論を生んだジェントルマンの社会』(二〇〇九年)によれば、当時のダーウィンは通常の信仰心は捨て去っていたが、「宇宙に秩序をもたらす神、すなわち自然神学の神は捨てていなかった」と言います(『チャールズ・ダーウィンの生涯』二三〇頁)。自然神学とは、キリストの啓示によらず理性の行使によって神の認識を探究する神学の立場を指します。しかしながら、ダーウィンがこの自然神学をも捨て去り「神とは無関係な自然現象」として自然選択を捉えるようになるのも時間の問題でした。『種の起源』第四版の出版までには、ダーウィンの学説はもはや神を必要としなくなりますが、自然神学的体裁は穏便に最後の第六版まで残されることになります（同書、同頁）。

ところで、自然が種を選択する、とはどういうことでしょうか。それは厳しい自然環境のなかで生物種がどのように生き残りをかけるのか、という問いをつうじて展開されます。この着想をなしたのは、ダーウィンによれば、マルサス（一七六六―一八三四）の『人口論』（一七九八年）です。先の『チャールズ・ダーウィンの生涯』は、彼が読んだ版はマルサス生前最後の版となった第六版（一八二六年）だったと伝えます（同書、一五二頁）。『人口論』は「食料は人間の生存にとって不可欠である」、「男女間の性欲は必然であり、ほぼ現状のまま将来も存続する」という二つの「不変の法則」（「自然の法則」とも言われます）により、人口増加による食料不足が必然的に引き起こされるのだ、というものです（『人口論』光文社古典新訳文庫、二九―三二頁）。ここからダーウィンは「生存闘争」（struggle for existence）、すなわち、同種の個体が生き残りをかけて闘争するのだという考えを導きます。そのさい「自然選択」の原理が働き、環境に適応した優位な個体が子孫を残します。優位な個体は新種となる一方、適応できなかった個体は絶滅します。

生物の生存にとって有用な変異が実際に起こるとすれば、そのような形質をもった個体は、生存闘争によって保存される可能性が間違いなく最大になるだろう。そして遺伝という強力な原理により、それらの個体は自分とよく似た形質をもつ子孫を生むことになる。このようにして個体が保存されていく原理を、私は略して「自然淘汰［自然選択］」と呼んでいる。
（『種の起源』上、光文社古典新訳文庫、二二四頁）

ダーウィンは、この自然選択において生物は枝分かれ的に「進化」していく、と考えました。『種の起源』に唯一挿入される図表はこの「枝分かれ進化」の「分岐図」となります。おおまかにはダーウィン以前の「進化」は直線上に捉えられていました。「さまざまな種が共通の祖先から樹木の枝分かれのように分化してきた」と考えた点も、ダーウィニズムに示される独創だったのです（『チャールズ・ダーウィンの生涯』二二七頁）。

『種の起源』の意義と考察

以上がダーウィンの「種の起源」説、すなわち進化論という名称で定着した学説の概要です。お気づきかと思いますが、サルが人の祖先であるという主張は『種の起源』にはありません。この一般化した進化論のイメージはむしろその後のダーウィンの著作『人間の由来』（一八七一年）に基づきます。

先に見たように、ダーウィンは自然選択という法則を「発見」し検証する過程で、創世記説を捨て、自然神学に基づいて『種の起源』を著しました。しかし、その後、自然神学をも捨て、自然現象を神に無関係なものと考えるまでに至りました。やや大げさかもしれませんが、私はダーウィンに代表されるこの「進化論」のうちに啓蒙期のフィロゾフとナチュラリストの試みの大いなる到達を見てしまいます。『啓蒙とは何か』（一七八四年）におけるカントの「みずから招いた未成年の状態から抜けでること」という啓蒙の定義にしたがってダーウィンが成し遂げたことは、「成年の状態」に決然と移行すること、要するに、キリスト教的世界観を「未成年の状態」に追いやることでした。翻せば、そこはもはや帰ることのできない幼年期となるわけです。キリスト教的世界観だけではなく、西洋の基準において非科学的な信仰に基づく他の世界観もまた幼年期です。この啓蒙が想定する幼年期は、多くの場合、幼稚な子供と捉えられます。それは文明が大人、野蛮が子供だとするレトリックを導入します。また反対に、幼年期を帰ることのできない純粋さ、自由な発想の源と捉えるならば、そこは理想化された場所と時代となります。「善良な野生人」の系譜はこの文脈のなかに位置づけられます。

『種の起源』の公表には、したがって、ダーウィン以前と以後と区分できるような認識（エピステーメー）の転換があります。今日の自然科学の源流はダーウィニズムにあるというのは定説です（先の伝記は「ダーウィンの功績は永遠である」で締めくくられます）。

もちろんダーウィニズムの登場は、一八世紀来の学術的言説を抜きにしては語れません。これまで見てきたように、ナチュラリストの仕事の大きな関心には、人間の〈種〉の分類がありました。そしてこの分類において人種の序列化をしてきたわけです。ブルーメンバッハにせよ、カンパーにせよ、あるいはモートンにせよ、彼らの名が主に記憶されるのは人種差別の文脈においてです。また、ダーウィニズム以降の科学者もその悪名でのみ言及される人々も少なくありません。

その一方で、ダーウィンの名は不滅です。その理由のひとつは、私は『種の起源』にあると考えています。本書は人間の由来についての考察を回避しています。それには進化論を公表することを急ぐ上述の経緯がありました。また、ダーウィンが進化論を公表するのに慎重を期してきたのは、キリスト教的世界観を覆す自説が激しい批判にさらされるのを恐れてのことでした。つまり、一八五九年のダーウィンにおいては、人間の由来について踏み込むような余地はなかったのであり、かえってそのことがダーウィンの名を不滅にした理由のひとつだと推測できるのです。

なぜか。ナチュラリストによる動物や植物にかんする観察や分類を、差別的であるとして批判する傾向は稀であり、「問題」となるのは、その観察や分類が人間の種にまでおよぶときであるからです（しかし、近い将来、動物の権利、植物の権利が人間の社会制度設計に組み込まれ、法律によってその権利が擁護されるようになれば、いずれナチュラリストの仕事も批判の対象になるはずです。動物の解剖、動物実験といったことが平然となされてきたわけですから）。

ダーウィンにおける「進化論」が、人間を扱わないかたちで出発したことに、ダーウィニズムがほぼ無傷のまま受け入れられてきた素地があるのではないかと推測するのです。

進化論と社会ダーウィニズム

この推測をもう少し踏み込んで展開しましょう。一般に研究の世界では、自然選択説に基づくダーウィニズムと、そのダーウィニズム的発想を社会の発展や進歩に応用した社会ダーウィニズムとは明確に峻別されます。繰り返しますが、ダーウィニズムは今日の自然科学の基盤をなしています。では社会ダーウィニズムのほうはどうだったのでしょうか。

「進化」という語をダーウィンが『種の起源』で用いたのは一八七二年の第六版であることを指摘したのには理由があります。進化論（theory of evolution）という語をダーウィンに先立って用いたのはイギリスの哲学者ハーバート・スペンサー（一八二〇―一九〇三）です。スペンサーはダーウィンの著作にも影響をおよぼし、『種の起源』第五版でスペンサー哲学の用語「最適者の生存」（survival of the fittest）を採用します。これは「自然選択」の語の代わりに用いられます。「自然」という言い方が神の意思を想起させるということで、この表現をダーウィンはのちの版で撤回したわけです（『チャールズ・ダーウィンの生涯』二四七―八頁）。また第六版で初めて用いられる「進化」の語もスペンサーに由来します。なお日本語で「進化」の訳語で定着した"evolution"の原義は「巻いてあるものを広げる」という意味、つまり、単純なものがより複雑なものに展開するというイメージです。

スペンサーは生物学の分野での研究成果を重視し、その『生物学原理』（一八六四年）において「進化」が普遍的事象であり、同様に、社会もまた「進化」するという考えを示しました（『ダーウィニズム論集』岩波文庫、二二二頁）。この社会進化の考えが、社会ダーウィニズムとのちに呼ばれるものであり、危険な思想だとされ後代に批判されます。

詳しくはのちに見ますが、社会進化は当然、人間の社会を成り立たせている政治、法、言語、経済などすべての領域における進化は必然だと見なす以上、これがヨーロッパ外の社会の考察に適用されれば、ヨーロッパがもっとも進化した社会だという結論がおのずと帰結されるわけです。すなわち、進化の過程は文明化の過程と同義となり、文明化を遂げていない民族は「遅れた未開人」だという、これまで繰り返されてきた他者表象をより説得的に根拠づけるのです。

このような次第で、社会ダーウィニズムは悪しき優越思想だと断罪され、顧みられなくなります。その主唱者だったスペンサーもまた二〇世紀後半には読まれなくなるわけです（森村進編訳『ハーバート・スペンサー コレクション』（二〇一七年）はこの強いられた忘却からスペンサーを救い出す試みです）。しかし、社会ダーウィニズムは、自然科学におけるダーウィニズムと果たして完全に切り離すことができるのでしょうか。

一元論としての進化論――ヘッケル

そのことを考えるにあたり、重要な手引きとなると思われるのが北垣徹「社会ダーウィニズムという思想」（二〇〇九年）です。

この論文は、ダーウィニズムを取り巻く問題を、一元論（monism）と二元論（dualism）という区分から、考え直しています。一元論とは、あらゆる事象をひとつの普遍的原理（とされるもの）によって説明しようとする論理であり、二元論は、二つの質的に異なる原理から事象を説明しようとする論理です。二元論は、善と悪、身体と魂などがよく引かれる例ですが、この論文で主張されるダーウィニズムにおける二元論とは、自然科学の進化論と、社会へと応用した人文・社会科学における進化論を切り分けるロジックのことを指しています。ですから、自然科学で普遍的現象とされるダーウィニズムがあり、疑似科学の烙印を押されて切り捨てられた人文・社会科学のダーウィニズムがあるというわけです。この切り捨てられた社会ダーウィニズムのほうが〈野蛮の言説〉を生み出す装置であったことは言うまでもありません。

一方、社会ダーウィニズムの発想は当初から一元論に根ざしています。なぜならダーウィニズムによってあらゆる事象を説明しようとするからです。だとするならば、結局のところ、一元論的進化論が後代から斥けられた、と言い直すことができそうです。しかし、ここでよく考えてみたいのですが、そもそもダーウィニズムはそれ自体として一元論的であったのではないのでしょうか。

ここで例に挙げたいのが、ダーウィニズムの普及に貢献したドイツの比較解剖学者エルンスト・ヘッケル（一八三四―一九一九）です。ナチュラリストとして多くの業績を残しており、エコロジーという概念の提唱者です。「個体発生は系統発生を繰り返す」という有名な考えを示したことでも知られるヘッケルの思想は、独特の一元論的進化論に基づくものでした。以下、佐藤恵子『ヘッケルと進化の夢――一元論、エコロジー、系統樹』（二〇一五年）に基づきながらヘッケルの一元論を紹介します。

まず、その前提として、キリスト教的世界における基本的な発想は心身の二元論であったことを指摘しておきます。身体と精神はそもそも別であり、精神の働きは、自然科学では説明不可能です。しかし、進化論の自然選択説は、この精神の介在を不要として、あくまで生物の物質的次元で種の進化のプロセスを説明します。生物が誕生するのは、生物の交配によるものであり、生まれた生物が動くのは諸器官が発達するからです。すべては唯物論的に説明可能です。ラマルクの『動物哲学』では進化の過程に生物の意思が介在しましたが、そうではなく機械論的に生物の進化を説明可能としたのが、自然選択説なのです。言い直せば、心身二元論を考慮することなくあらゆる生物の生成を説明できてしまう点で、ダーウィニズムは一元論的だと言いうるわけです。

ヘッケルが進化学説の信奉者になるのもこの一元論的・唯物論的説明に納得したからです。しかし、その一方で、ヘッケルは、神は一者にして万物に遍在する、すなわち神とはある時は精神として現れ、またある時は物体として現れるという、スピノザに由来する汎神論も信奉していました（なおこのスピノザ的思想は、私たちの文脈では「存在の連鎖」に連なる思想の系譜として整理できそうです）。すなわち、ヘッケルの一元論的進化論は、あらゆる自然現象は機械論的に説明可能だが、自然をなす物質は同時に精神でもあると考えたのです（『ヘッケルと進化の夢』工作舎、六六―九頁）。

先に私は『種の起源』は人間の考察をおこなわなかった点が重要だったのではないか、と述べました。というのも、自然選択説に伴われる一元論を人間にまで拡張していくとき、どうしても人種の分類が避けがたくなっていくからです。

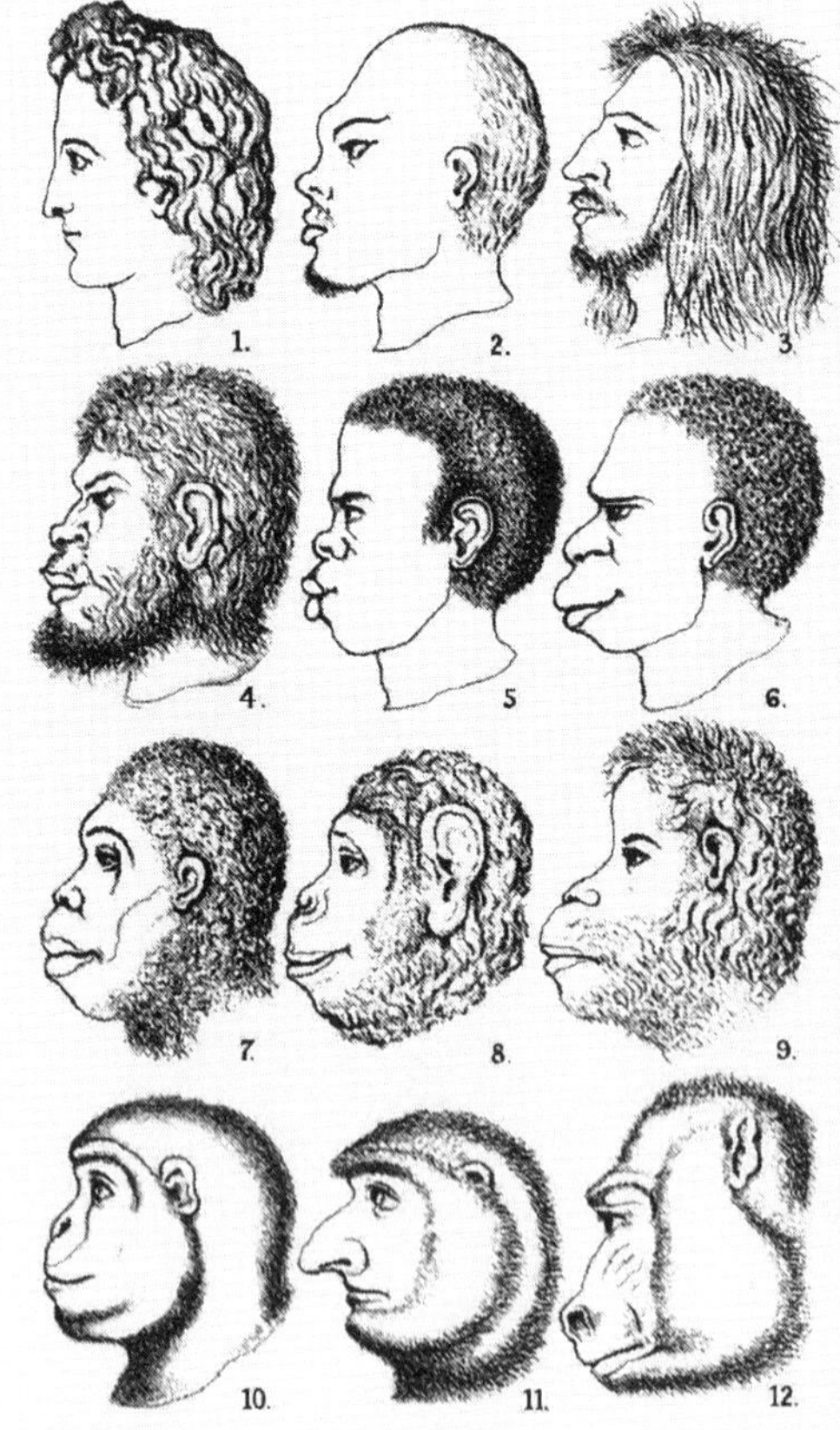

Die Familiengruppe der Katarrhinen (siehe Seite 555).

しかし、人間に拡張するのは一元論としては当然のことです。『ヘッケルと進化の夢』によれば、ヘッケルは『自然創造史』初版（一八六八年）のなかで、人の〈亜種〉としての人種の分類の系統樹を仮説として記しています。

根本には、ミッシングリンクの猿人（ピテカントロプス）が位置し、そこから派生した九つの人種が区別されている。その区別をする際の徴表は、頭髪の形質（縮毛か直毛か）、肌の色、頭蓋骨の形状等である。猿人の幹のすぐ上には、現生の人種であるパプア人、ホッテントット人、アルフルス人（マレー半島などに住む「未開人」）が位置している。ヘッケルは、一般的には、縮毛人種は直毛人種よりも進化が遅れている、あるいは顎が（動物の鼻づらのように）前に出ているため歯が前傾している人種も進化が遅れている、などと考えた。

（同書、二六七―八頁）

ヘッケルは「進化論に基づけば人種間には生命の価値の差があって当然だとも考えていた」（同書、二六九頁）と言います。人間が他の哺乳類と一線を画するものが「理性」（精神）である以上、その「理性」において劣っている人種はその生命の価値においても低い、と考えたのです（同書）。これが露骨な〈野蛮の言説〉であることは間違いないわけですが、ヘッケルがダーウィ

ヘッケル『自然創造史』（1868年）の扉

ニストとして極度に偏向した差別主義者であったと言い切れるでしょうか。だとすれば、同時代においてヘッケルの人種主義を「自浄」する反論が相当数なくてはならなかったはずです。

一元論としての進化論――フランス語版『種の起源』

ダーウィニズムの信奉者には「ダーウィンの番犬（ブルドッグ）」の異名で知られるイギリスの生物学者トマス・ヘンリー・ハクスリー（一八二五―九五）がいます。先の北垣論文「社会ダーウィニズムという思想」によれば、ハクスリーは一八九三年の講演「進化と倫理」において、進化論を倫理から切り離そうとします。倫理という言葉で想定されているのは、スペンサー流の社会進化論です。つまり進化論は、中立・客観的な科学であり、その科学の場に道徳的な判断などを持ち込んではならない、というわけです。この主張は一見正当でありますが、この主張のなかには社会ダーウィニズムを切り離す企図があります。そうすることにより、純粋科学としての、実証された「事実」のみからなる進化論が確立するのです。この発想を突き詰めれば、人間が一切介在しない科学が想定されそうです。だとすれば、それはいったい誰のための、何のための科学でしょうか。人間的判断なくして研究活動はそもそも成立しないはずです。

それはともかく、ハクスリーにおける社会ダーウィニズムと進化論との分離の説明は、言い直すならば、進化論が本来一元論的であることの証左とも言えます。事実、北垣論文は、『種の起源』のフランス語版が社会ダーウィニズムとの関連で受容されていたことを論じています。『種の起源』のフランス語訳は一八六二年に出版され、当時は以下のように広告されました。

この作品は、たんに博物学者や地質学者、考古学者、古生物学者、植物学者、動物学者、生理学者の関心を惹くだけではなく、同時に哲学者や経済学者の関心をも惹くであろう。ダーウィンの理論は、数学的に定式化され、自然全体に拡張しうる進歩の法則である。それはマルサスの法則を、すべての生物に拡げたものであって、もっとも予期せぬ道徳的および政治的な諸結果を引き起こすものである。……それは自然界に適用された自由貿易と無制限の競争の原理にほかならない。

（「社会ダーウィニズムという思想」一八四―五頁）

つまりフランスでは「倫理」と切り離されるどころか、社会科学の自然科学への適用という反転した構図のなかで受容されるのです。その関心は、フランスにおいてはむしろ社会ダーウィニズムという社会進歩思想の認識の枠組みにおいてでした。さらに訳者クレマンス・ロワイエ（一八三〇―一九〇二）は、彼女自身、「一元論的なヴィジョン」のもとで『種の起源』におけるダーウィンの主張の一線をはるかに越えた、みずからの進歩思想をその序文で展開しています。

北垣論文は、一九世紀半ばから後半にかけて社会ダーウィニズムが影響力をもったのは、「信仰の対象となるような通俗唯物論」としてであり、「一元論的なヴィジョンが当時において魅力的に映った」と述べます。そのなかには「ダーウィンだけでなく、スペンサーやビューヒナー、そしてラマルクやヘッケル」もおり、「より一元論を徹底した者は、その分今日においては忘れられる運命となった」と論じます（同論文、一八八―九頁）。このダーウィニズムにおける社会ダーウィニズムの分離の操作のうちに、ダーウィンが参照され続ける一方で、同時代のダーウィニストが忘却されていった理由があるのではないでしょうか。それはすなわち自然科学の言説から〈野蛮の言説〉を悪魔祓いするプロセスでもあったのです。

＊

今回はダーウィンの進化論とそれに付随する〈野蛮の言説〉との関係を確認することに終始したために、肝心の社会進化論の議論にまで踏み込むことができませんでした。これについては次回で扱うことにして、ダーウィン関連の文献をここで示しておきます。

日本のダーウィン研究や関連書は数多くあります。その生涯については、今回参照した**松永敏男『チャールズ・ダーウィンの生涯――進化論を生んだジェントルマンの社会』**（二〇〇九年）に詳述されています。当時のダーウィニズムについては**八杉龍一**編訳**『ダーウィニズム論集』**（岩波文庫、一九九四年）が、スペンサー、ヘッケル、ハクスリーといった代表的なダーウィニストの所説を収めています。ダーウィンに先んじて「進化理論」の語を用いたスペンサーの「発展仮説」や『生物学原理』の抜粋などが読めるありがたい翻訳文献です。ヘッケルについて参照した**佐藤恵子『ヘッケルと進化の夢――一元論、エコロジー、系統樹』**はヘッケルのみならず一九世紀の科学史のトピックを平明に解説しており、たいへん優れた読み物です。ダーウィンとは別の経路から進化論にたどりついた**ウォーレス**の著作には、手ごろなものに**『熱帯の自然』**（ちくま学芸文庫、一九九八年）があります。今回の後半で主に参照した**北垣徹「社会ダーウィニズムという思想」**は『現代思想』二〇〇九年四月号の「総特集 ダーウィン」に収められています。次回言及する**竹沢泰子「アメリカ人類学にみる進化論と人間の「差異」――太平洋を往来した人種論」**（同書、二〇二―二二〇頁）とともにご一読ください。

第八講

『人間の由来』と社会ダーウィニズム

知性による差別

西洋における世界の説明原理が〈神〉から科学へ移行する過程で決定的な役割を果たした進化論が、今日の自然科学の基盤を準備する一方で、ある時期において〈野蛮の言説〉を〈科学化〉する知的装置として明確に機能してきたことを前講で指摘しました。すなわち、社会ダーウィニズムと呼ばれる思潮です。第二次世界大戦後に再構築された国際秩序では、人種の序列化をおこなってきた社会ダーウィニズムは負の烙印を押され、「疑似科学」や「似非科学」と分類され忘却されていきました。ところが、二一世紀以降、人種差別をはじめとする差別が活性化しています。こうした風潮を「反知性主義」だと一蹴する前に、知性による差別の歴史があったことを私たちは学び直さなければなりません。

今回、私たちがたどるのは社会ダーウィニズムの言説です。これは社会進化論とも呼ばれます。ここでは相互に置換可能な用語として、いずれの語も用います。とはいえ、ダーウィニズムの登場とともに人文・社会科学の言説の主流がただちに社会ダーウィニズムと化したわけではなく、徐々に浸透していく点をまずは確認します。

人類学の「起源」

最初に取りあげる人物は、フランスの解剖学者であり人類学者のポール・ブロカ（一八二四—八〇）です。ブロカは、人類学の分野では、一八五九年（『種の起源』出版と同年）にパリ人類学会というフランス初の本格的な人類学の組織を創設したことで知られています。これから見るように、ブロカは第六講で確認した骨相学の系譜を引き継ぎながら人間の知性の優劣を頭蓋骨の容量で測ることを「科学的」におこなった人物です。

人類学という学問は、人間を探究する学であり、現在は、自然科学系と人文・社会科学系に大別されます。自然科学系の人類学は、生態人類学に代表されるように、人類の祖にあたる類人猿の研究やその進化の過程を探究する学であり、これまでの講義を踏まえれば、博物学に見られる「自然」の研究の系譜に相当します。「種の起源」説ではダーウィンは人間を扱うことを避けました。しかし「自然」の研究から生じたダーウィニズムは必然的に人間を扱わざるをえません。ダーウィニズム以前にも、ナチュラリストによる「人種」の区分がおこなわれてきたことはこれまでに見てきたとおりです。そうした学問的蓄積を踏まえれば、初期の人類学が「人種」の研究に特化するのは必然だったと言えます。解剖学的な自然の解明と人間の解明の出会いのうちに人類学は誕生するのであり、人類学の「起源」に頭蓋計測があったということは、〈野蛮の言説〉をたどる私たちの西洋的言説の理解においてはもはや驚くことではありません。

ところで、この人類学の「起源」については、ドイツ生まれの思想家ハンナ・アーレント（一九〇六—七五）が一考に値する指摘をしています。アーレントは『全体主義の起原2——帝国主義』（一九五一年）でナチズムのイデオロギーに寄与した人種思想の過度な原因探しに警鐘を鳴らし、人種思想を生み出したのは自然科学だという断罪の仕方があるけれども、それはしばしば「原因」と「結果」を取り違えているのだ、と述べます。

この取り違えの一半の責任は、「人種」という言葉の出てくるあらゆる箇所を度を超えた徹底ぶりで探し集めた精神史の方法にあった。こういう方法では、本来はまったく無害な著者までがところどころにこの言葉を使っただけのことで、はっきりした人種イデオローグとしてリストに挙げられる破目になった。特に不当な被害を受けたのは十九世紀の人類学者だった。たとえば、有名なフランスの学者ポール・ブローカが、「脳は人種と関係があり、また頭蓋骨の寸法を計ることは、脳の中味を知る最上の方法である」（[…]）と述べたとき、おそらく彼は世界観的なことはまだまったく考えていなかっただろう。

(『新版 全体主義の起原2――帝国主義』みすず書房、三四一頁)

『全体主義の起原』の注に記されているこの一文について、渡辺公三は「一九世紀のフランス市民社会と人類学の展開――共和主義と人種」(二〇〇九年)で「名指されたポール・ブロカを筆頭とする人類学者は、果たして傍注の中でこうしてあっさりと免責されるほどに軽い役割しか担っていなかったのだろうか」(二二二―三頁)と疑問を呈しています。私たちの関心からすれば、問題は、ある学者が「世界観的なこと」、つまりこの場合は優等人種が劣等人種を支配すべきだ、とするナチズムに連なる世界観を抱いていたのかどうかではなく、その時代の言説が「世界観的なこと」の下地を醸成している、ということだと言い直せるでしょう。

渡辺論文によれば、ブロカの創設したパリ人類学会は、一八三九年にパリ民族学会を結成したウィリアム・フレデリック・エドゥアール(一七七七―一八四二)を先駆者とします。パリ民族学会は「諸人種の科学」を掲げ、人種の確定を目ざしたものでした。ブロカは、人種の特徴が頭部にあると考えたエドゥアールの遺志を継ぎ、頭蓋骨の計測という、より「科学的」な方法によって人種の類型化をおこなおうとします。この学会の第一条の条文は「パリ人類学会は人間の諸人種についての科学的研究を目的とする」でした(渡辺公三「パリ人類学会――帝政から共和政への変動の時代に問われた「人間」とは」二〇一八年)。第六講で見たように、カンパーの顔面角理論からガルの骨相学を経てアメリカ先住民の頭蓋骨計測による人種分類をおこなったモートンに至るまで、人種の解剖学的アプローチは一八世紀から一九世紀にかけて隆盛を極めます。

ここで注意を喚起しておきたいのが、千個におよぶ頭蓋骨のコレクションを有した解剖学者のモートンもまた一九世紀に始まるアメリカ人類学の主要な学者の一人であったことです。モートンをはじめとする「アメリカ人類学派」は、その「客観的」なデータによって白人の脳の容量が他の人種のそれよりも大きいことを示し、人種多起源説を展開したわけですが、その説は合衆国の文脈では奴隷制擁護論の根拠となりました（竹沢泰子「アメリカ人類学にみる進化論と人間の「差異」――太平洋を往来した人種論」二〇〇九年）。

「科学」としての人類学

ブロカの研究もまた、こうした解剖学と人類学との出会いのなかに位置づけられます。解剖学者としてのブロカは、ガルの骨相学に見られた脳機能局在論を確立した人物であり、失語症の原因が大脳の左半球の損傷にあることを証明したことで知られます（その脳の部位は解剖学の用語で「ブロカ（領）野」と名づけられました）。そして解剖学と人類学は当時の西洋の科学的関心のなかでは切り離すことができないのです。

医学に基づいて「自然」を研究する人類学を「自然人類学」（biological anthropology）や「形

質人類学」（physical anthropology）と呼びますが、ブロカはまさにこの自然人類学の学徒として、頭蓋骨の計測方法をよりいっそう洗練させ、一八七五年、「頭蓋学および頭蓋計測学のための指示」という二〇〇頁にもおよぶ論文を記します。通称『頭蓋学の手引き』は、パリ人類学会発足から十数年の歳月をかけて完成させたブロカの頭蓋骨計測の集大成であり、頭蓋骨の角度、長さ、比率、容積といった数値化できる情報を徹底的に収集することを目ざした、その方法が記されています（渡辺公三『司法的同一性の誕生』二〇〇三年）。

ブロカの研究で最重視されたのは、モートン同様、頭蓋骨の容量です。容量が大きければ知性も高いとされました。竹沢尚一郎『表象の植民地帝国――近代フランスと人文諸科学』（二〇〇一年）には人類学会の機関誌から一八六一年のブロカの以下の言葉が引用されています。「人種においても諸個人においても、知的能力の違いは脳の重量ともっとも関係する原因のひとつである。いいかえるなら、ほかの点でおなじであるなら、知性の発達と脳の重量のあいだには顕著な関係があるのである」（七八頁）。

ブロカはこうも述べています。「私は脳の重量と頭蓋骨の容量についてできるだけ多くの観察を集めたが、さまざまな著者

ブロカの考案した
頭蓋骨測定器

がさまざまな方法であらわしたこれらの資料から、以下の結論が導き出された。脳の重量は、老人より成人、女性より男性、一般人より優れた人間、劣等人種より優等人種において上回っていること。理論的予見はかくして証明されたのである」(同書)。

この時代の自然人類学による人種の優劣を示す文章は数多いわけですが、ここではブロカの影響を明らかに受けた一文としてシャマユーが『人体実験の哲学』で引いている一八六一年の例を示します。

> 下顎前突症はすでに劣性のしるしである。径を測った数字はすべて黒人が劣っていることを示している。黒人の頭蓋容量の小ささの指標として、ゼンメリング、パルシャップ、ファン・デル・ホーヴェン、グラシオレの実験が示した、白人の頭蓋水平面面積(平方センチメートル)は黒人を一〇〇としたとき一一二・一一という結果がある。垂直径を計算に入れれば、その差は数倍にふくれあがる。しかし、この真実を特に疑いを許さないものにしているのは頭蓋の容量の違いである。ソーマレズが黒人の頭蓋を水でいっぱいにする実験で明らかにしたところによれば、黒人の頭蓋容量は対照した三六人の白人の頭蓋のいずれに比べても、もっと小さかった。
>
> (『人体実験の哲学』明石書店、四一九頁)

「諸人種の科学」を目ざす人類学は、このように「黒人」をはじめとする諸人種の劣性を証明する言説を次々と生み出していきます。これは社会ダーウィニズムにおいて繰り返される言説ですが、ブロカについて言えば、彼の認識のパラダイムは進化論以前に形成されます。ブロカと進化論の関係を論じたアルノ・ナンタ「ポール・ブロカの形質人類学の前提――政治（性）の拒否と変移説の否定」（二〇〇八年）によれば、ブロカは「基本的に生物や人種の不変説を支持し、ビュフォンの曖昧な退化論も、ラマルクの適応進化論も、ダーウィンの適者生存進化論も、あらゆる生物変移説を否定していた」のです（同論文、八四頁）。ブロカが批判していたのは、人類がアダムから退化したというビュフォン流の一八世紀来の単一起源説でした。理性による実証的証明を重視していたブロカには聖書的世界観は当然ながら否定される対象です。ブロカの「科学」が証明しているのは、むしろ人種が多起源であり、生物は変移しないという「事実」でした。しかし一八六五年ごろからパリ人類学会のなかでも進化論と単一起源説が優勢となり、ブロカも自身の考えの修正を迫られ、ダーウィンの『人間の由来』の刊行後、進化論を認めることになります（同論文、八七頁）。このようにダーウィンの同時代人にはブロカのように進化論に否定的だった学者たちもいましたが、進化論は一九世紀後半には西洋の科学的言説における正当性を獲得していくわけです。

優生学の誕生

これまでに見てきたように、植民地経営を背景としながら経済的・領土的・軍事的に拡張をとげる西洋諸国が、自民族至上主義のもとに優劣の基準でもって科学的言説を展開していった一九世紀、実証精神に基づいた新たな学問分野が形成されていきます。「諸人種の科学」として始まった人類学同様、〈野蛮の言説〉で注目すべきは優生学です。

優生学は英語の"eugenics"の訳語に当たります。この語を創出したのはイギリスの遺伝学者フランシス・ゴルトン（一八二二—一九一一）であり、一八八三年に自著で初めて用いました。ギリシャ語を語源とする"eugenics"は文字通りには「良く生まれること」を指します。

ゴルトンは優生学をどのように着想したのでしょうか。ゴルトンがのちに自伝『生涯の思い出』（一九〇九年）で振り返るところでは、ケンブリッジの学生時代、優等生のなかに以前優等生であった者の子や兄弟が多いことを経験的に知ったことが大きかったようです（これは二〇世紀後半の言説ではブルデューの「文化資本」の概念で知られる知識の再生産と解釈される事象です）。ゴルトンが遺伝研究の最初の成果を公表するのは一八六五年発表の論文「遺伝的才能および性格」においてであり、理想社会実現のためには優秀な者の遺伝を残すことや、人種間の差も、個人間の差も遺伝によって説明されるという遺伝決定論とも呼べる考えを提示します。

ゴルトンはダーウィンのいとこでもありました。これも自伝における回想となるのですが、

『種の起源』からおおいに影響を受けたと言います（ただし松永俊男『チャールズ・ダーウィンの生涯』によれば、これは脚色だとも考えられます）。ダーウィンからの影響がいかなるものかは解釈の余地がありますが、いずれにせよ『種の起源』で示される自然科学的方法が優生学に馴染むものであることはここで指摘しておくべきでしょう。すなわち品種の改良のために選択（selection）をおこなうという発想それ自体のうちに、優生学に応用できる論理があるわけです。この交配による品種改良はもちろん『種の起源』以前から広く知られる事象でしたが、『種の起源』における選択（selection）が選抜（election）へと横滑りするときに（前講で言及したフランス語版の訳者はこの「選択」の語を「選抜」とあえて訳したのでした）、優生学への道は開かれるのです。少なくともゴルトンが優生学を確立する過程で、ダーウィニズムに後押しされたのだと言うことはできます。

先の論文「遺伝的才能および性格」を発展させたゴルトンの『遺伝的天才』（一八六九年）は、ベルギーの統計学者アドルフ・ケトレ（一七九六―一八七四）の統計的手法を用いて天才の遺伝を研究した書です。この書は、のちに見るように、ダーウィンの『人間の由来』でも参照されています。

ゴルトンが優生学を明確に提示するのは「優生学――その定義、展望、目的」と題した一九〇四年の講演のおりです。いわく「優生学とは、ある人種（race）の生得的質の改良に影響するすべてのもの、およびこれによってその質を最高位にまで発展させることを扱う学問である」と定義しました（米本昌平ほか『優生学と人間社会――生命科学の世紀はどこへ向かうのか』二〇〇〇年、二三頁）。この定義にしたがい、優生学が、遺伝知識の普及とともに国家水準にまで重視されることを目ざしたのでした。この優生思想が〈野蛮の言説〉としてどのような展開を迎えるのかを私たちはのちの回で確認するでしょう。

『種の起源』から『人間の由来』へ

一八五九年以降、このようにダーウィンの進化論が論争を巻き起こしながらも学問界で支持者を増やしていく過程で、進化論が本来有する一元論が、動植物界のみならず人間界すべてを説明する原理として応用されていくのは西洋においては必然的でした。一方、ダーウィンが『種の起源』では人類の進化をめぐる主題を扱わなかったことは繰り返し指摘してきたとおりです。

しかし、人類多起源説を支持したブロカのように、進化論を認めない考えもありました。ダーウィニズムの支持者たちも人類の進化をめぐるダーウィン自身の研究を待望していたはずですし、ダーウィンもまた動物のなかで人間がどのように「進化」を遂げたのか、その自説を世に問う準備が整います。こうして一八七一年、第二の主著『人間の由来』が刊行されました。

この本は、人間が動物から進化した主要な理由を「自然選択」ならびに「性選択」（sexual selection）という観点から解明しようとしたものです。自然選択説は、厳しい自然環境のなかで同種の個体が生き残りをかけて闘争することで、環境に適応した優位な個体が子孫を残し、進化を遂げていくという理論でした。しかし自然選択説だけでは十分に進化のプロセスを説明できないことから導入されたのが「性選択」の概念です。ダーウィンはこの発想をずいぶん前から抱いており、『種の起源』でも議論されているのですが、主要なテーマとして前景化するのは『人間の由来』においてです。これは大まかにはオスとメスでの個体差や形質の違いについて説明するもので、たとえば、オスのカブトムシの角や、オスのクジャクの色彩豊かな羽の装飾など、自然選択では不要とされるような要素が発達したのは、メスを惹きつけるためだ、とされます。『人間の由来』において進化のプロセスは自然選択と性選択によって説明されるのです。

以下、本書が示す重要な結論部を引用します。

> 人間が胚の構造のうちに下等動物との間に持っている相同関係、人間が保持している痕跡器官、そして人間にときおり生じる先祖返りなどを考慮すると、われわれの初期の祖先がどのような状態であったかを、ある程度は想像することはでき、動物の系統の中での大まかな位置づけを行うことができる。こうしてわれわれは、人間は、尾ととがった耳を持ち、おそらく樹上性で旧世界に住んでいた、毛深い四足獣の子孫であると考えることができる。
>
> （『人間の由来』下、講談社学術文庫、四七四―五頁）

ダーウィンは続けて次のように畳みかけます。

> この生物は、博物学者がその全体の構造を調べたならば四手類のなかに分類され、旧世界ザルと新世界ザルの、さらに古い共通祖先だと考えられるだろう。四手類とすべての高等哺乳類とは、おそらく古代の有袋類から派生したもので、有袋類は、何らかの爬虫類的な生物、または両生類的な生物から分岐した長い系統から進化したものであり、それらもまた、何らかの魚類的な動物から進化してきた。曖昧模糊とした過去を遡ると、すべての脊椎動物の祖先は、鰓弓（さいきゅう）を持ち、雌雄同体で、（脳と心臓のような）最も重要なからだの器官はまだ不完全にしか発達していなかった水生動物だったに違いないと考えることができる。この動物は、これまで知られているどんな動物よりも、現生の海生ホヤ類の幼生に似ていただろうと思われる。
>
> （同書、四七五頁）

進化のプロセスを人間からホヤ類にまで遡るこの壮大な推論こそ、私たちが知る進化論です。ダーウィンは、『人間の由来』でもって創世記に由来する神学的な人類単一起源説をも完全に否定したのです。人類は地球上の生命の進化のプロセスによって誕生したのであり、人類は神の創造ではない、と断言したのです。思想史的には「存在の連鎖」における連続性の論理が進化論に明確に受け継がれていることを証明する一文でもあります。

「人種」と自然選択

『人間の由来』におけるダーウィンの主たる関心は、人間が動物と連続し、動物から進化していったことを証明することにありました。その点でダーウィンは、ブロカやモートンといった人類学者のように、人種の優劣を測ることには強い関心を抱いていませんでした。そのことは強調しておかなければなりません。しかし、ダーウィンの関心とは別に、「存在の連鎖」がそうであったように、進化論もまた人間を「測ること」を可能としたことは否定できません。

進化論の大前提として、下等なものから高等なものへと進化したという考え方があります。今日では、単純なものから複雑なものへ、などと言い換えられそうですが、こうした階梯の優劣は「存在の連鎖」を引き継ぐ当時の認識の枠組みでした。ですから、人間は、人間よりも下等な動物に由来する、という論調が『人間の由来』の記述の基礎をなしていることは、驚くべきことではありません。そして、この発想が人間の分類に適用される場合、文明と野蛮の構図のなかで説明されることになります。

この本でダーウィンは「人種」について一章を割いています。繰り返しますが、ダーウィンは当時の学者のあいだでは人種的偏見から比較的自由であり、人種の分類それ自体には特別な興味を抱いていませんでした。ダーウィンは明確に人種の序列化（彼は「人種」よりも「亜種」という用語のほうが適切だとしています）をおこなうことはなく、黒人の肌の色など、いくつかの際立った形質が獲得された理由を推察するにとどめます。ただし、「文明人」と「未開人」には知的能力の点で明白な差があるということをダーウィンは疑うことはありませんし、ビーグル号での航海のおりに出会ったフエゴ人は「現在の最も下等な未開人」（『人間の由来』上、講談社学術文庫、二九一頁）の代表だったに違いありません。ダーウィンは「文明人」と「未開人」の器官の違いをこう記します。

文明人では、顎をあまり使わないことからそのサイズが減少したこと、異なる感情を表現するために異なる筋肉が始終使われること、より知的な活動をするために脳のサイズが大きくなったことが、未開人と比べて非常に異なる一般的外見を与えている。また、ある人種では、脳のサイズが大きくなることなしに体格が大きくなったことが（先にあげたウサギの例から判断すると）、長頭タイプの長く伸びた頭骨を生み出した可能性はある。（同書、三〇三頁）

このようにダーウィンもまた同時代の頭蓋測定学に依拠しながら自説を展開していることがわかります（ブロカについての言及もあります）。ウサギとの比較からもわかるように、ダーウィンの人間にたいする視点は動物全般を観察する視点と等しいものです。しかし、動物と人間を対等にまなざすその視点のうちに、当然のこととして人間中心主義や文明至上主義を見てとることができます。

ダーウィンにとって文明化もまた自然選択によって説明される事象です。したがって「文明人」は飢饉から逃れて生き延びてきたように「未開人」よりも身体が発達していると考えるダーウィンは「文明人の方が未開人よりも肉体的に強靭であることからも推定されるだろう」と言います（同書、二二八頁）。

前回述べたように、一般にダーウィンの学説と社会ダーウィニズムは区別され、後者は危険思想として悪魔祓いされました。しかしながら、これも繰り返し述べているように、ダーウィニズムと社会ダーウィニズムは論理的に切り離すことができないものです。そのことを以下のダーウィンの記述は示していると思います。ゴルトンの『遺伝的天才』に依拠しながら、自然選択が人間に果たす意義についてダーウィンが述べるくだりです。

肉体的な構造に関しては、種が進化してきたのは、ほんの少しすぐれた個体が残り、ほんの少し劣る個体が取り除かれていくという自然淘汰［選択］によってであって、非常に変わった、異常なものが残されることによってではない。知的能力についても同じだろう。つまり、社会のどの階層でも、他の個体よりもいくらかすぐれた個体がいくらか劣る個体よりも成功し、他の事柄によって阻まれない限り、多くの子孫を残していったに違いない。どの国でも、知能の水準と知的な人間の数が上昇したなら、ゴールトン氏が示したように、平均からの逸脱の法則によって、非凡な天才の現れる率が以前よりも高くなると期待されるだろう。

（同書、一二〇頁）

ここにはダーウィンがゴルトンの考える優生学的発想を受け入れていることが見てとれます。種の進化は、肉体においても知性においても「少しすぐれた個体」が残るからであるということの発想のうちには、文明人は肉体的にも精神的にも進化しており、未開人は劣っている、というダーウィンの認識がはっきり現れています。この点においては、ダーウィンもまた同時代の人種主義者と基本的に同じ認識を共有しているのです。付け加えておけば、ダーウィンは男性と女性のあいだにも明白な知的能力の違いがあり、男性のほうが知的に優位であることを疑いはしませんでした（同書、下、三九五—三九六頁）。

進化論の〈闇〉

このように『人間の由来』は、壮大な進化論を完成させる決定的な仕事であるとともに、人間の由来にまで議論を拡張することで社会ダーウィニズム的な要素を含みこまざるを得なかった著作です。〈野蛮の言説〉をたどる私たちにとり、『人間の由来』はその議論のうちに〈野蛮の言説〉を意図せずに内包している点でたいへん重要です。この点はこの本の日本語版の凡例で訳者がわざわざ「本書では、当時の西ヨーロッパ社会において常識的だった、非ヨーロッパ的な文明を遅れたものと見なす、差別的な文明観に基づいた表現が多数用いられている」ことを指摘し、「そうした考え方は当時としては一般的なものであり、ダーウィン自身がきわだって差別的な考えを持っていたわけではない」ことを断っています（『人間の由来』上、講談社学術文庫、一一頁）。そのうえで「柔軟で進歩的な考えの持ち主であったダーウィンでさえ、「常識」の拘束から自由ではありえなかった」と訳者は正当に記しています（同書）。たいへん重要な指摘です。私たちはこの訳者の指摘をダーウィンへの「免罪」だと捉えるべきではないでしょう。むしろいま一歩踏み込んで、進化論とは〈野蛮の言説〉を必然的に含み込む理論的展望だったのだ、と言わねばならないでしょう。そうでなければ、啓蒙期のフィロゾフやナチュラリストが人種を扱うたびに記してきた他者にたいする積年におよぶ差別の言説を矮小化してしまうことになります。

これまでの〈野蛮の言説〉が証明するように、「新大陸」の発見と植民地主義以降、西洋人は、自分たち以外の「人種」をすべて劣等だと見なしてきたのであり、西洋人の世界解釈において、世界の諸地域の住民は文明と野蛮の構図をつうじて捉えられてきたわけでした。聖書的世界観から科学的世界観への転換以降も、西洋人はあの古くからの構図でもって他者を表象していくわけです。その意味で、他者の〈野蛮〉表象の観点からすれば、西洋がつねに世界を説明し、序列する「知性」を輩出する主体であり続ける点で、進化論以降の知の編成は変わったとしても、文明と野蛮の構図においては連続しているのです。

ですから、この時代、社会進化論に基づく学説が、人文・社会科学の分野から出てくるのはなんら不思議ではありませんでした。後世に「似非科学」の烙印を押されて葬られたものにイタリアの医学者チェザーレ・ロンブローゾ（一八三五―一九〇九）の理論があります。ロンブローゾは、生まれながらの犯罪者がいると考え、骨相学、観相学を応用して、身体的特徴から生得的犯罪者を見定めるという犯罪人類学を打ち立てました。ロンブローゾが着目したのは「先祖返り」という進化論にも登場する説であり、なんらかの遺伝的な変異によって「下等な生物」だったころの遺伝情報が突如として現代人に甦るというものです。実際、ダーウィンは『人間の由来』でこう述べていました。

> 人間では、最も悪い性質が、考えられる特別な理由もなく家族の中に現れることがときおりあるが、それは未開人の時代からの多くの世代の間でまだ取り除かれていない性質の先祖返りなのかもしれない。
> （同書、二二一頁）

ロンブローゾ『犯罪人論』フランス語版（1887年）の図版
キャプションには「革命家と政治犯、精神異常者と狂人」とある以上の生物学的解釈に基づき、ロンブローゾはこう述べます。「我々は犯罪者の中に野蛮人を、また同時に病人を見出す」（グールド『人間の測りまちがい』上、河出文庫、二五三頁）。ロンブローゾは、生得的な犯罪者の特徴に「てんかん」を挙げます。この考えからは、社会にとって危険な存在、劣等な存在は除外すべきであるという優生学的発想が容易に導き出せます。また彼は、人種が「黒人」から「黄色人」、そして「白人」へと進化するとも考えていました。犯罪人類学は、頭蓋計測学と同様、科学主義的な〈野蛮の言説〉の典型です。

アメリカの人類学者ルイス・ヘンリー・モーガン（一八一八―八一）、イギリスの人類学者エドワード・バーネット・タイラー（一八三二―一九一七）はいずれも文化人類学の先駆者として人類学史のなかで言及される高名な学者ですが、かれらもまた進化論に依拠し、未開から文明への発展段階を提唱しました。文化進化論と呼ばれる思潮です。モーガンは主著『古代

社会』（一八七七年）の第一章で人類の歴史を「野蛮」から「文明」へと至る行程だと捉え、こう述べます。「人類の一部が野蛮状態に、他の一部が未開状態に、更にまた他の一部が文明状態に在ったことは否定しえないが、それと同様にこれら三つの異なった状態は進歩の自然的かつ必然的な系列において、相互に関連していることもまた否定しえないことのように思われる」（『古代社会』上、岩波文庫、二四頁）。またタイラーはアニミズムの概念を提唱したことで知られる『原始文化——神話・哲学・宗教・言語・芸能・風習に関する研究』（一八七三年）で同様の考えを示します。いわく「現存せる未開状態は、人類の初期状態を代表していて、かつての初期状態から高級文化が徐々に発達し、あるいは進化し、その過程は今でも規則正しく、大体において進歩が退歩を蓋（おお）うことを示している。人類社会の主要な傾向は、その存在の長い期間を通して、未開状態から文明状態へと達する［の］であって、すべてこのことは、真理であるだけでなく、自明の理である」（『原始文化』誠信書房、一二頁）。

このような言説のなかでモーガンであれば「インディアン」が、タイラーであれば「アフリカ人」が「未開人」や「野蛮人」として改めて表象されることになります。こうして西洋における〈野蛮の言説〉は進化論を背景とする科学的真理として定立されていくのです。

＊

今回はすでに数多くの文献を挙げているので、言及しなかったものを中心に紹介します。まずポール・ブロカの人類学方面の仕事についてはこの議義でも参照した**渡辺公三**の著作が参考になります。ブロカの歩みや医学方面の仕事は『**神経学の源流3 ブロカ**』（東京大学出版会、一九九二年）をご参照ください。ブロカの論文も翻訳されている貴重な資料です。フランシス・ゴルトンについては**岡本春一**『**フランシス・ゴールトンの研究**』（ナカニシヤ出版、一九八七年）が日本語で読める稀有な研究書となります。今回のもっとも要となる著作はいうまでもなく**ダーウィン**の『**人間の由来**』です。翻訳で全二巻におよびますが、講談社学術文庫で読むことができます。なによりも読んでいただきたい基本文献です。ダーウィンにおける「性選択」の概念の変遷については前回紹介した『現代思想』（二〇〇九年四月）のダーウィン特集号に収録されている**斉藤光**「**ダーウィンにおける性選択（sexual selection）の問題**」を参照しました。

文化進化論では**タイラー**の『原始文化』に触れました。今回は古い版を参照しましたが、現在では完訳版が『**原始文化 上・下**』（国書刊行会、二〇一九年）として刊行されています。

数回にわたり進化論の時代を見てきましたが、次回からはいよいよコンラッドの『闇の奥』を取りあげます。

III

植民地主義からホロコーストへ

一九世紀は西洋が植民地獲得に積極的に乗り出す世紀です。その主要舞台となったアフリカ大陸は「暗黒大陸」と表象され、「文明化の使命」のもとに植民地化され、その過程で現地民への大規模なジェノサイドが実施されました。さらに二〇世紀には〈野蛮の言説〉の頂点とも言えるナチ・ドイツが誕生し、ユダヤ人や障害者への大量虐殺を敢行します。第三部では、コンラッド『闇の奥』の読解を導きに、こうした血塗られた出来事を連続した視点で捉えつつ、ナチ・ドイツ時代の人種差別と障害者差別の源流には、社会進化論があったことを確認します。そのうえで社会進化論を否定すれば解決するわけではない〈野蛮の言説〉の厄介さを考えます。

第九講

『闇の奥』と植民地主義

深い闇の奥地

　今回取りあげるのは本講義のイントロダクションで予告したジョゼフ・コンラッド（一八五七―一九二四）の『闇の奥』（一八九九年）です。本書は英語圏文学における古典の位置を占める中編小説であり、この小説を題材に数々の研究や評論がこれまでに発表されています。

　本書を取りあげるにあたり、私たちがまずもってなすべきことは、本書が執筆された一九世紀後半の時代状況を踏まえてこの小説を理解することです。イントロダクションで述べたとおり、本書の題名は、深い闇に閉ざされたアフリカの奥地を暗示しており、アフリカにたいして「暗黒大陸」という負のイメージを与え続けています。ですから『闇の奥』はアフリカにたいする植民地主義を肯定する小説だとして、植民地出身の言論人から当然ながら批判を浴びることになります。ナイジェリアの作家チヌア・アチェベ（一九三〇―二〇一三）の評論「アフリカのイメージ――コンラッド『闇の奥』の人種差別」（一九七七年）は『闇の奥』批判の重要作です。そして、こうしたアフリカ表象を可能にしてきたのはコンラッド個人の差別意識のみに帰しえないことは、文明と野蛮の構図のもとで他者を表象し続けてきた西洋の〈野蛮の言説〉をたどる私たちには、もはや自明のことです。『闇の奥』が今日まで読みつがれる理由は、逆説的にも、西洋がみずからの植民地主義を自覚化する契機をもたらしたからでもあるでしょう。

前回言及したハンナ・アーレントの『全体主義の起原』(一九五一年)が『闇の奥』を参照するのはまさにこの文脈においてです。アーレントの問いは、ナチズムとホロコーストをもたらした西洋の〈野蛮〉がどのように準備されたのか、という点にあります。アーレントはナチによる全体主義の前段階として西欧列強のアフリカ支配に代表される植民地主義(帝国主義)の時代に着目します。その植民地支配のプロセスを理解するにあたりアーレントが着目したのが『闇の奥』にほかなりませんでした。この点についてはのちほど踏み込んで紹介します。

コンラッドとアフリカ

コンラッドは英語作家として活躍する以前は船乗りとして世界各地を航海していました。彼の船乗りの経歴は一八七四年、一六歳のときにマルティニック島サン・ピエールの港を目指す船に乗ったところから始まり、一八九四年、三六歳のときにロンドンに戻る船旅でもってその経歴を終え、本格的な作家生活に入ります。『闇の奥』が船乗りマーロウの冒険譚であるように、本書はコンラッドの船乗り時代の実体験を題材としています。

コンラッドがアフリカに向かうのは一八九〇年です。遡ること二二年、当時一〇歳のコンラッド少年はアフリカの地図を前にして「大人になったら絶対そこに行くんだ」という冒険心を抱いていました（『コンラッド自伝』鳥影社、四四頁）。アフリカ大陸のうち、その内陸部は、ヨーロッパにとっていまだ未踏の地であり、どのような地形になっているのか、どのような民族が住んでいるのかについては、断片的な情報しか持ち合わせていなかったからです。

少年の冒険心それじたいは無垢であるとはいえ、当時のアフリカへの冒険は西洋の植民地主義と切り離すことができません。最初の本格的アフリカ探検をおこなったリヴィングストン（一八一三―七三）が探索の途上で病死したころ、アフリカの植民地化を隠れた目的としたヨーロッパ列強による探検・開拓事業が本格化していきます。コンラッドの時代に盛名をとどろかせていた探検家はイギリス出身のスタンリー（一八四一―一九〇四）です。スタンリーは奥地で消息を絶ったリヴィングストン救出に向かった挿話で知られていますが、この探検家の主要な「功績」は、ベルギー国王レオポルド二世（一八三五―一九〇九）の依頼を受けてコンゴ河の上流地域の開発・植民地化事業をおこなったことです。

一八九〇年、少年時代に思い描いた未踏の地アフリカにコンラッドは赴きます。しかし、このコンラッドのアフリカ行きは、当然ながら無垢なものではまったくありません。『闇の奥』は船乗りのコンラッドがコンゴ河を遡った実体験に基づくわけですが、その意味するところを直視するためには、コンラッドが赴いた一八九〇年のコンゴ河流域の状況を知る必要があるでしょう。その鍵は、レオポルド二世がスタンリーを派遣した植民地事業にあります。

レオポルド二世の植民地開拓事業

レオポルド二世のコンゴ河流域獲得に至る最初の行動は一八七六年に遡ります。この年、レオポルド二世は「暗黒大陸」アフリカに「文明化」をもたらすという「大義」のもとに「中央アフリカ探検文明化国際協会」(略して「アフリカ国際協会」)を設立します。「この地球上でまだ文明が浸透していない唯一の部分に文明をもたらし、地域全体の人々をおおっている暗黒を貫く光を送ることは、あえて申し上げますが、この進歩の世紀にふさわしい聖なる戦いであります」というのはこの協会を設立するにあたってのレオポルド二世の開会の辞です(藤永茂『「闇の奥」の奥——コンラッド・植民地主義・アフリカの重荷』三交社、四六頁)。

さて、この頃、スタンリーはコンゴ河の探索をおこなって上流を遡り、その先に行くことのできない急流と瀑布群に突き当たり、ここを「スタンリー滝」と名づけたのちに下流に戻っています。この一連の探検は三年間にわたり、一八七七年一二月、スタンリーはその探検記を新聞に掲載します。いわく「このコンゴ河を制する国は、滝の背後に控える実に広大な流域盆地全体の交易を一手に収めることになるだろう」（『「闇の奥」の奥』五二頁）。

スタンリーの報告を読んでコンゴ河獲得に真っ先に意欲を燃やしたレオポルド二世は新たに「コンゴ上流域調査委員会」を立ち上げ、植民地開拓事業のためにスタンリーへの財政援助をおこないます。レオポルド二世と五年契約を交わしたスタンリーは一八七九年から一八八四年にかけてコンゴ河流域の植民地化に着手します。この場合、植民地化とは具体的には、現地の集落の首長たちとの「条約」を意味します。すなわち、スタンリー率いる事業団は、圧倒的な武力や首長を懐柔する賄賂（物品やアルコール飲料）を背景に、自分たちの傘下に入るという「条約」を「獲得」していったのです。さらには、現地の人々は英語やフランス語を解するわけでも、その文字が読めるわけでもないですから、通訳を介したとしても、「条約」の中身を正確に知っていたかどうかは疑わしいと言えます。いずれにしてもスタンリーは一八八四年に任務を完了してヨーロッパに戻るさいには、コンゴ河流域の四五〇人以上の集落の首長と「条約」を結ぶという「大成果」をレオポルド二世にもたらします。このとき、締結の証に立てられたのが「文明化の使命」を標榜するアフリカ国際協会の旗だったのです。ヨーロッパ・アメリカなどにたいしては「文明化の使命」を装い、その裏では植民地化を着々と進めるという狡猾な戦略でもってレオポルド二世は事実上コンゴ河流域を手中に収めました。

アフリカ分割とコンゴ自由国

世界史の教科書に確実に記載される学習事項に「アフリカ分割」があります。一九世紀末から二〇世紀初頭にかけての数十年のあいだに熾烈に展開されるヨーロッパによるアフリカの植民地支配のプロセスを指す用語であることはご存知のとおりです。このアフリカ分割の引き金を引いたのが一八八四年から翌年にかけて、ドイツ宰相ビスマルク（一八一五—九八）の主宰のもとにおこなわれた「ベルリン会議」でした。この会議によってヨーロッパ列強のあいだで土地の実効支配の原則が共有され、以後、実力行使によるアフリカ大陸の争奪戦が繰り広げられることになるわけです。この会議以前、アフリカ大陸の約八割はいまだヨーロッパ列強の属領になっていなかったと指摘すれば、アフリカ分割の過酷さが伝わりやすいかもしれません。以後、フランスならば「文明化の使命」（mission civilisatrice）を、イギリスならばラドヤード・キプリング（一八六五—一九三六）の詩に由来する「白人の重荷」（the white man's burden）を大義名分に本格的な実効支配に乗り出していきます。

この会議が開催された経緯は列強の植民地政策の利害調整でした。具体的には、レオポルド二世のコンゴ河流域の事実上の領有を他のヨーロッパ諸国が認めるかどうかが、ベルリン会議開催の直接の契機でした。レオポルド二世の巧みな戦略や各国の利害が交錯し、コンゴ河流域一帯の領有がこのベルギー国王に正式に認められることになります。こうして一八八五年、この領土はレオポルド二世によって「コンゴ独立国」と命名されます。

この時期の正式名称はフランス語で"État indépendant du Congo"つまり「コンゴ独立国」なのですが、このレオポルド二世の私有地はむしろ英語での通名となった"Congo Free State"つまり「コンゴ自由国」で知られます。この「自由」の意味は、実のところ、レオポルド二世がその土地の住民と資源を好き勝手に搾取できるということにほかなりませんでした。

その面積は本国ベルギーのほぼ

八〇倍におよび、象牙、天然ゴムといった資源を豊富に有していました。この後レオポルド二世はコンゴ自由国の現地民を奴隷化し、象の殺害と天然ゴムの搾取に勤しむのです。

その企図のひとつが一八八八年、象牙採集に特化した「ベルギー・コンゴ上流域貿易株式会社」の設立により本格化します。実はコンラッドのアフリカ行きとはこの会社に雇われることで実現しました。会社設立の翌年、コンラッドはブリュッセルに赴き、レオポルド二世の腹心である同貿易会社の社長の面接を受けます。こうして一八九〇年、三年間の契約でコンラッドがコンゴに赴くことが決まるのです。

コンラッドのコンゴ河体験と『闇の奥』

コンラッドはベルギー・コンゴ上流域貿易株式会社のコンゴ河の汽船の船長になる予定でした。象牙採集の仕事に携わるべくコンゴに渡ったコンラッドでしたが、船長になるはずの汽船は破損修理中でした。ところが、象牙採集の奥地代理人のクラインが重病を患ったということで、別の汽船に遠征隊の一船員として乗り込み、クラインを連れて帰るために「スタンリー滝」までコンゴ河を遡ります。クラインは帰途の船中で死んでいます。コンラッド自身もその後瀕死の病にかかり、六ヶ月の滞在を経てヨーロッパに戻ります。

小説が著者の実体験に基づくフィクションとして構想され、雑誌に掲載されたのは一八九九年

コンゴ自由国時代に撮影された集落の首長と一族
コンゴ自由国の旗が掲げられている
エリゼ・ルクリュ『人と大地』第4巻（1905年）より

であり、単行本化されるのが一九〇二年のことです。コンラッドの分身チャーリー・マーロウは日が暮れたテムズ河の船内で四人の友人を相手にコンゴ河体験を語って聞かせます。ここではあらすじを紹介するよりも、本小説に見出されるマーロウを介した著者のアフリカ表象、すなわち標題にもある「闇の奥」とは何を指しているのか、について立ち入って考察したいと思います。

本講義のイントロダクションで述べたように、標題が示す"Heart of Darkness"で想起いただきたいのは、光がまったく届かない、あらゆる外形を呑み込む真っ暗闇です。小説の語り手であるマーロウが最初に口にするのは「ここもねえ、地球上の暗黒の地の一つだったんだ」(『闇の奥』三交社、一七頁)という言葉です。「ここ」とはテムズ河を指し、「暗黒の地」は原文で"dark place"です。「一九〇〇年前」ローマ人がテムズ河流域に初めてやってきたときのことを想像してマーロウはこう言うのです。言いたいことは明白です。ローマ人が文明をもたらす以前のヨーロッパは荒涼とした未開の大陸であった、ということです。この発言は、ヨーロッパもかつては未開・野蛮の大陸であった、という相対主義的な見解の表明というよりも、これから語られるコンゴ河の「暗黒」のイメージを強めることを意図して発せられています。テムズ河流域もかつては「暗黒の地」であったわけですが、当時においてはヨーロッパ最大の植民地帝国イギリスの帝都を海につなげる河であり、文明の中心地であるわけです。これにたいし、マーロウが語るコンゴ河流域とは文明の光が届かない永遠の「荒野」の土地のごとく表象されます。「荒野」とは、

『闇の奥』で繰り返される原始的イメージで"wilderness"（ウィルダネス）の訳語です。ひと言でいえば、人間には手なずけることのできない、文明をはねつけるような野生の場所です。

進化論を踏まえれば、マーロウ＝コンラッドのこの思考形式のうちにタイラーやモーガン流の文化進化論を見てとるのは容易です。そして象牙採集の奥地代理人であるクルツ氏を救出するためにマーロウ一行がコンゴ河を遡る場面は、未開の地からそのさらに奥へと時間を遡行する旅として描かれるのであり、「文明人」一行を待ち構えるのはウィルダネスとしての荒野なのです。

『闇の奥』の核心

『闇の奥』のクライマックスはマーロウ一行が原初の野生状態のごとく表象される「闇の奥」に到達する場面です。そこで問われるのは、ヨーロッパ人のような文明人がウィルダネスのなかで暮らしたらいったいどうなるのか、ということです。マーロウは語りの冒頭で、文明的なローマ市民がテムズ河流域の奥に分け入る場面を想像してこう述べます。

まず沼地に上陸し、森や林を抜けて、やがてどこか内陸の駐屯地にたどり着く。そこで、彼は未開地の荒涼さ、全くの荒涼さがすっぽりと彼を包みこんでしまったと感じるのだ。森のなか、ジャングルのなか、そして野蛮人の胸の奥にうごめいている荒野の神秘な生命のようなもの全体が、ひしひしと身に迫ってくる。そうした神秘に参入する儀式や手ほどきなどありはしない。彼はその理解を絶したもののただ中で生きてゆかねばならず、それはまた、嫌悪すべきことでもある。ところが、その神秘はある魅惑も備えていて、それが彼の心にじわりじわりと作用を及ぼしてくる。

（『闇の奥』三交社、二〇―一頁）

この荒野の魅惑こそがコンゴ河を遡るマーロウを捉えたものであり（「僕は、本当は、荒野を志向してやって来たのであり、クルツ氏に惹かれてやって来たのではなかった」（同書、一六四頁））、奥地代理人クルツ氏を支配したものだと推測させるのです。クルツ氏は象牙の大量採集をやってのける有能な社員だと考えられてきたのですが、荒野に魅せられ、現地民と一緒に象の殺害に勤しみ、その集落の首長として君臨したまま、ついには会社との通信を絶ち、みずから消息を絶ったのでした。マーロウが「闇の奥」で出会ったのは、「ただひとり、原始の自然のただ中にいて」その「魂は自らの内奥ばかりを見つめ続けて」「とうとう狂ってしまった」クルツ氏でした（同書、一七五頁）。

クルツ氏が汽船に運ばれる場面では、現地民は次のように描かれます。

次の日の正午頃、船が岸を離れると、それまで僕が絶えず気を尖らせていた森の帳の奥の群衆が、再び森のなかから溢れ出てきて、ブロンズの裸体の大集団が激しく息づき揺れ動きながら、空き地を一杯に満たし、丘の傾斜を覆い尽くしてしまった。僕は船を少し上流に進めてから船を回して、河を下り始めた。恐ろしい尻尾で水を打ち、真っ黒な煙を吐いて水しぶきを上げ、バタンバタンと音を立てる獰猛な河の悪魔の物々しい動きを、蛮人の二〇〇〇の目が追っていた。岸に沿った最前列のその前には、頭のてっぺんから足の先まで真っ赤な泥を塗り付けた男が三人、もったいぶった、しかし落ち着かない足取りで、行きつ戻りつ、歩いていた。[…]そして、三人は、一定の間を置いて、およそ人間の言葉とは思えない不思議な言葉を立て続けに唱えると、わっと叫び声を上げた。それに、突如として中断される、背後の群衆の低いざわめきは、まるで悪魔の連禱(リタニィ)の唱和のように聞こえるのだった。

(同書、一七五—六頁)

「ブロンズの裸体の大集団」、「蛮人の二〇〇〇の目」、「人間の言葉とは思えない不思議な言葉」「悪魔の連禱(リタニィ)の唱和」といった現地民の描写は、読者のうちに不気味さと恐怖を掻き立て、この恐るべき場面から出立することを求める冒険的スリルを与えます。もちろんこれは本書が想定する当時のヨーロッパ人読者が読んだ場合の場面描写の効果です。コンラッドは当然のこととして自分が書いた作品がここで文明から隔絶された野蛮人として表象されている側の人間からいずれ読まれることを想定しませんでした。この意味でも『闇の奥』が出版された七八年後にアチェベがアフリカの英語作家として本作を批判したことは本書の受容において決定的に重要だったと言えます。アフリカ文学の代表的傑作と評される小説『崩れゆく絆』（一九五八年）の著者アチェベは、コンラッドがアフリカを暗黒大陸と、現地民を未開人と表象するその植民地主義的なアフリカ・イメージを徹底的に批判したのでした。

アーレントの読解

アチェベ同様、〈野蛮の言説〉からの『闇の奥』読解において重要であるのはアーレントのものです。先述のとおり、アーレントはナチズムとホロコーストにたいするヨーロッパの知的反省の立場から『全体主義の起原』を書いています。反ユダヤ主義、帝国主義を全体主義の準備段階と位置づける構成をとる本書で『闇の奥』が論じられるのは「帝国主義」を扱った第二巻第七章の「人種と官僚制」です（『新版 全体主義の起原2――帝国主義』みすず書房）。

アーレントのこの章の骨子は、ナチのユダヤ人大量虐殺が人種妄想と官僚制というふたつの異なる原理が結びついて可能となったとする仮説に基づきます。ひと言でいえば、ナチの目的とは官僚制による人種の根絶だった、ということです。ではこの人種主義が大量殺戮をもたらした例はホロコースト以前にあったか、という問いのもと、その事例がヨーロッパの近過去に探し求められます。それはアフリカ分割の時代に起きた人種妄想に基づく大量殺戮です。いわく「ブーア人［ボーア人］によるホッテントット族の根絶、ドイツ領東アフリカでのカール・ペータースによる凄まじい殺人、ベルギー国王による平和なコンゴ住民の大量虐殺（デツィミールング）」に感じられるのは「精神錯乱の虚しさといった要素」です。なぜならば人種妄想を正当化できる根拠は「理論的なものであれ政治的なものであれ存在しない」からです（同書、二二〇頁）。ではなぜ「精神錯乱」は起こるのか。その理由をアーレントは『闇の奥』で描かれるクルツ氏に見るわけです。

『闇の奥』の核心にある問いは、文明人はウィルダネスのなかで生きることができるのか、というものでした。アーレントはクルツ氏のようなアフリカに暮らすヨーロッパ人のうちに、文明人であることを止め、みずから進んで野蛮化していった状態、すなわち「文明人」から「野蛮人」への退化を見てとります。この野蛮化の状況のなかでヨーロッパ人はアフリカ人にたいする根本的な恐れから自分を優越人種だと思うようになり、さらにクルツ氏のように秀でた才覚がある場合には、（ナチの指導者のような）大衆扇動家の才能を発揮していくのだと言います。実際、クルツ氏は奥地で現地民の首長として君臨していたのでした。

アーレントは『闇の奥』で描写されるこの現象を南アフリカのオランダ人入植者の子孫であるところのボーア人（アフリカーナー）の歴史に見てとります。少々長い引用ですが決定的に重要な箇所です。

原住民の酋長として、あるいは白い肌の主人、黒人の神々としてのみ、ここ［＝南アフリカ］の環境の条件に同化してのみ、ブーア人［ボーア人］のようなきわめて少数の住民グループは長期にわたって支配を維持できたのである。［…］彼らの中にはおそらく今日もなお、彼らの祖父たちを野蛮状態に逆もどりさせる原因となった最初の身の毛のよだつ恐怖が生きているのであろう――ほとんど動物的な存在、つまり真に人種的存在にまで退化した民族に対する底知れぬ不安、その完全な異質さにもかかわらず疑いもなくホモ・サピエンスであるアフリカの人間に対する恐怖が。なぜなら人類は、未開の野蛮部族を目のあたりにしたときの驚愕をたとえ知ってはいたにせよ、個々の輸入品としてではなく大陸全体に犇く住民としての黒人を見たときのヨーロッパ人を襲った根源的な恐怖は、他に比すべきものを持たなかったからである。それはこの黒人もやはり人間であるという事実を前にしての戦慄であり、この戦慄からただちに生まれたのが、このような「人間」は断じて自分たちの同類であってはならないという決意だった。この不安とこの決意の根底には、人間であることの事実そのものに対する疑惑とおそらくは絶望が潜んでいた。そしてこの不安と決意から生まれたものがキリスト教に似て非なるブーア人の新しい宗教であり、その基本的ドグマはブーア人自身の選民性、白い皮膚の選民性なのである。

（『新版 全体主義の起原2』みすず書房、一三七―八頁）

ここに示されているのは、ボーア人がアフリカという「野蛮」の地で支配を確立することができた理由をめぐるアーレントの原理的考察です。ボーア人のうちには「未開」を生きるアフリカ人にたいする根源的恐怖があり、その恐怖を抑圧するための決意があり、そこからボーア人の人種主義と選民性が生まれたのだ、とアーレントは捉えます。

「ヨーロッパのアフリカ化」論の限界

以上に見たアーレントの考察は、西洋がみずからの植民地主義を自覚し反省するという言説である点できわめて重要である一方、お気づきのとおり、アーレントの考察を縁取るフレームは、西洋の言説内で反復され強化されてきた文明と野蛮の構図です。この文明と野蛮のフレームにおいて『闇の奥』を読むことはコンラッドの企図とも一致しており、ヨーロッパの理性主義的・啓蒙主義的文脈においては優れた読解と考察をなしています。だからこそ、アーレントの読解は、当時の西洋知識人の常識、すなわちアフリカの奥地に住むのは「未開の野蛮部族」だと「人類」の名のもとに語るという、今日では西洋中心主義というほかない驕りを正当にも示しているのです。アーレントの『闇の奥』読解について精緻な批判的考察をおこなった高橋哲哉の言葉を借りれば、ここで示されているのは「ヨーロッパのアフリカ化」です。アーレントの論理が示すのは、高度な文明諸国であるヨーロッパが「暗黒大陸アフリカ」に退化・退行する、ということです。「文明の野蛮化」と言い換えることのできるこの「ヨーロッパのアフリカ化」論は「アフリカ」を文明と隔絶したウィルダネスの永遠の表象のうちに閉じこめます。さらには、人種主義のような非合理的なものが「野蛮」や「精神錯乱」のほうにあると説明することにより、ヨーロッパ的「文明」を擁護しようとする姿勢も見てとれます。事実、『全体主義の起原』の「帝国主義」のパートの終わりは次の言葉で締めくくられます。

地球全体を隈なくつなぎ合わせ包み込んでしまった文明世界は、内的崩壊の過程の中で、数百万という数え切れぬほどの人間を未開部族や文明に無縁の野蛮人と本質的には同じ生活状態に突き落とすことによって、あたかも自分自身のうちから野蛮人を生み出しているかのようである。

（同書、三二八頁）

エメ・セゼールの肖像
リリアン・ケステロート
『エメ・セゼール』（1979年）より

「野蛮人」というこの言い方が、「文明世界」を独占する西洋による他者表象であったことを何度でも思い起こしておきましょう。このレトリックはとりわけ「アフリカ人」に代表される非西洋世界の住民を「野蛮人」だとすることで（そこで強烈に働くイメージが『闇の奥』にほかなりません）成り立っています。これまでの私たちの議論からすれば、問題は「ヨーロッパのアフリカ化」ではなく、人種差別の発端を「ヨーロッパのアフリカ化」だと説明してしまう、文明と野蛮の認識枠組みそれ自体にあるのです。

　だからこそ、西洋の良心のひとつであるところのアーレントの考察を、エメ・セゼールの『植民地主義論』（一九五五年）の次の言葉と合わせ鏡のようにして読むべきだ、とあえて言う必要があります。

> 　植民地化がいかに植民地支配者を非文明化し、痴呆化／野獣化（アブリュティール）し、その品性を堕落させ、もろもろの隠された本能を、貪欲を、暴力を、人種的憎悪を、倫理的二面性を呼び覚ますか、まずそのことから検討しなければならないだろう。そして、ヴェトナムでひとつの頭が切り落とされ、ひとつの目がえぐりとられ、フランスでそれが容認されるたびに、ひとりの少女が強姦され、フランスでそれが容認されるたびに、マダガスカル人がひとり拷問され、フランスでそれが容認されるたびに、自らの重みに沈み込む文明はますます死の重みを加え、全

般的な退化が進行し、壊疽が始まり、瘴気が拡がっていくことを示さねばならないだろう。さらに、踏みにじられたすべての条約、［…］、そして奨励された人種的傲慢、ひけらかされた高慢の彼方には、ヨーロッパの血脈に点滴注入される毒素があり、ヨーロッパ大陸の野蛮化の緩慢な、しかし確実な進行があるということを。

（『帰郷ノート／植民地主義論』平凡社ライブラリー、一三六―七頁）

「ヨーロッパ大陸の野蛮化」、それはセゼールにとっては「ヨーロッパのアフリカ化」などではいささかもなく、ヨーロッパ大陸それ自体が植民地主義をつうじて招いてきた「野蛮化」なのです。

＊

今回、ついにコンラッドの『闇の奥』を取りあげました。イントロダクションで申し上げたように本書は諸訳あり、もっとも手ごろでバランスが良いのは光文社古典新訳文庫版（黒原敏行訳、二〇〇九年）ですが、〈野蛮の言説〉にそくしてさらに勉強したい方には、今回参照した三交社版（藤永茂訳、二〇〇六年）を、訳注・解説をふくめてお薦めします。また、原書に挑戦したい方は、ノートン・クリティカル・エディションを入手すると良いでしょう。英語圏の大学で『闇の奥』を研究教材に用いるさいに参照されるノートン版には、本書で言及したアチェベ論文をふくめ、豊富な関連資料が収録されています。ここでは参照しませんでしたが、**サイード『文化と帝国主義1』**（みすず書房、一九九八年）所収の「ふたつのヴィジョン――『闇の奥』における」も必読です（原文は先述のノートン版にも再録されています）。

『闇の奥』の背景にあるヨーロッパ人のアフリカ大陸探検についてはアンヌ・ユゴン**『アフリカ大陸探検史』**（創元社、一九九三年）が図版も豊富で参考になります。また、これまで言及する機会がありませんでしたが、**岡倉登志『「野蛮」の発見――西欧近代のみたアフリカ』**（一九九〇年）は、西洋によるアフリカの「野蛮」表象をコンパクトにたどった一書です。

高橋哲哉による卓抜なアーレント論「《闇の奥》の記憶――アーレントと「人種」の幻想」は**『記憶のエチカ――戦争・哲学・アウシュヴィッツ』**（一九九五年）に収められています。ぜひご一読ください。**コンラッド**の船乗り時代については『**海の想い出**』（平凡社ライブラリー、一九九五年）も参照しました。

次回は『闇の奥』が書かれた時代にレオポルド二世統治下の私有地コンゴ自由国でおこなわれた〈野蛮〉を直視することから始めたいと思います。

第一〇講 忘却されたジェノサイド

アフリカにおける大量殺戮

アーレントは『全体主義の起原2』第七章「人種の官僚制」のなかで人種妄想に基づく大量殺戮がヨーロッパ列強によるアフリカ分割の時代に見られることを指摘していました。そこで挙げられていたのは「ブーア人〔ボーア人〕によるホッテントット族の根絶」、「ドイツ領東アフリカでのカール・ペータースによる凄まじい殺人」そして「ベルギー国王による平和なコンゴ住民の大量虐殺（デツイミールング）」でした。これらはアーレントの議論では「ヨーロッパのアフリカ化」あるいは「文明人の野蛮化」の諸事例です。「ヨーロッパのアフリカ化」論には当然ながら与せないものの、アフリカにおける大量殺戮をナチズムと結びつけて捉えたアーレントの思考からは大いに学ぶことができます。

ナチズムにたいする反省から生まれた思考の成果のうち『全体主義の起原』とともに想起すべきは、ホルクハイマーとアドルノ『啓蒙の弁証法――哲学的断章』（一九四七年）です。西欧文明の根本的批判の書として知られる本書については改めて触れますが、『啓蒙の弁証法』に決定的に抜け落ちる視点は、植民地主義の問題だったのではないかと私は考えています。その点からすると、文明と野蛮の構図においてであるとしてもアーレントの議論のなかに植民地にかんする言及があることは少なからず重要です。

ジェノサイドとホロコースト

〈アウシュヴィッツ〉に象徴されるナチによるユダヤ人の大量殺戮をホロコーストと呼ぶのは周知のとおりですが、一民族を殲滅するような集団的殺害については、第二次世界大戦終結後に使用されるようになったジェノサイドという新語によっても呼ばれてきました。とくにナチによる「ユダヤ人問題」の「最終的解決」にたいする西洋諸国を中心とした国際的反省から、一九四八年には国連によるジェノサイド条約が採択されます。

このユダヤ人大量殺戮という破局的出来事がとりわけホロコーストと呼ばれるようになるのは一九七八年放映のアメリカの同名のテレビドラマの流行によると言われます。ホロコーストは古くは生贄の動物を焼いて神に捧げる古代ユダヤ教の燔祭(はんさい)に由来します。ホロコーストという特殊な名称で呼ばれるようになっていくとき、この人類史上もっとも大規模な災厄のひとつが、その他のジェノサイドとは切り離された、ほかに類を見ない災厄のように世界中で共有されていくことなります。
　この点を批判的に考察した書にノーマン・G・フィンケルスタイン（一九五三―）の『ホロコースト産業――同胞の苦しみを「売り物」にするユダヤ人エリートたち』（二〇〇三年）があります。強制収容所からの生還者を両親にもつフィンケルスタインは、ナチによる「ユダヤ人問題の最終的解決」を〈ザ・ホロコースト〉として比較不能な人類史上最悪の出来事として特権化し、その特権化した記憶を政治的・商業的に利用しようとするアメリカのユダヤ人エリートたちを告発する目的で、『ホロコースト産業』を記しました。フィンケルスタインはこの書の結論部で、アメリカにおけるホロコーストとその他の大量殺戮との扱われ方の圧倒的な違いをこう書き記しています。

　ホロコースト記念日以外にも、全米で一七の州が、学校でのホロコースト企画実施を命じるか推奨するかしており、多くの大学がホロコースト研究の講座を設けている。『ニューヨーク・タイムズ』にホロコースト関係で大きな記事が出ない週はほとんどない。ナチの最終的解決を扱った学問研究は、少なく見積もっても一万以上はあるだろう。これをコンゴでの大虐殺についての研究と比較してみよう。ヨーロッパがコンゴの象牙およびゴム資源を開発するなかで、一八九一年から一九一一年までにおよそ一〇〇〇万人のアフリカ人が死んでいった。しかし、このテーマを直接取り上げた英語での研究文献は、二年前に一件あったきりである。

(『ホロコースト産業』三交社、一三七—八頁)

ここで言及されている「コンゴでの大虐殺」は、アーレントがわずかに言及したコンゴ自由国における現地民虐殺のことです。その規模においてホロコーストを凌駕するにも関わらず、一九世紀末から二〇世紀初頭の植民地主義時代のジェノサイドについては、ほとんど想起されることがありません。世界史のなかにもその場所を占めることのないこの一千万人の虐殺がおこなわれたのは、ほかでもない『闇の奥』の舞台なのです。

〈闇の奥〉の奥

『闇の奥』を取りあげた前回、藤永茂による訳書を参照しました。藤永はコンラッドの『闇の奥』をみずからの手で訳すほかに、コンラッドが本書を執筆した当時の時代背景を丁寧にたどった著作『「闇の奥」の奥——コンラッド・植民地主義・アフリカの重荷』(二〇〇六年)を刊行しています。『アメリカ・インディアン悲史』(一九七二年)の著者でもある藤永が『闇の奥』にこだわったのは、フィンケルスタインの先の引用箇所に出合い、コンゴにおける大量殺戮にかんするこの恐るべき記憶の欠落が「歴史の選択的な忘却」(『闇の奥』「訳者あとがき」三交社、二八三頁)

に関わる事柄であることを痛感したからにほかなりませんでした。実際、私自身がこのコンゴの大量殺戮のことを深く知ることができたのは『「闇の奥」の奥』を読んだからです。

しかし、この大虐殺は一九世紀末から二〇世紀初頭においては植民地主義を実施する西洋諸国のメディアでたしかに報道されたことであり、ある時期までは広く知られたことでした。この事件は、高校の世界史の教科書に記されている「コンゴ自由国」から「ベルギー領コンゴ」への国名変更と直接的に関わります。これは文字通り、レオポルド二世の直轄地ではなく、ベルギー政府の管轄になったことを意味するわけですが、その経緯をここで少し踏み込んで見ておきましょう。

ベルリン会議でコンゴを正式な私有地としたレオポルド二世は、一八八五年から一九〇八年までのあいだ、コンゴ自由国を舞台に象牙と天然ゴムの採取を現地民におこなわせ、巨万の富を獲得していきます。

レオポルド二世は、一八八八年、コンゴ河流域における資源の収奪を効率化させることを主たる目的に、現地の軍隊を組織しました。象牙とゴム原料の採取と運搬を現地民に無理やりおこなわせるために暴力で人々を支配することにしたわけです。この軍隊の指揮官は白人であり、そのもとでコンゴ国内やその隣接地域から黒人兵を雇いました。

この軍隊の監視のもとにコンゴ自由国内の強制労働が続けられていきます。象牙の場合は象の殺害によって主に得るわけですが（住民が有していた象牙を強引に収奪するケースもあったそうです）、天然ゴムの場合は密林で採取します。天然ゴムは当時発明されたばかりの空気入りゴムタイヤによって自転車が流行し、自動車のタイヤにも応用されるなかで需要が高まり、その国際価格が上昇していきました。

当時コンゴ河流域に暮らしていた人々は二千万人以上におよび、多数の集落に分散して暮らしていたと言います。それらの集落に軍隊組織を派遣し、子供や女性を人質にして、村の首長に命じて村人をゴム採取に従事させる。そうやってゴム採取を組織的におこなった結果、一八八八年にはゴム原料の収穫量が八〇トンであったのにたいし、一九〇一年には六千トンにまで達します。

コンゴにおける天然ゴムは密林に自生するつる性の樹木で、つるにナイフで傷をつけて出てくる樹液を容器に溜めるというのが当時おこなわれていた採取法でした。樹液を密林から運びだすさいには体に塗布をして凝固させたのち、戻ってきてから皮膚から引きはがすというやり方もとられたそうです。

コンゴ自由国における大量殺戮

コンゴでの一千万人規模の大量殺戮は、こうした軍隊を背景にした天然ゴムの強制採取の過程でおこなわれました。アーレントが分析したように、この殺戮は官僚制と人種主義の結びつきのなかで生じたというわけではありませんが、ベルギー国王が錯乱したというわけでもありません。一度たりともみずからの私有地を訪れることなく「文明化の使命」を大義に統治していたレオポルド二世に見出されるのは、アーレント的意味での文明人の野蛮化ではもちろんなく、私有地の臣民を人間とは見なさないという態度であり、現地民にたいする根本的無関心です。

この人類史上の災厄は、当時この一大事件の真相を懸命に解明しようとしたジャーナリストのエドモンド・モレル（一八七三―一九二四）によって「赤いゴムのシステム」と命名されました。ゴムは現地民の流血をともなう奴隷労働システムでもって収奪されているという意味です。モレルは一九〇〇年から無署名で「コンゴ・スキャンダル」という一連の論考を雑誌で発表し、レオポルド二世を糾弾する活動を展開し、一九〇六年には『赤いゴム――西暦一九〇六年にコンゴで繁盛するゴムの奴隷商売の話』でコンゴにおける強制奴隷労働と大量虐殺の実態を暴きます。またモレルの要請を受けてマーク・トゥエイン（一八三五―一九一〇）は『レオポルド王の独白』（一九〇五年）という舌鋒鋭い風刺的小冊子を記しました。トゥエインは『トム・ソーヤの冒険』（一八七六年）のイメージが強いですが、植民地主義を批判する知識人として健筆をふるっていました。

国際世論の風潮の形成は、今も昔も、国家間のパワーポリティクスと無関係ではありません。ですからここにはアフリカ大陸を舞台とした帝国主義列強の思惑も当然からんでいるのですが、ここではその点には立ち入りません。いわゆる人道主義的観点からレオポルド二世が国際的に批

コンゴ自由国内の手首切断写真
トゥエイン『レオポルド王の独白』(1905年)より

判されたのは、コンゴ自由国内で撮影された衝撃的な写真によるところが大きかったことを指摘するにとどめます。そこに写されていたのは、一方の手首を切断された現地民のポートレイトでした。

この手首切断の写真はイギリス人宣教師の妻が現地で撮影したものです。この宣教師夫妻が合衆国に渡っておこなった講演によってこの恐るべき写真が明るみに出ます（ちなみに持ち歩き用のコダック社のカメラが販売されたのは一八九二年で、そのコダックのカメラによってこれらの写真は一九〇〇年から一九〇二年にかけて撮影されました）。以後、コンゴで撮影された手首切断の写真は数多く公表されていきます。

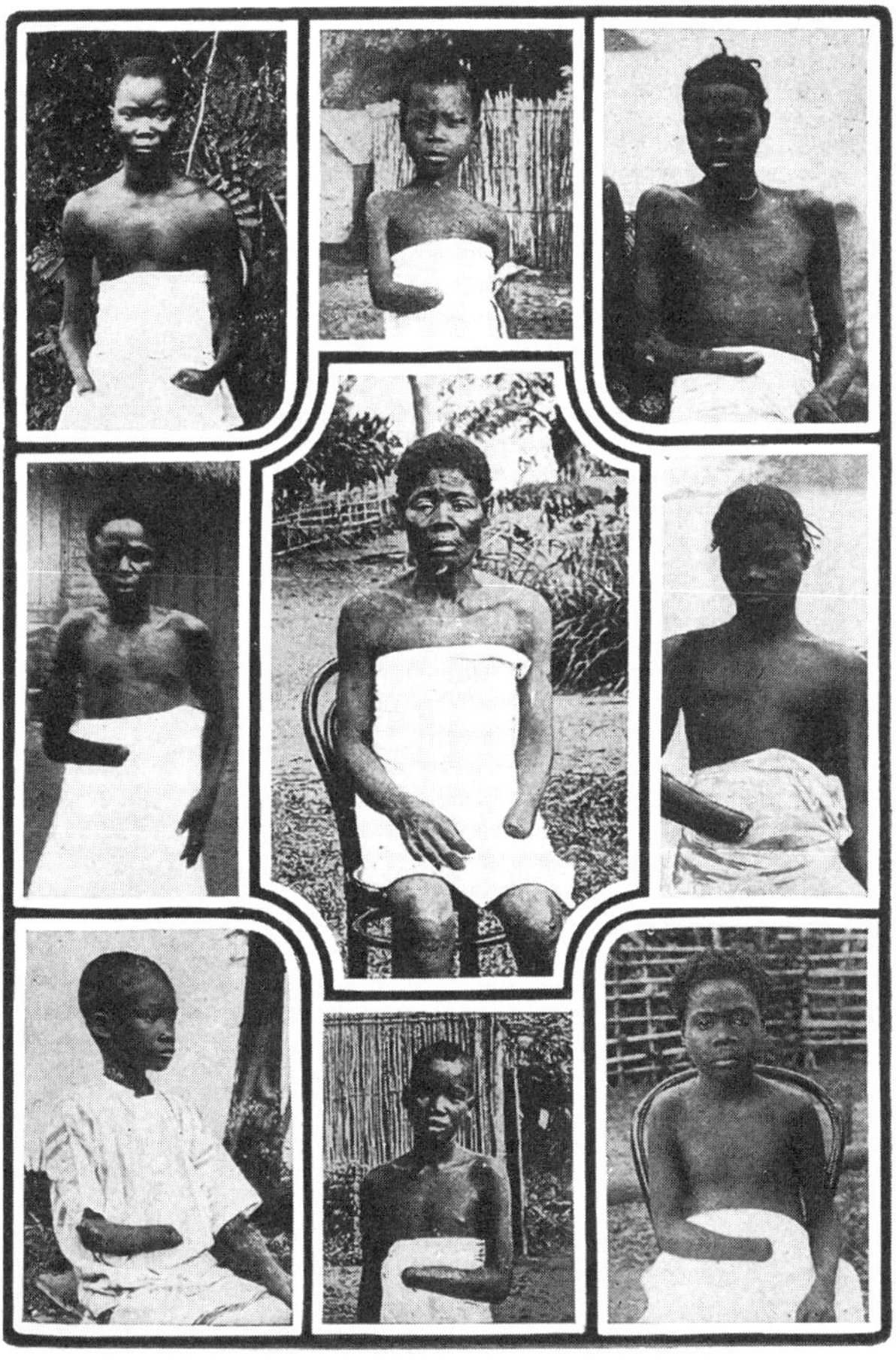

現地民の手首切断は、軍隊組織によっておこなわれました。先ほど述べたように、軍隊は白人の指揮官と黒人兵からなります。ゴム採取にたいして村民が反発する場合、殺害に使用されたのは小銃でした。軍隊に銃が流通するなかで、白人支配者側は、銃弾が黒人隊員によって横領されていることに気づき、これを防止するために考えついたのが、銃弾一個につき、殺した現地民の手首をひとつ切断して証拠として持参させる、ということだったのです。

エドモンド・モレルとともに、この実態を暴いたもうひとりの人物がイギリスの外交官としてコンゴ自由国を視察したロジャー・ケースメント（一八六四―一九一六）です。のちにアイルランド独立運動に深く関与するケースメントの報告書の一部がトゥエインの『レオポルド王の独白』で以下のように引用されています。

……ゴム徴発のため出勤する度ごとに、伍長には銃弾が支給される。彼は未使用の弾丸は持ち帰って返却しなくてはならない。そして使用した弾薬については、弾丸一発につき現地民の右手首一個を持参して提出する規則である。一人の憲兵が私に話してくれたことだが、下士官どもは時々支給の弾丸を使って狩猟をやり、野獣を撃ち殺したりすることがある。すると彼らは、弾丸の数を合わせるために、生きている現地民の手首を切りとって持ち帰るのだという。マンボゴ河地域で過去半年間に使用された銃弾の数は計六千発であるが、これはつまり、六千人の現地民が、殺されたか、ないしは手首を切断されたことを意味する。しかし実際は、六千人以上に達しているはずだ。というのは、兵士たちは銃の台尻で現地民の子供をなぐり殺すからである。

（『レオポルド王の独白』理論社、七六頁、訳文一部改変）

生きた現地民の手首の切断はこのような理由からおこなわれました。この段階で問いたいのは、この蛮行に手を染めた人間の人種的カテゴリー（黒人か白人か）よりも、こうしたことがなぜ可能となったのかということのほうです。そもそもの問題は銃ですが、銃弾の横領にたいする残忍なルールづくりが生きた人間の手首切断という蛮行を生みだしたわけでした。繰り返しますが、一千万人の死者を出したといわれるこのジェノサイドについては、レオポルド二世をコンゴ統治から撤退させるほど、当時の欧米諸国においては周知のことでした。しかしそれが人類史の記憶のなかでは深い忘却へと追いやられ、人類史上の災厄として知る機会さえありません。この選択的忘却にかんする藤永茂の次の言葉には大変な重みがあります。

アメリカの奴隷〝解放〟宣言から半世紀後、一九世紀の末から二〇世紀の初頭にかけて、人類史上最大級の大量虐殺が生起したという事実には全く否定の余地はない。

しかし、この驚くべき大量虐殺をアフリカ人以外の人間のほとんどが知らないという事実こそ、私には、もっとも異様なことに思われる。この惨劇からわずか四〇年後に生起したユダヤ人大虐殺ならば世界の誰もが知っている。ユダヤ人の受難に比べて、コンゴ人の受難がほぼ完全に忘却の淵に沈んでしまった理由を、今こそ私たちは問わなければならない。

（『「闇の奥」の奥』八一—二頁）

植民地経営を正当化する〈野蛮の言説〉

ここまでは〈闇の奥〉の奥に秘されたコンゴ自由国におけるジェノサイドについて、藤永茂の仕事を導きにたどってきました。コンゴの事例は、その過酷な奴隷制システムと虐殺の規模において突出していますが、レオポルド二世の統治が他国の植民地経営と比べた場合に比較不能なほど残忍だったかと問われれば、そうではないと答えておきます。アフリカにおける植民地経営は各国によって異なりますが、暴力による支配、現地民の労働による資源の搾取という点では同じであり、そのことを正当化する言説もまた同様です。

レオポルド二世が野蛮人や未開人の教化を名目にアフリカ進出をおこなったことを想起しましょう。植民地支配正当化のイデオロギーであるところの「文明化の使命」はフランスの第三共和政期に用いられました。この点はルナンの言説でも確認したところですが、もっとも有名であるのは第三共和政期に二度首相を務めて積極的な植民地拡張論を展開したジュール・フェリー

（一八三二―九三）が、一八八五年七月二八日の国民議会で述べた演説です。以下は植民地主義批判の文脈でよく引かれる発言です（以下私訳）。

はっきりと申し上げなくてはなりませんが、もちろん優等な人種は劣等な人種にたいする権利をもっているのです［…］なぜならば、優等人種には義務があるからです。優等人種には劣等人種を文明化する義務があるのです。

ここに明確に見出されるのは社会進化論の発想であり、私たちのこれまでの議論を踏まえてあえて言えば、進化論の発想そのものです。確認しておきたいのは、文明と野蛮の構図に「人種」の進化という観点が科学的に加わることにより成り立つ言説が、植民地支配を正当化する〈野蛮の言説〉だったということです。

イギリスとアメリカにおける〈野蛮の言説〉は「白人の重荷」という標語で知られます。前回触れたように、これはキプリングの詩に由来します。キプリングはイギリス植民地時代のインドで、イギリスからの入植者（父は教師としてボンベイに赴任）の家庭に生まれた作家で、日本では『ジャングル・ブック』（一八九四年）の作者として知られていますが、植民地主義を肯定する思想を展開した人物です。「白人の重荷」は、一八九九年に始まったアメリカ合衆国と独立フィリピンとの戦争（米比戦争）のさいに合衆国側を鼓舞する目的で書かれた詩のタイトルです。「白人の重荷」の最初の一節を、藤永茂訳にて紹介しておきましょう。

白人の重荷を背負って立て——
君たちが育てた最良の子弟を送り出せ——
君たちが捕らえた者どもの必要に奉仕するため
君たちの子弟を異国の彼方に向かわしめよ
乱れさざめく野蛮な民どもの世話をするのだ
君たちが新しく捕らえた、仏頂面の
なかば悪魔、なかば子供のような民どもの。

（『「闇の奥」の奥』一七六頁）

ようするに、白人には「子供」のような「悪魔」のような「野蛮な民」（原詩では形容詞"wild"が使用されています）を征服し、世話をする責務がある、とキプリングは言うのです。これが「白人の重荷」の内実です。

アメリカ合衆国が西部開拓、すなわち西部の植民地化と先住民の虐殺をおこなうさいに用いた「明白な天命」（Manifest Destiny）という標語もまた、文明をもたらすのはイギリスから入植した自分たち白人種であり、白人種であるわれわれはその使命を神から授かったのである、とする優越思想を要約したものです。この語は一八九〇年の「フロンティア」消滅、すなわち先住民の「掃討」後も生き延び、対外的な植民地獲得戦争の根拠として用いられるようになります。「明白な天命」は進化論的な発想よりもそれ以前の聖書的世界観に親和的であり、その点で「文明化の使命」とはその論拠を異にするものの、いずれも他者を非文明的な〈野蛮人〉や〈未開人〉と表象してきた一九世紀後半から二〇世紀初頭の〈野蛮の言説〉だという事実には変わりありません。西洋人はこの他者表象のもとで圧倒的な武力差による支配と殺戮を正当化してきたわけです。

ドイツ植民地とナチズム

こうした〈野蛮の言説〉に正当化される植民地支配のうちでヨーロッパからの入植者は現地民を同じ人間とは見なさず、奴隷のように扱っていきます。これまでに見てきたように、「新大陸」の征服以来、ヨーロッパ人は戦争と「平定」の局面で、他者を野蛮人や未開人と繰り返し表象してきたわけですが、西洋の言説においては一八世紀以降、この他者表象は〈人種化〉し、進化論の登場をもって〈人種〉の優劣が「科学的」に測られるようになります。その言説でもって「未開」なる他者、この場合はとくにサブサハラに暮らす諸民族を武力と思想でもって従属させてきたのです。

ここにはナチズムの言説の萌芽がそこかしこに見出せます。〈野蛮の言説〉をたどる私たちにとって避けがたいナチズムの言説を考えるべく、ここで触れておきたいのが、帝国時代（一八七一―一九一八）のドイツによるアフリカの植民地開拓です。

ベルリン会議以降、ドイツはおよそ三〇年間にわたってアフリカに植民地を有してきました。西南アフリカ、トーゴ、カメルーン、東アフリカがそうです。しかしながら第一次世界大戦での敗北により、ドイツは植民地を喪失します。アフリカにおけるドイツ領のイメージが一般に湧かないのはそのためです。

今回の冒頭に再度引いたアーレントの記述のうちに「ドイツ領東アフリカでのカール・ペータースによる凄まじい殺人」とありました。カール・ペータース（一八五六―一九一八）は、一八八四年にドイツ植民協会を結成した探検家・植民地建設者です。東アフリカでスタンリーのようなやり方で現地民と契約を交わしてドイツ植民地の既成事実を積み上げていきました。ペータースが初代総督を務めたドイツ領東アフリカ（現在のルワンダ、ブルンジ、タンザニアに相当）では、その強硬的な支配拡大に抗して数々の蜂起が起きますが、それらはすべて鎮圧されます。ペータースは統治下において現地民にたいして横暴に振舞い、数々の虐殺行為をおこなったかどで、本国の議会でも問題視され、ついに帰国を命じられます。

のちにヒトラーによって英雄視されるペータースの次の言葉がアーレント『全体主義の起原』第二巻には引かれています。「わたしは賤民（パーリア）の一人と見なされることにうんざりして、支配民族（ヘレンフォルク）の一員になろうとしたのだ」（みすず書房、一二七頁）。アーレントはペータースの言動に『闇の奥』におけるクルツ氏を重ねあわせ、さらにはヒトラーのような大衆指導者の原型を読みとっているわけですが、たしかにヨーロッパ人としての人種的優越意識がアフリカにおける植民地統治のあいだによりいっそう強まり、アフリカ人の殺戮を可能にした、と推測できます。

「生存圏」構想

ナチズムを特徴づける思想のひとつに「生存圏（レーベンスラウム）」があります。「生存圏」とは、国家が生存するために必要な領土のことを指します（なおこの場合の「国家」とはその国家に帰属する人々にたいして生殺与奪の権利をもつ政治組織体です）。この概念の提唱者は、地理学者・動物学者のフリードリッヒ・ラッツェル（一八四四—一九〇四）で、環境がそこに住む人々や国家の存立と発展に重要な作用をおよぼすとする、政治地理学や地政学の先駆者と見なされています。進化論の影響下にあるラッツェルは、国家を有機体のように捉え、『政治地理学』（一八九七年）のなかで次のように述べます。「国家はあらゆる生命と同様の影響を受ける。人々の陸地拡張の基盤が、国家の拡張を左右するのだ。［…］国境は、一種の有機的かつ無機的運動の表れ以外の何ものでもないのだ」（同書フランス語版からの私訳）。このように植民地拡張論に親和的な思想を展開したラッツェルが作り出した概念こそ生存圏であり、一九〇一年発表の同名の論文「生存圏（レーベンスラウム）――生態地理学研究」で初めて用いたことで知られています。ここでは『地理学史誌』（*Journal of Historical Geography*）六一号（二〇一八年、五九―八〇頁）に掲載された英訳を参照して簡単に見ておきます。〈野蛮の言説〉の視点から興味深いのは、ラッツェルの研究が、ダーウィン同様ナチュラリストの系譜にも属しているということです。それゆえラッツェルが構想する地理学は、人間のみならず動物の観察・研究にも基づいています。この地球には自然環境が与える地理的条件において多様な生物と人間が住んでおり、人種と動物種によってそれぞれが生活する空間（生存圏）があるとラッツェルは述べます。生存圏とは当初においては、人間に限られない地球上の生物の集団的生活の圏域を指す意味で用いられます。

この論文で興味深いのは、ラッツェルが生物の移住／移動（英訳ではmigration）について述べているくだりです。移住を入植と開拓に結びつけるラッツェルは、この意味での移住を、生存圏の拡張だと述べます。本論で語られるのはあくまで太古の時代の移動と生存圏の話です。しかし、ここで述べられる「ひとつの民族、ひとつの人種、ひとつの種は入植［移植］をつうじてのみ移住することができる」（同論文、六六頁）という文言を、同時代の状況を踏まえてみるとき、ドイツ人のアフリカへの入植を念頭においているのは明らかではないでしょうか。

西南アフリカにおける生存圏思想とジェノサイド

ドイツ植民地領内で最大の入植者数を誇ったのは西南アフリカの領土（現在のナミビアに相当）でした。以下、栗原久定『ドイツ植民地研究──西南アフリカ・トーゴ・カメルーン・東アフリカ・太平洋・膠州湾』（二〇一八年）にそくして解説します。

ドイツ帝国の領土に組み込まれるのは一八八四年、すなわちベルリン会議の年であり、入植者が増えるのは一八九〇年代後半です。西南アフリカの植民地化の過程では、当然ながら現地民からの抵抗に遭うものの、圧倒的な力の差でもって蜂起を「平定」していきました。この地域にはナマ族とヘレロ族が生活しており、両民族は敵対関係にありました。民族間の対立を利用して植民地化を図るのはこの時代のヨーロッパ列強の常套手段であり、同様にこの民族対立を利用してドイツは領土を開拓していきます。ドイツ側の狙いはこの両民族の土地と財産を収奪し、ドイツ人のための植民地を建設することでした。戦争はその格好の機会であったわけです。

まずはヘレロ側が大規模な蜂起を起こしました。本国から援軍を得たドイツ側は、植民地における蜂起への対処法として、徹底した掃討作戦を辞さず、ヘレロの人々を「絶滅」させる計画を実施しました。その絶滅政策は、カラハリ砂漠に追いやって餓死させる、というものでした。

その後に続くナマ族の蜂起では、ドイツ側は地の利を活かしたナマの人々のゲリラ戦に苦戦した結果、ヘレロ族にとった絶滅政策を断念し、強制収容所設置の政策へと切り替えます。強制収容所では、植民地統治機関、軍、企業のための強制労働が課せられ、抵抗する住民を収容所送りにしていきます。結局、ナマ族もまたイギリスの支援を得たドイツに屈服します。この戦争の結果、ヘレロ族は人口の八割（八万人のうち六万人）、ナマ族は人口の半数（二万人のうち一万人）を失ったと言います。この惨劇は、現在では「ヘレロ・ナマの虐殺」（一九〇四―八年）と呼ばれ、二〇世紀最初のジェノサイドだと見なされています。

この虐殺の生き残りにたいしてとられた政策が隔離政策です。戦争によって財産と土地を奪われた人々は居留地に強制的に移住させられ、半ば奴隷状態の低賃金労働を強いられることになります。この居留地政策が、その後、南アフリカの悪名高いアパルトヘイト（人種隔離）政策の支柱である、黒人の居留地を指定して住まわせるというホームランド政策に受け継がれていくのです。この植民地統治の過程で確立されていったのがドイツ人入植者を支配階級とする人種主義体制であり、ドイツ民族の移住と開拓を正当化する思想としての生存圏でした。

このようにナチズムにおけるジェノサイドや強制収容所、人種隔離といった政策はすでにドイツ帝国時代の植民地統治に見出せるのであり、また、コンゴ自由国内のジェノサイドに見たように、ヨーロッパによる蛮行はナチズム以前から繰り返されてきたのです。

＊

今回の前半部で取りあげたレオポルド二世統治下のコンゴ自由国内のジェノサイドについては、ここで主に参照した**藤永茂**『「**闇の奥**」**の奥――コンラッド・植民地主義・アフリカの重荷**』を改めて挙げておきます。フィンケルスタインが言及していたコンゴにおける大虐殺にかんする研究書は、合衆国の作家**アダム・ホックシールド**の『**レオポルド王の亡霊**』（*King Leopold's Ghost,* 1998）のことで、ベストセラーとなって歴史賞も受賞した重要作です。

ドイツの植民地については、「西南アフリカにおける生存圏思想とジェノサイド」の項目で掲げた**栗原久定**『**ドイツ植民地研究――西南アフリカ・トーゴ・カメルーン・東アフリカ・太平洋・膠州湾**』をお薦めします。同書は初めての本格的なドイツ植民地の概説書で、図版も多く、資料的価値の高い労作です。

ラッツェルについては、その主要業績が**フリードリッヒ・ラッツェル**『**人類地理学**』（古今書院、二〇〇六年）として日本語で刊行されています。Ａ４判型で六〇〇頁もあり、図書館で借りる類

ドイツ側の捕虜となったヘレロの人々（1904年撮影）

の大著ですが、これが日本語で読めるというのは大変貴重なことです。

それぞれの民族別に居住地を割り当てるという南アフリカの悪名高い隔離政策であるホームランド政策については、これと戦ったネルソン・マンデラの『自由への容易な道はない――マンデラ初期政治論集』（青土社、二〇一四年）を参考書に挙げておきます。

第一一講 ナチズムの論理と実践

ナチズムという転換点

『闇の奥』を取りあげた第九講以降、私たちはナチズムを意識しながら〈野蛮の言説〉の展開をたどってきました。アフリカ分割以降の植民地支配のなかで西洋では「文明化の使命」や「白人の重荷」の標語のもとで他者を劣等人種、教化すべき子供、未開人として表象し、支配を正当化してきました。そして、この他者の矮小化をつうじて虐殺をおこなってきたのです。ナチズムもまた、ヨーロッパ内にユダヤ人という〈内なる他者〉を見出し、ユダヤ人やロマ（他称では「ジプシー」）といった他者を人種主義的な言説のもとで排除し、最終的にはその存在の抹殺にまで突き進みました。文明と野蛮の構図のもと、他者を〈野蛮〉と表象し、他者から人間性を剝奪するその言説の効力は、「新大陸」のインディオ虐殺からユダヤ人ジェノサイドまで変わりませんし、ナチズムの言説がこれまでの〈野蛮の言説〉の素地のうえに成り立っていることはこれから見ていくとおりです。

しかし、西洋を主体とする歴史において、ナチズムが〈野蛮の言説〉に大きな転換をもたらすことも見逃すわけにはいきません。第二次世界大戦後の西洋の言説は、おおまかに二つの方向性をとります。ひとつは、自分たちを文明国の言説とし、ナチズムとそれに由来する言説を〈野蛮〉と表象し、封印していく方向です。言ってみれば、ナチズムを異常なもの、例外的なものとして分離して、悪魔祓いするのです。これが二〇世紀の西洋の言説の主流であり、この論理のなかでは、文明と野蛮の構図は依然として維持され続け、ナチズムは戦争犯罪を引き起こした野蛮な言説と実践だと糾弾されます。

他方、ナチズムがなぜ起きたのかを西洋の歴史に照らして自覚的に考えようとする動向も生まれます。この議論で問われるのは、文明化＝啓蒙とナチズムの発生が実は切り離すことができないのではないか、ということです。このとき、西洋の〈野蛮の言説〉が前提としてきた文明と野蛮の構図が崩れる、つまりは文明から野蛮が生じる、あるいは文明は野蛮へと退行しうるという、倒錯した事態のように捉えられます。これが本講の最後に触れるホルクハイマーとアドルノの『啓蒙の弁証法』の議論の核心にあるものだと考えられます。

本来であれば第一次大戦から両大戦間期（第二次世界大戦が勃発するまでの一九二〇〜三〇年代）の〈野蛮の言説〉を時系列的にたどりたいところですが、紙幅の都合上、ナチズムの言説にまでここで一挙に飛躍させてください。第一次大戦・両大戦間期については、ナチズムの言説の背景を説明するにあたり振り返るにとどめます。

ナチ・ドイツ時代と〈戦後精神〉

ナチ・ドイツ時代とは一般にアドルフ・ヒトラー（一八八九―一九四五）が首相となった一九三三年一月から、第二次世界大戦でドイツが敗北した一九四五年五月までの一二年間を指します。二〇世紀後半の世界秩序は、この第二次世界大戦の帰結と戦後処理を受けたものであり、とくにナチ党の戦争犯罪を裁く、ニュルンベルクで開催された国際裁判（一九四五年一一月〜一九四六年一〇月）の判決は、国連を中心とする国際社会の秩序形成に大きな役割を果たしました。今日私たちがとりわけ〈アウシュヴィッツ〉の固有名のもとに知っているユダヤ人大量虐殺が明るみに出たのも、ニュルンベルク裁判の過程においてでした。なお、ジェノサイドの語が法的実効性を有するようになったのはこの裁判からだとされます（添谷育志「大量虐殺の語源学――あるいは「命名の政治学」」二〇一一年、四七頁）。

ニュルンベルク裁判は、『遺伝管理社会――ナチスと近未来』（一九八九年）の著者、米本昌平の言葉を借りれば、「ナチズムを完全に埋葬しなくては人類は危ういとする戦後精神」の発現の場でした（同書、一七九頁）。ナチズムは〈悪〉であり、これを徹底的に批判するという〈戦後精神〉の核は、たとえば、ニュルンベルク裁判におけるアメリカ合衆国のロバート・ジャクソン首席検事の最終弁論（一九四六年七月二六日）に見られるといいます。以下、『遺伝管理社会』（弘文堂）より引用します。

一般に、現代は文明の頂点に立つものと考えられ、その点からすれば、前近代の欠点などは、現在のいわゆる「進歩」に照らして、これを好意的にみることすらできるとされている。しかし事実はこれと異なり、歴史の長い眼からすれば、現世紀は、その後半が前半を償わないかぎり、賞賛すべき地位を占めることができそうにもないのである。……半世紀の間にこのような大規模の殺人、民衆の大量追放と奴隷化、少数民族の虐殺などが行われた例は、他に見られない。かの恐るべきトルケマーダ（十五世紀の宗教裁判所長）さえも、ナチスの異端審問からすれば顔色ない有様である。これらの行為は、万物を凌駕する歴史的事実であり、この十年は今後幾世代にわたり記憶に留められるだろう。もしわれわれが、これらの野蛮な出来事の根源を除き、この再発を防止できないとすれば、この二十世紀が文明の終末をもたらすものであると言っても、無責任な予言とはならないのである。

（同書、一七九―一八〇頁〔『ニュルンベルク裁判記録』時事通信社、一九四七年、二五一頁〕）

〈野蛮の言説〉論から見た場合、この引用文には注意すべき前提があります。「現代は文明の頂点」というのは西洋諸国を念頭においており、西洋諸国は「進歩」の頂点にあるという暗黙の前提です。そのうえで、ナチの行為を、これまでの西洋の歴史のなかで比較不能な「野蛮な出来事」だと規定します。この発言のレトリックに着目すると、ナチとは、文明の退行であり、文明を破壊するものだと捉えられていることがわかります。それゆえ〈戦後精神〉は、ナチズムの戦争犯罪への反省に立ち、ジェノサイドを犯罪とする「ジェノサイド条約」（一九四八年）が国連で採択され、ユダヤ人虐殺の根拠となった人種主義の言説を非科学的で無根拠だとする理由で斥ける「人種に関するユネスコ声明」（一九五〇年）がパリのユネスコ本部で採択されます。このようにユダヤ人ジェノサイドを導いた言説は、以後、「文明」的ではない言説として、悪魔祓いされていくのです。

このように〈戦後精神〉とはナチズムに〈野蛮〉の烙印を押すことで、これに連なる言説の系譜を徹底的に批判し、科学的言説の効果を無効化します。ヒトラーの著述をつうじてのちに見るとおり、ナチズムの言説とは、一八世紀から一九世紀にかけての人種をめぐる科学的言説を基盤としています。とくにその直接的影響は、いわゆる社会ダーウィニズムに求められます。こうして社会ダーウィニズムにまつわる言説はナチに連なる無根拠にして害悪な「似非科学」だと断罪され、忘却されていくのです。

すでに見てきたように、〈野蛮の言説〉をたどる私たちは、ナチズムを〈野蛮〉だと否定して済ますわけにいきません。むしろ社会ダーウィニズムからナチズムに至る言説を「似非科学」だとして切り捨てるその〈戦後精神〉あるいは西洋の啓蒙の言説こそが、文明と野蛮の構図のなかで発想される、オーソドックスな〈野蛮の言説〉である、と言えば言い過ぎでしょうか。私たちのとるべき立場は、ナチズムの言説をヨーロッパの土壌から十分な知的養分を得て形成された怪物的な言説だと捉え直すというものです。そのためにも、ヒトラー唯一の著作『わが闘争』と向き合う必要があります。

『わが闘争』

全二巻からなる『わが闘争』は、ナチ党が政権をとる以前の一九二五年にその上巻が刊行されました。ドイツ民族の自決と反ユダヤを標榜するナチ党が結成されるのが一九二〇年であり、ヒトラーがその党首となるのは二一年です。第一次世界大戦で敗北を喫したドイツは、ヴェルサイユ講和条約によって植民地を失い、賠償金の支払いが戦争責任として命じられます。第一次世界大戦後にヴァイマル共和国として再出発したドイツでは、経済活動が麻痺し、空前のインフレが起こり、マルクは一ドル＝四兆二千億マルクまで下落します。ヴェルサイユ講和条約によって失われた「強いドイツ」の回復を目指すナチ党は、こうした国内の不満を背景に躍進します。議会制民主主義を否定する党首ヒトラーは、一九二三年、実力行使でクーデターによる政権転覆

(ミュンヘン一揆)を図るもののすぐに鎮圧され、逮捕・禁固刑に処せられます。『わが闘争』の上巻は、ランツベルク刑務所に収監されていた時期に執筆されました。

ヒトラーの生涯を軸にナチ党の活動と主張を多角的に概説した石田勇治『ヒトラーとナチ・ドイツ』(二〇一五年)によれば、『わが闘争』というタイトルは出版社からの提案によるもので、もともとは「嘘と愚鈍と臆病に対する四年半の戦い」という表題でヒトラーは出版を希望したといいます。下巻が出版されるのは一九二七年です。クーデターの失敗から政治戦略を変え、議会政治に党員を送り込む方針をとることにしたヒトラーとナチ党にとって、『わが闘争』はナチ運動を広範に広めていくための重要な典拠であり、運動内で「聖典」と価値づけられるようになります。

ヒトラーの言葉を直接引用する前に、かれの政治思想の特徴を『ヒトラーとナチ・ドイツ』を参考に紹介します。ここでは次の五点を挙げておきます。

(一) 社会ダーウィニズムを背景とする弱肉強食の思想
(二) アーリア人種至上主義と混血の忌避
(三) 議会主義の否定と指導者主導による政治決定
(四) 一体的な民族共同体の創出

（五）民族共同体の敵としてのマルクス主義とユダヤ人

ヒトラーの考えにはオリジナリティがない、とよく言われます。「演説の天才」と一般に評される一方、ヒトラーの著述自体は粗雑であり、独学で得たさまざまな思想を我流に解釈したものだと評されます。こうした学術的評価はきわめて正当です。しかし、逆説的ですが、ヒトラーの政治思想をこのように評価する言説のなかで見失われてしまったものこそ、〈野蛮の言説〉論では考えなくてはなりません。重要であるのは、西洋における他者蔑視の表象である〈野蛮の言説〉をヒトラー個人に還元せず、西洋植民地主義の明白な帰結のうちにヒトラーの思想をも位置付けることです。そのことを確認すべく、飽くことなくエメ・セゼールの『植民地主義論』（一九五五年）の次の言葉を引用しておきます。「ヒトラーか？　ローゼンベルクか？　いや、ルナンだ」。

ヒトラーの民族＝人種理論

先に見たように『わが闘争 上――Ｉ 民族主義的世界観』（一九二五年）はクーデター失敗後の獄中時代に書かれました。上巻では、自身の半生を振り返りながら、ヒトラーがいかなる自己形成を遂げたのかを雄弁に語り、その後、自身の思想と信条に基づいた各論が続きます。『わが闘争下――II 国家社会主義運動』（一九二七年）では、ナチ党の具体的な闘争をめぐる自己証言を織り交ぜながら、自身の政治思想を展開しています。

ヒトラーの思想原理は、みずからを民族主義者だと規定している点にあります。次の一文は、ヒトラーの考えの核心に当たると言えます。

われわれが闘争すべき目的は、わが人種、わが民族の存立と増殖の確保、民族の子らの扶養、血の純血の維持、祖国の自由と独立であり、またわが民族が万物の創造主から委託された使命を達成するまで、生育することができることを目的としている。

（『わが闘争 上』角川文庫、二七八頁）

まずここで述べられている民族概念は、ヒトラーにおいては人種概念に合致するものであり、それゆえ「血の純潔の維持」が掲げられます。また民族＝人種の「存立と増殖の確保」は「生存圏」の思想と結びつくものです。興味深いのは、ヒトラーがこの「闘争」を「万物の創造主から委託された使命」としている点です。これは聖書的世界観によって成り立つアメリカ合衆国の「明白な天命」を彷彿とさせます。「闘争」の論拠になるものであればなんでも使う実用主義的発想がここに見られるかもしれません。

ヒトラーの思想は、いま引用したばかりのことを具体的に展開することによって成り立っています。まず確認したいのは、ヒトラーの民族＝人種理論です。その名も「民族と人種」と題された上巻の一章を、ヒトラーは我流の進化論的説明から始めます。ヒトラーによれば、おおかみはおおかみ、ねずみはねずみといったように、自然界においては動物の品種がそのまま品種として保存されるのが通常であり、異なる生物における交配は異常であるとします。この論理を人種間の混血に適用し、混血は、優等な人種と、劣等な人種とのあいだでなされる場合、優等な人種の能力を劣化させる、とします。この混血退化論は、第六講で確認したゴビノーの思想を受け継ぐものです。

さらにヒトラーの民族＝人種理論の強固な背骨をなすのは、社会進化論です。その発想は混血の問題を指摘する次の言葉にたとえば見出せます。「このような結合は、だが、生命そのものをより高度なものに進化させていこうとする自然の意志に反する」（同書、三七〇頁）。論理的に考えれば、ヒトラーの言う「自然」とは、ダーウィンの『種の起源』を取りあげた第七講で見たように、〈神〉としての「自然」となるでしょう（ヒトラーの世界観を最終的に支えるのは〈神〉にほかなりません）。それはともかく生命が高次に進化するという考えは、第八講で確認したとおり、ダーウィンが『人間の由来』で採用したものであり、進化論と社会進化論は本来切り離すことができないものです。社会進化論が一九世紀後半以降、西洋人優位の史観を「客観的」に証明する

1941年12月11日、
アメリカ合衆国への宣戦布告をするヒトラー

ものであったことを繰り返し強調しておきましょう。
ヒトラーの言説の特徴は、アーリア主義の先行者ゴビノーに倣い、優等人種と分類される「白人」のうち「アーリア人種」が本質的にして遺伝的に優等だと断じたことにも見てとれます。

われわれが今日、人類文化について、つまり芸術、科学および技術の成果について目の前に見出すものは、ほとんど、もっぱらアーリア人種の創造的所産である。だが外ならぬこの事実は、アーリア人種だけがそもそもより高度の人間性の創始者であり、それゆえ、われわれが「人間」という言葉で理解しているものの原型をつくり出したという、無根拠とはいえぬ帰納的推理を許すのである。

（同書、三七七頁）

象徴的にはニュルンベルク裁判以降、ここで表明されるアーリア人種至上主義は「妄言」であり「誇大妄想」だと一蹴され

てきました。ところが〈野蛮の言説〉をたどる私たちには、「アーリア人種」を「白人種」と置き換えるだけで、ここで表明される見解が、一八世紀以来、西洋による他者表象の文脈で繰り返されてきた、典型的言説の一類型にすぎないことがわかります。

ユダヤ人殲滅論

ヒトラーのアーリア人種至上主義は反ユダヤ主義と表裏一体です。いや、反ユダヤ主義という言葉では弱すぎます。アーリア人の純血を守るためにはユダヤ人と共存することは不可能だという信念が、一九二五年の著述『わが闘争 上』の段階で記されています（なおここで参照している角川文庫の訳書は一九三六年版に基づいていますが、訳者によれば初版と内容の異同はほとんどないとのことです）。「ユダヤ人問題」を扱った「民族と人種」の後半を見てみます。

「ユダヤ人」はそもそもは宗教的な共同体の属性だったはずですが、ヒトラーは意図的にユダヤ人を「人種」に仕立て上げます。いわく「ユダヤ人は、つねに一定の人種的特性をそなえた民族だったのであり、けっして宗教だったのではない」（『わが闘争 上』三九八頁）。そのうえで、ユダヤ人を「ドイツ国民のゲルマン国家」の内なる〈敵〉と見なし、この〈敵〉であるユダヤ人の「害悪」を並べ立てます。この「害悪」にはマルクス主義もふくまれ、マルクス主義を広めているのはユダヤ人だと言います。

ヒトラーによれば、ユダヤ人はそもそも文化を有したことがなく、その知的営為はアーリア人が形成した文化に「寄生」する仕方で「見せかけの文化」を作っているにすぎない、とされます。つまり、ユダヤ人を「人種」としてカテゴライズしたうえで、可能な限り貶めるのです。今日の言葉でいえば「ヘイトスピーチ」以外の何物でもないユダヤ人批判において、もっとも強烈なのは「寄生虫」の喩えです。

かれらは典型的な寄生虫であり続ける。つまり悪性なバチルスと同じように、好ましい母体が引き寄せられさえすればますます広がってゆく寄生動物なのである。そしてかれらの生存の影響もまた寄生動物のそれと似ている。かれらが現われるところでは、遅かれ早かれ母体民族は死滅するのだ。（同書、三九六頁）

この論理の恐るべきところは、ユダヤ人に「生存圏」を認めない点です。はっきりとは書かれていませんが、上記の記述は、ユダヤ人が「遊牧民」でないことを理由にしています。ヒトラーによれば、アーリア人は当初は遊牧民だったが、やがて農耕民になりました。農耕民は遊牧民よりも「進化」しているが、遊牧民にも生存圏（生活圏）があるとヒトラーは認めます。そして、アーリア人が遊牧民から農耕民になったことを想起させる事例に挙げるのが、北米大陸への入植と「フロンティア」の開拓です。ヒトラーによれば、アーリア人は遊牧民的に土地を移住しながら、入植・開拓する、つまり農耕化し、生存圏を拡張したのです。この世界でもっとも優れた人種であるアーリア人がみずからの生存圏を拡張するのは当然とされる一方、先住民には生存圏は認められません。同じく「寄生虫」とされるユダヤ人も遊牧民でない以上、生存圏はないのです。

ユダヤ人排除の論理を成り立たせているのは、ユダヤ人を野蛮な存在とする論理です。アーリア人は高度な文明人であるが、ユダヤ人はその高度な文明人に寄生する偽の文明人であるとするものです。ここには「文明化の使命」のように「未開人」を文明化させるというような「大義」すらもはや見出せません。その点では、むしろ一六世紀スペインにおけるインディオの先天的奴隷説のような議論のほうが親和性があるでしょう。いずれにしても、同列の人間とは絶対に見なさず、極端な劣位に置くという言説の質においては変わらない点は確認できます。

「黒い恥辱」と生存圏＝領土拡張論

ヒトラーが主張する混血退化論と純血主義がドイツ国内で支持を得た要因のひとつに「黒い恥辱」と呼ばれる事態があると言われます。ドイツの西側の国境付近にはライン河が流れており、この一帯をラインラントと呼びます。フランスと領土争いをたびたびおこなってきた地域ですが、一九世紀にはドイツの工業地帯として発展してきました。第一次世界大戦終結後、ヴェルサイユ講和条約により、ラインラントは非武装地帯とされ、連合国の占領下に置かれます。そのさい、ラインラントに進駐したフランス軍のなかには、第一次大戦で前線に派兵されていた「セネガル兵」もいました。一九一九年、フランス領西アフリカ出身の黒人兵は約一万人におよび、兵役に就きます。なおラインラント進駐フランス軍の総数は、一九一九年には約二〇万人、翌二〇年には八万五千人ほどだったと言います（渡辺公三『司法的同一性の誕生』二二四頁）。

戦勝国の兵士として「黒人」がライン河一帯に駐留することは、「白人」を頂点とする西洋の人種主義的価値観においては受け入れがたいことでした。一九二〇年四月、イギリスの左派系新聞『デイリー・ヘラルド』は、ラインラントの黒人兵がドイツ人女性をレイプしている、という扇情的な記事を掲載します。これが「黒い恥辱」と呼ばれる事態であり、黒人との「混血児」が生まれることへの過敏な恐れをドイツ国民に引き起こしたと言われます。

実はこの件を国際的に「問題化」し、「黒い恥辱」キャンペーンをおこなう記事を執筆したのは、エドモンド・モレルでした。第一〇講でコンゴ自由国内のジェノサイドを暴いた、あの「人道主義者」のモレルです。モレルは黒人兵を進駐させたフランスの外交政策を批判し、記事のなかで黒人を「原始的なアフリカの野蛮人」と呼び、ラインラント一帯に「信じがたい恐怖」を撒き散らしていると書き立てます。「野蛮人」である黒人が文明人の白人女性を犯しており、そのような文明地域の野蛮化を推進するフランスの政策それ自体が「野蛮」だ、と批判するのです。

ここからはっきりと読み取れるのは、モレルもまた文明と野蛮の構図のうちで黒人を「野蛮人」だと捉え続けてきた、ということです。

この「黒い恥辱」を念頭に置きながら、ヒトラーは『わが闘争』下巻で次のように述べます。

> フランスではますます大規模に巨大な自国内の有色人種現員から軍隊が補充されるだけでなく、人種的にもフランスの黒人化は非常に急速に増進し、そのため実際はヨーロッパの大地の上にアフリカ的国家が成立したと語りうるほどである。[…]今日のやり方でフランスの発展がもう三百年も継続されると仮定すれば、最後のフランス民族の血の残余も形成されつつあるヨーロッパ・アフリカ白黒混血国家の中で滅亡するに違いない。絶えざる混血によってゆっくり形成されつつある

LATE LONDON EDITION

DAILY HERALD

No. 1,313 (No. 320—New Series) LONDON, SATURDAY, APRIL 10, 1920. ONE PENNY

BLACK SCOURGE IN EUROPE

Sexual Horror Let Loose by France on the Rhine

DISAPPEARANCE OF YOUNG GERMAN GIRLS

The article we publish below from the pen of Mr. E. D. Morel is a revelation so horrible that only the strongest sense that it is our duty to let the British public know what is being done would induce us to publish it.

Particularly, we want to guard against the assumption that we are acquiescing in the policy of raising hostility between Great Britain and France. The French *people* are innocent.

Still more strictly would we guard against the idea that we are encouraging colour prejudice. But for the very reason that we champion the rights of the African native in his own home, we deplore that he should be used as a mere instrument of revenge by an imperialist Power.

A DELIBERATE POLICY

By E. D. Morel.

FRENCH TROOPS RUSHED UP

Reinforcements Sent to Frankfort

TANKS MOVING EAST

BRITISH NOTE FIRM

"WHEELS IN THE AIR"

How Dogs Caused Fatal Bus Smash

TRIPLE ALLIANCE

BIG RAIL WAG[E] DEMAND

Discussed by Centra[l] Wages Board

£17,000,000 CLAIM

低級な人種で満ち満ちた、ラインからコンゴに至る巨大で密集的な定住地域が成立するのだ。

(『わが闘争 下』角川文庫、三四四―三四五頁)

ヒトラーからすれば、フランスは植民地政策のせいで人種の混交による退化をみずから招き、自滅するというわけです。

ヒトラーが「黒い恥辱」に間接的に言及するくだりは、『わが闘争』下巻の「東方路線か東方政策か」というナチの外交政策を展開する章です。ヒトラーはこう記しています。

民族主義的国家の外交政策は、一方では国民の数およびその増加と他方では領土の大きさおよびその資源との間に健全で、生存可能であり、また自然的でもある関係を作り出すことにより、国家を通じて総括される人種の存在をこの遊星上で保証すべきものである。

(同書、三四二頁)

フランスの植民地政策にかんする先の見解に見られるように、ヒトラーは海外植民地を獲得すればよいという風には考えませんでした。ナチ思想において重要であるのは、アーリア人の純血性を維持したうえでの生存圏の拡張でした。そして、この生存圏を統括するのは国家であり、国

『デイリー・ヘラルド』紙1920年4月10日付1面掲載の
記事の見出しは「ヨーロッパの黒い災難」
『赤いゴム』の著者エドモンド・モレルが「黒い恥辱」として扇動した

家と国民は一体であるという信念を強固なまでに抱いていました。ヒトラーがこの章で強調するのは、ドイツ・ゲルマン国家は当時の世界情勢においては小国であり、生存圏を拡張するためには実力行使が必要である、すなわち「聖戦」をするほかないということです。

ここに見られる「生存圏（レーベンスラウム）」の概念の提唱者は、第一〇講で確認したように、ラッツェルでした。この概念を練り上げ、さらにヒトラーに伝授したのは、地政学者カール・ハウスホーファー（一八六九―一九四六）です。ハウスホーファーは、クーデター失敗の後、ランツベルク刑務所に収監されていたヒトラーに面会します。ナチ党員にはならなかったこの地政学者は、しかし、ヒトラーの政治思想にとって重要な、この生存圏という発想を提供したのです。

マダガスカル強制移住計画から絶滅収容所へ

ヒトラーが政権を奪取し、独裁者として国家と国民を一体とした運命共同体を目指して邁進するナチ・ドイツ時代は、先に見たとおり、一九三三年から始まります。ナチ・ドイツ時代については よく知られているとおりですが、改めて驚くべきは『わが闘争』に記したことをヒトラーがほぼそのまま実行に移している、ということです。

『わが闘争』に見られる過剰なまでのユダヤ人批判、とりわけ生存圏を認めようとしないヒトラーの怪物的憎悪は、この身近な他者の抹消を示唆するものでした。実際、その決断を実践するために法の施行によってユダヤ人の権利を剝奪していきます。一九三五年に制定されたニュルンベルク人種法では、ユダヤ人から市民権を剝奪し、また、ユダヤ人が非ユダヤ人と婚姻・性関係をもつことを禁じます。こうしてドイツ領内で法的平等を失ったユダヤ人は「二級市民」に格下げされます。

一九三九年九月、ドイツのポーランド侵攻から始まる第二次世界大戦ですが、ドイツが周囲を侵攻して領土を拡張していく過程で、民族移住政策がとられます。生存圏の拡張に伴い、国外のアーリア人をドイツ帝国に呼び戻すという政策と、他方、ユダヤ人をドイツ領から追放するという政策です。後者の政策で具体的に検討されていた計画が、マダガスカル島へのユダヤ人追放計画でした。一九四〇年六月、パリを占領したナチ・ドイツは、フランス領マダガスカル島にドイツ領内の三二五万人のユダヤ人を移住させる計画を着々と進めます。しかしながら、この計画の実施には、イギリスとの講和実現が不可欠でした。ところが、イギリスはドイツに徹底抗戦の構えを示し、マダガスカル島強制移住計画は破綻します。

この移住計画破綻のために一時的な収容所の建設がドイツ領内で始まります。さらには一九四一年六月のドイツ軍によるソ連侵攻から始まる独ソ戦争が、実質的なユダヤ人ジェノサイドの始まりだったとされます。『わが闘争』にあるとおり、ヒトラーにとって、マルクス主義とユダヤ人は同列のものであり、マルクス主義を原理とするソ連との戦争は、ナチ・ドイツにとっては「民族主義的世界観」を賭けた戦争でした。この戦争以後、ユダヤ人にたいする虐殺が横行し始めます。こうして四一年秋からユダヤ人政策は当初の国外追放から絶滅政策へと転換し、アウシュヴィッツをはじめとする絶滅収容所が、東方の各地（ヘウムノ、トレブリンカ、ベウゼッ等）に建設されます。

この虐殺の実態が明らかになるのはニュルンベルク裁判以降です。およそ六〇〇万人もの人命が収容所で奪われました。

『啓蒙の弁証法』

ナチ・ドイツ時代は、反ナチ的な思想が弾圧される時代でした。なかでも「非ドイツ的なもの」であるユダヤ人による著作は、三三年五月、ナチの宣伝相ゲッベルス（一八九七―一九四五）の命令により、焚書に処せられました。こうした迫害のなかで、ドイツのユダヤ系知識人は国外へ亡命を余儀なくされます。アーレントはナチが政権に就いた三三年、まずフランスに亡命し、四〇年、フランスがドイツに降伏すると、アメリカ合衆国へ亡命します。『全体主義の起原』が執筆されたのは合衆国においてでした。

同じくナチズムの問題に取り組んだ『啓蒙の弁証法――哲学的断章』（一九四七年）の著者マックス・ホルクハイマー（一八九五―一九七三）とテオドール・W・アドルノ（一九〇三―六九）も

また、当時ナチの迫害を逃れてアメリカ合衆国に亡命し、第二次世界大戦中に本書を執筆しました。本書執筆の段階では両著者は「ホロコースト」の実態を知ることはありませんでした。しかし、ナチズムの思想と実践が、新たなる〈野蛮〉であるという認識は、序に記された本書執筆の動機となる問いのうちに明白に現れています。すなわち、「何故に人間は、真に人間的な状態に踏み入っていく代りに、一種の新しい野蛮状態へ落ち込んでいくのか」（『啓蒙の弁証法』岩波文庫、七頁）という問いがそれです。

この問いの「発見」は、西洋の言説において揺らぐことのなかった文明と野蛮の図式それ自体を突き崩します。〈野蛮の言説〉論の観点から『啓蒙の弁証法』が画期的であるのは、「進歩」の観念を宙づりにしたことにあります。「みずから招いた未成年の状態から抜けでること」（カント）であるところの西洋における〈啓蒙〉のプロジェクトは、私たちの理解では、ダーウィンの進化論によって完成を見たはずでした。しかし、ヒトラーとナチ党による政権掌握と独裁は、人間が「未開」から「文明」へと進歩してきた、という未来志向の進歩主義史観を覆します。そうなれば、当然ながら、人はなぜ「文明」から「未開」へと退歩してしまうのか、という、逆転した問いが生じます。アーレントもこの問いと向き合い、「未開」への退歩を一種の狂気だと捉え、「ヨーロッパのアフリカ化」論を展開したのです（なお『全体主義の起原』には「黒い恥辱」への間接的言及が見出せます）。

アドルノとホルクハイマーはこの問いを相関関係のうちで捉えました。つまりナチズムとは、古い時代の〈野蛮〉ではなく「一種の新しい野蛮状態」だと捉えたのです。実際、本書執筆時には著者たちが知りえなかったガス室を用いた大量殺人は、死の合理化を推し進めた帰結でした。つまりそこには明らかに「文明」が絡まりあっているのです。こうした論理を導出することで、『啓蒙の弁証法』は「啓蒙」それ自体が「野蛮」（本書では「神話」という語で語られます）との絶えざる弁証法的関係にあり、「人類」は決して「野蛮」から逃れることができないことを提示したのです。この意味で『啓蒙の弁証法』とは、西洋が前提としてきた文明の側から見る〈野蛮の言説〉それ自体を切り崩す認識を秘めています。

「アウシュヴィッツ以後、詩を書くことは野蛮である」

『啓蒙の弁証法』以後、アドルノはみずからが逃れたナチによる「ユダヤ人問題の最終的解決」を問いの中心に据えて思考を続けます。このため、思考が屈折し、悲観主義的な調子が強くなるのはある意味では当然です。「アウシュヴィッツ以後、詩を書くことは野蛮である」は、しばしば引き合いに出されるアドルノの有名な警句となりました。この言葉は『プリズメン――文化批判と社会』（一九五五年）の冒頭の評論「文化批判と社会」の結びに記されました。

社会がより全体的になれば、それに応じて精神もさらに物象化されてゆき、自力で物象化を振り切ろうとする精神の企ては、ますます逆説的になる。非業の宿命のもっとも鋭い意識でさえ、単なるお喋りに堕すおそれがある。文化批判は、文化と野蛮の弁証法の最終段階に直面している。アウシュヴィッツ以後、詩を書くことは野蛮である。そしてそのことがまた、今日詩を書くことが不可能になった理由を言い渡す認識をも侵食する。絶対的物象化は、かつては精神の進歩を自分の一要素として前提したが、いまそれは精神を完全に呑み尽くそうとしている。批判的精神は、自己満足的に世界を観照して自己のもとにとどまっている限り、この絶対的物象化に太刀打ちできない。

（『プリズメン』ちくま学芸文庫、三六頁）

「アウシュヴィッツ以後、詩を書くことは野蛮である」とは、これまでの指摘にあるとおり、「詩」に代表される文化的営為を指しています。この評論は、文化が今日ますます形骸化し、商品化していることを批判することがひとつの主眼になっています（マルクス主義用語の「物象化」は、この場合、文化が資本主義経済のなかに組み込まれた商品＝モノになることだ、とひとまず解しておきます）。しかし、『啓蒙の弁証法』の著者アドルノは、文化の頽落、野蛮化を批判すればそれで事足りるとは思っていません。「アウシュヴィッツ以後、詩を書くことは野蛮である」という文は、その後の「そしてそのことがまた、今日詩を書くことが不可能になった理由を言い渡す認識をも侵食する」と切り離すことができません。つまりは、文化的営為の野蛮化を指摘するアドルノの言葉さえ、さらなる野蛮のなかに落ち込んでいく、という徹底的な自己批判の意識に貫かれているのです。

このように『啓蒙の弁証法』とアドルノの思考は〈野蛮の言説〉を新たな局面に誘います。それはナチズムの台頭と「ホロコースト」を経験した西洋においてはもはや後戻りすることのできない決定的認識として提示されたものでした。ところが、第二次世界大戦後、西洋の言説の主流となるのは、最初に述べたとおり、ナチズムに〈悪〉の烙印を押し、完全に封印してしまう方向でした。この方向においては文明と野蛮の構図は依然として継続していきます。そのなかでアドルノの提起した問いとその思考は、批判的精神をもった知識人のあいだで受け継がれていきます。そして、そのさいの思考の起点は、第二次世界大戦中に生じた二つの出来事にあった、と言えます。ひとつは「ホロコースト」、もうひとつは広島・長崎に投下された原爆です。第二次世界大戦以降、アドルノ的な意味での思索者にとって、この未曾有の破壊と人命の消去をどのように受け止め、考え続けるのかが中心的な思想課題となります。ところがその一方で、そうした思想課題とは受け止められない諸々の出来事が、実は「ホロコースト」や原爆以前に、数多く存在してきたことには、あまり注意が払われませんでした。コンゴ自由国での大量虐殺をはじめとする植民地主義にまつわる「歴史の選択的忘却」をどう考えるのか、ということは二一世紀において改めて問われる課題であるように思います。

今回取りあげたナチズム関係の著作は膨大にあります。私もその一部に触れたにすぎませんが、そのなかで通史としてお薦めできるのは今回主に参照した**石田勇治『ヒトラーとナチ・ドイツ』**（二〇一五年）です。また**山口定『ファシズム』**（一九七九年）をファシズム研究の基礎文献としてこの機会に挙げておきます。

*

ヒトラーについては**『わが闘争』**のほか、未刊行の草稿が**『続・わが闘争——生存圏と領土問題』**（角川文庫、二〇〇四年）という題名で出版されています。ヒトラー現象を理解するうえでは、**レニ・リーフェンシュタール**監督作品**『意志の勝利』**（一九三五年公開）は一見に値します。これは一九三四年九月ニュルンベルクでおこなわれた大規模な党大会の「記録映画」です。「記録」であることには違いありませんが、国威発揚のプロパガンダ用に作成された映画です。洗練された映像美が「精神の総動員」のために用いられることを踏まえて観なくてはなりません。「生存圏」の文脈で言及したカール・ハウスホーファーについては、**クリスティアン・W・シュパング「カール・ハウスホーファーとドイツの地政学」**（二〇一九年）が有益です。

アドルノの思想にアプローチする概説書には、**細見和之『フランクフルト学派——ホルクハイ**

マー、アドルノから二一世紀の「批判理論」へ』（二〇一四年）、藤野寛『アウシュヴィッツ以後、詩を書くことだけが野蛮なのか——アドルノと〈文化と野蛮の弁証法〉』（二〇〇三年）が挙げられます。次回も引き続きナチズムの言説と実践に着目します。

第一二講
ナチ優生学と安楽死

優生思想による差別

前回はナチズムの言説と実践を主にヒトラーの人種理論に焦点を当てながら論じました。ナチズムの言説を取りあげると決めたさい、ユダヤ人の人種表象とともに扱わなければならないと考えていた他者表象が、今回の主題である優生学の言説です。

第八講で触れたようにダーウィンのいとこであるゴルトンが発明した優生学という言葉の由来は「良く生まれること」にありました。人が「良く生まれる」のは遺伝によるものであり、優れた親の遺伝が子に受け継がれて優れた子が生まれる、とゴルトンにおいては考えられたわけです。進化論の言説は「自然選択」と「生存闘争」を主要原理としている以上、より環境に適した遺伝が継承されるという考えを必然的に内包します。「自然選択」も「生存闘争」も生物の進化過程を説明するためにダーウィンによって発見され、度重なる実験に基づいて「実証」されたものですが、この進化論を応用すれば、社会改良を人為的になすことができる、という発想におのずと至ります。社会ダーウィニズムあるいは社会進化論はこうして一九世紀後半から発展するわけですが、社会進化論を強力な背骨としたヒトラーの政治思想のもとでの数々の蛮行が露呈するなかで「人類」の反省から似非科学だと断罪され封印されたものでした。優生学は、この社会ダーウィニズムの核心をなす科学的言説です。

優生学は、動植物にたいしておこなってきた「人為選択」（交配・交雑）の論理の応用だと言えるでしょう。この学問にとって重要なのは「選抜」です。社会進化論においては白人種がもっとも進化した文明人であることが前提ですから、混血をもたらす異人種との婚姻・性関係は忌避されます。また、理想とされる「健康」が見込めない人間も排除されます。

今日、人種差別とともに「健常者」による「障害者」差別も当然のことながら公的には否定されています。そこには第二次世界大戦後の世界秩序において築き上げられてきた平等主義の価値観があり、その価値観に基づいて形成されてきた多様性を肯定する社会があるはずです。ところが、人種差別にしても障害者差別にしても二一世紀の世界から消えることはありません。近年はそうした差別がバックラッシュのように強まっているとさえ感じられます。だからこそこうした差別の言説がどのように形成されてきたのかに向き合う必要があります。ナチズムの言説における優生学をここで取りあげるのは、現代社会を生きる私たちの〈闇の奥〉に近づくための不可欠な一歩だと考えています。

ダーウィンと優生学

〈野蛮の言説〉論で重要であるのは、西洋のうちで蓄積された他者蔑視の言葉の総体が価値や認識を生み出していく、そのプロセスをたどることです。ヒトラーの『わが闘争』で展開される人種思想のうちにゴビノーや社会ダーウィニズムから引き継いだ言葉を確認したように、ナチズムの優生思想にアプローチするさいも、ヒトラー以前の科学的言説に注意を向ける必要があります。

まず確認しておきたいのが、優生学の言説の重要な主張は、すでにダーウィンの時代に見られ、事実『人間の由来』(一八七一年)の記述に見出せるということです。以下は、人間における自然選択の作用が、未開状態から文明化を経ることで変わることを論じた箇所です。

未開人では、からだや心が弱い個体はすぐに除かれてしまうので、生き残った個体は一般に健康状態がよい。一方、私たちのような文明人は、精神遅滞者や障害者や病人のための収容所を建て、救貧法を制定し、誰もが除かれてしまうことのないように、大きな努力を払っている。医者は、誰もの命を救うよう、最後の瞬間まで最善をつくす。もともとからだが弱く、天然痘にかかったかもしれない多くの人々が、予防接種のおかげで生き延びられるようになったことは確かだ。こうして、文明社会では、弱い人々も子を残すことができるようになった。家畜動物の繁殖にかかわったことのある人ならば誰でも、これが人類にとってははだ悪い影響を与えることを疑いはしないだろう。世話が十分でなかったり、間違った世話をしたりすると、驚くほど早く家畜の系統が劣化する。しかし、人間自身を除けば、最も悪い状態の動物にも繁殖を許すような無知な育種家はいない。

（『人間の由来』上、講談社学術文庫、二二五―六頁）

ダーウィンによれば、未開社会は動物のような自然状態に近いために強い個体が残る、つまり、自然選択の原理にそくして環境に適した個体が生存します。ところが文明社会では、この自然選択の法則に逆らって、弱い個体も残り、子孫が残せるようになった、と言います。

ダーウィンのこの指摘は、進化論を「人類」の「進歩」に適用する場合、おのずと生まれてくるものです。家畜動物の繁殖と比較しながら、人間の「劣化」を論じるくだりは、ダーウィン本人が優生学に積極的ではなかったとはいえ、優生学に十分な根拠を与えるものだと言わなくてはなりません。進化論の〈闇〉を葬ることなく、これを明るみに出していく作業が〈野蛮の言説〉論では重要です。

ドイツ優生思想

優生学の基本的視座は、医療、公衆衛生、倫理観の発達により自然選択が機能しなくなる「文明国」における「逆淘汰」と呼びうる現象を抑制し、進化論という「自然の摂理」に適った、より強い個体を増やしていこうとするものです。

ドイツの優生思想は一九世紀後半に展開していきます。市野川容孝「ドイツ——優生学はナチズムか」(二〇〇〇年)によれば、その端緒を切り開いたのは、ヴィルヘルム・シャルマイヤー(一八五七—一九一九)でした。シャルマイヤーは、強い個体を増やすさいに諸人種の混交・混血を肯定的に捉えていた、とされます。優生学は進化論における「人為選択」の論理の応用だと捉えられる以上、異なる〈亜種〉の混交がより強い個体を生み出すという考え方は、論理的には「正しい」はずです。しかしながら、優生学の背景には文明と野蛮の構図に基づく社会進化論がありました。そうであれば、諸人種の混交・混血を白人種の「退化」と捉える考え方のほうが、むしろ優勢であったと考えられます。

実際、ナチ優生学の系譜のなかで重要とされるのはアルフレート・プレッツ(一八六〇—一九四〇)です。この優生学者は民族=人種主義的思想の持ち主で、ゴビノーの思想の普及を目的に一八九四年に設立した「ゴビノー協会」にも関与していました。プレッツは自身の信条は公には伏せつつ、みずからの優生学を展開していきます。

一八九五年、プレッツは『われわれの種の屈強さと弱者の保護』という著作で「人種衛生学」

(Rassenhygiene) という語を用います。「人種」という訳語を充てられる“Rasse”(英語の“race”に相当) は、元来、生物学的な意味での「同一種」としての「品種」を示しています。したがって人間に適用される“Rasse”は同一種と同定される「人種」ということになります。一九〇四年に創刊した人種衛生学雑誌のなかでプレッツが述べるところでは、「人種衛生学」とは「人種(Rasse) としての生命および、人種の内的・外的生存条件および発展条件に関する学問」であり、この学問が人間について対象とするのは以下であると述べます。

出生数および死亡数、移入民、移出民および国内移住、そしてこれに起因する人種の量的・質的変化について。増殖、変異および遺伝(家系研究)について。生存闘争、淘汰および雑種増殖について。無差別的死滅と逆淘汰現象(戦争、弱者の保護)について。気候、地質、栄養、社会的・経済的影響など環境の影響による形質の直接的変換について。進化程度に関するさまざまな人種の不均等性について。これによる相互の生存闘争について。そして、ある人種の維持と発展に関するこれらすべての要因に由来する帰結について。

(米本昌平『遺伝管理社会』七〇―一頁)

「人種衛生学」は「ある人種の維持と発展」に貢献しようとする学である以上、当該人種の「進化」に反するもの、すなわち「退化」させる要因は排除されなければなりません。プレッツは「文明国」における社会の相互扶助の原理と、進化論という一見すると矛盾する二つの原理を調和させる解決策を見出します。それは、出生前の遺伝子段階で、「劣性」だと観察・推定される生殖細胞を除去する、という考えです。米本昌平ほか『優生学と人間社会』のなかで市野川容孝が指摘するとおり、これはプレッツの生きた時代には技術的に不可能だったのですが、一九六〇年代以降のさまざまな出生前診断の技術により可能となっていくものです。プレッツの思想は、ナチ優生学の否定とともに葬られるわけですが、かれの編み出した「人種衛生学」という考えは今日まで活用され続けています。

プレッツはダーウィン、ヘッケルの著作から大きな影響を受けたと言われます。第七講で取りあげたナチュラリストのヘッケルもプレッツに似た優生思想の持ち主でした。ヘッケルは「個体発生は系統発生を繰り返す」という生物発生原則を唱えましたが、その生物発生原則によれば、新生児段階は脳内の器官が未発達であるゆえに思考、認識、理解を司る「精神」は存在しない、とされます。ここから新生児の段階で選別するという思想が導かれます。『生命の不可思議』（一九〇四年）のなかでヘッケルはこう述べます。

毎年生まれる数千の、身体に障害のある者、聴覚に障害のある者、クレチン病者〔知能の発達の遅れた者」、不治の遺伝的素質をもつ者たちが人為的に命を長らえ、成長したとしても、そこから人類はどのような利益を得るのだろうか。それに、これらの同情すべき人々自身も、その生活からどのような利益を得るのだろうか。彼ら自身およびその家族にも惨めな生涯をもたらさざるを得ないような、この不可避な不幸を最初の点ですぐに断ち切ることは、はるかに理性的で良いものではないだろうか。（佐藤恵子『ヘッケルと進化の夢』二八一頁）

このように社会ダーウィニズムを基盤とする優生思想は、「同情」を伴った、弱者の排除に向かいます。障害者差別と人種差別のイデオロギーはそれぞれ異なるものとはいえ、他者を蔑視し、その生を根本的に軽んじる点では同じ働きを有しているのです。

安楽死肯定論

生の選別をおこなう優生学とは、人間の死を決定する学です。死んでもよい命、生きる価値を否定される命が優生学ではあらかじめ想定されています。今日でも医学の生命倫理をめぐって解決を見ない「安楽死」ですが、この議論が西洋の科学的言説で明確な学的関心となるのはダーウィニズム以降だと言えるでしょう。新生児の選別を勧めていたヘッケルは同じ著作で安楽死論も展開しています。

特に、神経衰弱と他の神経の病気が毎年多くの犠牲者を出している。毎年、精神病院の数は増え、規模も拡張されている。［…］これらの悪疾の多くは全く治療の見込みのないもので、多くの患者が言語に絶する苦痛の下で確実な死を待つばかりである。このような哀れな人たちの甚だ多数が、悪疾からの救済を切望しており、苦痛に満ちた生命の終わることを望んでいる。ここにおいて、私たちが同情心ある人間として、彼らの願いを叶え、痛みのない死によって彼らの苦痛を短縮することが正当かどうかという重要な問題が生じるのである。

（『ヘッケルと進化の夢』二八三頁）

これについてのヘッケルの考えは安楽死の肯定であり、不治の病人をふくめて、次のように述べてもいます。「数十万の治癒することのない患者、特に精神病者、ライ病患者、癌患者などは、私たちの現代の文明国にあって、人工的に生命を維持され、絶え間ない苦痛を入念に延長されるが、それは自己自身にとっても社会全体にとっても何ら有益ではない」（同書、二八四頁）。このようにヘッケルはハードな優生思想の持ち主でした。

ナチ優生学における安楽死思想の典拠となったのは、法学者カール・ビンディング（一八四一―一九二〇）と医師アルフレート・ホッヘ（一八六五―一九四三）による著作です。『生きるに値しない命を終わらせる行為の解禁――その基準と形式をめぐって』（一九二〇年）と題されたその著作は、優生学の差別性を極度に示しています。それは「生きるに値しない命」という恐るべき表現に表れています。今日はこうした言葉が許容される社会ではありませんが、ナチ優生学はビンディングとホッヘが用いた特定の生の否定の表現を平然と採用することになります。優生学否定後は悪評に晒されるだけの著作でしたが、優生思想、安楽死の議論のために日本語に訳してくれた方々がいます。以下、その日本語訳『「生きるに値しない命」とは誰のことか――ナチス安楽死思想の原典を読む』（窓社、二〇〇一年）に基づいて内容を紹介します。

この小著は、ビンディングが安楽死の適用可能性を法学の観点から論じた「法律家の見解」と、安楽死を肯定する医師の立場からホッヘが記した「医師による論評」からなります。本書が刊行された一九二〇年はドイツが第一次大戦に敗れて共和国として再出発した時期ですが、この時期、安楽死を肯定する議論はドイツ内ではきわめて少数派だったことがホッヘへの記述からうかがえます。

ではどのように安楽死は肯定されるのか。ビンディングの法的解釈にしたがえばこうなります。

ビンディング、ホッヘ『生きるに値しない命を終わらせる行為の解禁』（1920年）

最初に前提として確認されるのは「人間は自らの生に関して生まれながらの主権者」（同書、一〇頁、傍点強調は訳文〔原文の隔字体〕、以下同）であり、論理的には、生を終わりにする権利も有します。他方、殺害とは他人に行使することが禁じられているのだから、生を終わりにしたい意思をもつ人の死に第三者が関与すること（死の幇助）は、その人がその意思を有するかぎりで、許されます。そのうえでビンディングはこう問います。

法益たる資格が甚だしく損なわれたがために、生〔命〕を存続させることが、その担い手自身にとっても、社会にとっても一切の価値を持続的に失ってしまったような人の生〔命〕というものは、あろうか。（同書、三六頁、訳文中の一部原語を省略、以下同）

「すべての人の生存意思を全面的に尊重するということ」は無制限に認められることを大前提としたうえで（同書、三九頁）、ビンディングは大別して二つのグループについては安楽死が適用しうると主張します。第一に「疾病または重傷ゆえに助かる見込みのない絶望的な状態にあって、自分が置かれた状況を完全に理解したうえでそこからの救済を切に望んでおり、かつまた、なんらかの承認された方法でその望みをすでに明示している人」（同書、四〇頁）。第二に先天的・後天的に関わらず「治療不能な知的障害者」であり、当人の意思が確認されない場合です。ビンディングはこの第二グループについてこう述べます。

> 彼らの生にはいかなる目的もないが、そのことを彼らは耐え難いとは感じていない。家族にとっても、社会にとっても彼らはとてつもない重荷になっている。彼らが死んだとしてもほとんど心が傷つくことはない。もちろん、場合によっては母親や誠実な介護婦の感情では別であろうが。ともかく、彼らには手厚い介護が必要なので、この必要性にもとづいて、絶対的に生きている価値がない命を何年も何十年もかろうじて生かし続けることを仕事とする職業が成り立っているのである。
>
> （同書、四四―五頁）

『生きるに値しない命を終わらせる行為の解禁』という原題が示すとおり、ビンディングとホッヘが安楽死の対象に拡張したかったのは、生存意思を表明しえない「知的障害者」でした。ホッヘはこの「知的障害者」のグループを医学的見地からさらに分類し、施設収容と介護による国家の経済コストの面から「初期の脳変質による極度知的障害」を患う者を「完全なる精神的な死のすべての前提条件を一番に満たすと同時に、誰にとっても最も重荷となる連中となろう」と述べます（同書、七七頁）。ホッヘの「知的障害者」への批判は続きます。

重度知的障害者の世話をする施設はそれだけで精一杯であって別の活動などできない。民間施設の場合には借入金の利子を計算に入れる必要がある。何千何万もの入所者を世話する介護職員はまったく実りのない職務に拘束され、生産的な仕事から離れざるをえない。痛ましいのは、各世代の介護職員が空っぽの人間容器の世話に明け暮れて年をとることであって、そうした人間容器で七〇歳以上に達する者も少なくないという。（同書、七八―九頁）

経済コストによって人間の価値を測る、この恐るべきホッヘの国家主義的所説の背景には敗戦国ドイツの抱えた多額の賠償金があります。自分たちが生きるのは「過去の豊かな時代」ではなく「困難極まりない探検の隊員たちが直面するような」状況にいるのだと言います（同書、七九頁）。「知的障害者」の生を「無価値」とし「苦痛」を与えることなく殺すべきだ、とするこの直截な言論の暴力は、先に述べたように、ホッヘ自身も同時代の言論人からの強い反感を招くだろうと想定しています。この議論は、二一世紀の日本社会に生きる私たちにとってまったく他人事（ひとごと）ではありません。ホッへの所説の最後の段落を引用しておきます。

我々が現在では野蛮とみなすような時代がかつてあった。そこでは生きる力のある赤ん坊や子どもがあたりまえのように間引きされていた。次いで、現在にまで続く時代がやってきて、最終的には、たとえどんなに価値のない連中であろうと、誰彼の区別なく扶養することが道徳上の最高の要求とみなされた。しかし、今後新たに到来する時代では、より高い道徳の観点から、人間性の概念を誇張してあのような連中の価値を過大評価せよとの要求が過酷な犠牲を払ってでもたえず実行される、という事態は廃れることだろう。(同書、九〇―一頁)

ホッへの考える「高い道徳の観点」からの「新たに到来する時代」は、ナチ党の政権獲得によって早々と告げられることになります。

ナチ優生学の実践

社会ダーウィニズムによる弱肉強食の思想に支えられるヒトラーの『わが闘争』は、「弱き者」にたいして徹底的に不寛容な点で一貫していました。ユダヤ人を「寄生虫」呼ばわりして排除したのと同様、非アーリア人である「黒人」も低級な人種とし「弱者」だとします。人種主義とともにヒトラーの言説に明確に見られるのは健康や健全さへの志向です。『わが闘争 下』でヒトラーはこう述べます。

民族主義国家は、人種を一般的生活の中心に置かねばならない。民族主義国家は人種の純粋保持のために配慮しなければならない。民族主義国家は子供が民族の最も貴重な財宝であることを明らかにせねばならない。ただ健全であるものだけが、子供を生むべきで、自分が病身であり欠陥があるにもかかわらず子供をつくることはただ恥辱であり、むしろ子供を生むことを断念することが、最高の名誉である、ということに留意しなければならない。[…]国家は何か明らかに病気をもつものや、悪質の遺伝のあるものや、さらに負担となるものは、生殖不能と宣告し、そしてこれを実際に実施すべきである。

（『わが闘争 下』角川文庫、五〇―五一頁）

健全な「アーリア人」の出産は推奨する一方、不健全と判断される者は子を作るべきではない、とするヒトラーの民族主義的国家観は、一九三三年の政権の掌握とともに、一定条件での強制断種を定める法律「遺伝病子孫予防法」でもってすぐさま現実化します。すでに見ているとおり、これは人種衛生学の提唱者プレッツが求めていたことで、「弱者」の「逆淘汰」を不健全と見なす優生学者たちは、ヒトラー以前から同様の主張をおこなっていました。こうした主張が一定程度支持されるのは、経済恐慌のような生活水準の全般的低下と結びついており、このときも世界恐慌を背景に、一九三二年プロイセン州議会が、障害者への福祉コストの負担軽減を名目に断種法案を可決します。遺伝病だと認定される障害者が本人の同意に基づいて断種できることを定めた法案は実施されることはありませんでしたが、翌年ヒトラー政権で制定された「遺伝病子孫予防法」はよりハードなものとして、断種の対象を、遺伝的障害者から重度のアルコール依存者にまで拡張し、さらには強制的な断種を可能としました。石田勇治『ヒトラーとナチ・ドイツ』（二〇一五年）によれば、断種の可否は、遺伝健康裁判所に委ねられ、可とする決定が下れば、本人の同意なしに実施されました。強制断種法は三七万五千人の人々に実施され、うち先天性知的障害とされた人は二〇万三二五〇人におよびました（ヒュー・G・ギャラファー『ナチスドイツと障害者「安楽死」計画』現代書館、四三頁）。

一九三五年「遺伝病子孫予防法」は「改正」され、母体保護の観点からの妊娠中絶のほか、優生学的理由からの中絶が合法化されます。保護者が承諾すれば中絶可能とされた、強制中絶もふくむ実施件数は約三万件とされます（米本昌平ほか『優生学と人間社会』九六頁）。同年、「結婚健康法」が施行され、「「精神障害を罹患し、民族共同体の観点から結婚が望まれない」者に結婚が禁じられ」ました（『ヒトラーとナチ・ドイツ』三〇四頁）。

安楽死政策「T4計画」と死の合理化

人種主義思想に基づくユダヤ人大量殺戮とともにナチ政権下の犯罪で悪名高いのは、優生思想に基づく安楽死政策です。安楽死計画は、一九三九年初め（あるいは一九三八年末）、ある父親が奇形で盲目の子供を殺害したいと申し出たことが発端とされます。ヒトラーはこの申し出を口頭で許可したのち、主治医テオドール・モレル（一八八六—一九四八）に安楽死の対象の成人への適用の可否、安楽死の立法化の可否について調査をおこなわせます。その安楽死にまつわる報告書のなかでモレルは、ビンディングとホッヘの小冊子に基づき「生きるに値しない命」をこう定義しました。『「生きるに値しない命」とは誰のことか』の訳者の一人佐野誠による解説から引用します。

生まれつき……きわめて重度の肉体的・精神的障害を持つゆえに、継続的な介護によってしか生活を保持しえず、奇形であるためにその容姿が世間の憎悪の的となるような、人間社会との精神的なつながりが最も低い動物のごとき段階にある精神病者の命は、生きるに値しない命を終わらせる行為に関する法律に基づき、医師の介入によって短縮されうる。

（『「生きるに値しない命」とは誰のことか』一一九—一二〇頁）

そのうえでモレルは、安楽死を法律の公布によってではなく「職務上の秘密命令」（同書、一二一頁）で実施すべきだとします。なおビンディングもまた安楽死は現行の法解釈によって実施可能だと考えました。そしてホッヘと同様、経済コストの面から障害者にかかる生活援助を打ち切ることができ、効率的であることを主張します。このモレルの報告書にヒトラーが署名をし、一九三九年九月一日付の文書で安楽死命令が以下のように下されることになります。

> 帝国指導者ボウラーならびに医学博士ブラントには、人間の判断からすれば治療の見込みのない患者に、その病状の厳格な鑑定をした上で恩寵の死を与える権限を、特別に指名された医師にまで拡大する責任が委ねられる。
>
> A・ヒトラー（同書、一一七頁、人名改訳）

フィリップ・ボウラー（一八九九—一九四五）はナチ党の総統官房長を務めた幹部の一人であり、カール・ブラント（一九〇四—四八）は、モレル同様、ヒトラーの主治医を務めた医師でした。二人が責任者となり、一九三九年一〇月から四一年月八月にかけて安楽死政策が実行に移されます。この政策は安楽死管理局の所在地ティーアガルテン通り四番地の略称をとり「T4（テーフィア）計画」と呼ばれていました。ギャラファー『ナチスドイツと障害者「安楽死」計画』によれば、主な安楽死施設は六カ所であり、その施設第一号となるブランデンブルク元刑務所で一酸化炭素による実験がおこなわれ、その有効性が確認されました。痛みを感じさせず、患者に悟られない死の方法として「発明」されたのが一酸化炭素による安楽死でした。

一酸化炭素のガス室はシャワー室と偽装されました。患者の心の平安を「配慮」してのことで

ハダマー安楽死施設のガス室（シャワー室）

す。すなわち、障害者の大量殺人のために開発されたのがシャワー室＝ガス室であり、これが「ユダヤ人問題の最終的解決」に応用されていくのです。この方法でもって大量の「安楽死」が実施され、死体は火葬されました。この計画は秘密裏に実施されていましたが、病院から届く死亡通知を不審に思った家族が不安と動揺を示すようになり、ローマ教皇庁からの反対、ミュンスターの司教による安楽死反対の説教がおこなわれたことから、事態の収束を迫られたヒトラーが四一年八月に「T４計画」の中止を命じました。計画実施から一年一〇ヶ月のあいだに殺害された人数は約七万人におよびました。

安楽死の中止は、しかしながら表向きのものでした。エルンスト・クレー『第三帝国と安楽死』（批評社、一九九九年）によれば、実はその数ヶ月前からT４を世間から隠蔽する組織「中央清算局」を新たに創設し、T４の医師たちに「活躍」の機会を準備していました。こうして安楽死中止命令とは別の行動として、「特別治療14ｆ13」が実施されます。親衛隊の強制収容

所管理部門で用いられていたファイル番号に由来する14f13行動は、強制収容所内でナチに睨まれた囚人を「患者」として選抜し、殺害するというものでした（同書、四六四頁）。この14f13行動による死者は三万人におよびます。

終戦時まで続けられたこの安楽死政策に関わる死者数は、ドイツ国内だけで二一万六千人に達すると見積もられています。また安楽死に携わった医師、看護師、衛生士はユダヤ人虐殺が始まると、ポーランドに配置換えとなり、今度はその技術を絶滅収容所における虐殺に活用していくようになります（『ヒトラーとナチ・ドイツ』三〇八―九頁）。このようにユダヤ人ジェノサイドは、「障害者」の安楽死政策での集団殺戮の技法が可能としたものだったのです。

あるナチの医師の最終弁論

以上二度にわたってナチの言説と実践を取りあげました。今回の最後にT4計画の責任者であったカール・ブラント医師の発言を引用します。ブラントはドイツ敗戦後に連合国側に逮捕されニュルンベルク裁判で戦犯として裁かれました。ミュンヘン一揆の失敗後にヒトラーが収監されたランツベルク刑務所で戦犯者が二七五人処刑されましたが、ブラントもそこで一九四八年六月に絞首刑となりました。ナチの所業を改めて振り返るなかで、安楽死政策の責任者が連合国による軍事裁判で極刑を言い渡されることに、痛みを覚えたり同情したりする人は一般に少ないでしょう。虐殺された人々への共感・共苦の感覚をもち、虐殺に加担した人にたいして憐憫を覚えない、というのは常識的感覚だと言えます。悪人が見せしめに殺害されることは古今東西あることですし、〈悪〉が処罰されることによって平和で安定した秩序が回復するのだから、むしろ善行であると捉えられるかもしれません。

しかしながら、安楽死政策の責任者の処刑を是とするというのが常識的感覚である、とするならば、〈野蛮の言説〉の恐ろしさとは、むしろこうした常識的感覚に潜んでいる、と言えるのかもしれません。なぜならば、他者の生を価値づけ、「生きるに値しない命」を選別するという優生思想は、ナチ党の政策執行に携わる人々においてはむしろ常識的感覚であったと考えられるからです。私たちがヒトラーの時代においてナチ党員という「多数派」であり、戦時下で国策に関与する人間となったとすれば、今日の「常識」とは異質な当時の「常識」を受け入れてしまっていたはずです。

誰がどのような基準で他者を殺すことができるのか。安楽死を可能とする論理を今回確認しました。では死刑を可能とするのはどういう論理なのでしょうか。そもそも戦争という超法規状態での殺人はなぜ正当化されるのでしょうか。いずれにしても人間に限らず他の生物の命を奪うときには、その命の軽視を可能とする〈野蛮の言説〉が働きます。その点を指摘したうえで、ニュルンベルク裁判でのブラントの最終弁論の締めくくりの言葉を紹介します。

私は安楽死に合意した。問題は十分把握している。人類と同じほど昔からある。しかし、人類や人道に対する犯罪ではない。文字どおり、不治者への憐れみである。［…］私はこの時代に生きているのであり、時代は対立に満ちている。その中で自分がどこに立つのか誰もが決断しなければならない。安楽死に首を縦に振ったときに、心の底から安楽死は正しいとの確信を抱いていたのは今も十分意識している。その確信は現在でも変わらない。死は救いでもある。誕生がそうであるように死も生である。殺人の意図はなかった。私は重荷を背負っている。しかし犯罪の重荷ではない。心は悲しみに満ちているが、自分自身の責任としてこの重荷を負っている。その前に、そして自分の良心の前に、人間として医師として立っている。

（『ナチスドイツと障害者「安楽死」計画』現代書館、三八九―九〇頁）

＊

ナチ優生学については、この二回で参照した**米本昌平『遺伝管理社会――ナチスと近未来』**が全体の見取り図を提示してくれる基本文献だと言えます。同じ著者を筆頭とする共著**『優生学と人間社会――生命科学の世紀はどこへ向かうか』**も重要です。ナチの安楽死政策については、今回参照したビンディングとホッヘの『「生きるに値しない命」とは誰のことか――ナチス安楽死思想の原典を読む』（窓社、二〇〇一年）は、本書を批判的な観点で検証・執筆した訳者二名の解説と併せて読んでいただきたい著作です。

Ｔ４計画についても同じく参照したギャラファー『ナチスドイツと障害者「安楽死」計画』（現代書館、一九九六年）とエルンスト・クレー『第三帝国と安楽死――生きるに値しない生命の抹殺』（批評社、一九九九年）のほか、最近のものではスザンヌ・Ｅ・エヴァンス『障害者の安楽死計画とホロコースト――ナチスの忘れ去られた犯罪』（クリエイツかもがわ、二〇一七年）を挙げておきます。

今回の最後に引用したカール・ブラントの最終弁論はギャラファーの著作の付録として訳出されているものです。ポリオによって麻痺となり車椅子生活を送る著者は、その立場からＴ４計画の解明を試みた同著の最後にブラントの言葉を付しました。

今回はナチ優生学を取りあげたことから、優生思想それ自体を批判する声を紹介することができませんでしたが、「健常者」のうちに潜む「内なる優生思想」を糾弾した脳性麻痺者によって組織された団体「青い芝の会」のことが個人的には念頭にあります。次回以降、日本における〈野蛮の言説〉のいくつかの事例を取りあげますが、そのさいに日本の優生思想の文脈で「青い芝の会」に言及するつもりです。

IV

日本社会の〈闇の奥〉

二一世紀の世界では、第二次世界大戦の国際的反省のもとに築かれ、共有された二〇世紀後半の市民意識や社会良識が通用しにくくなっています。西洋の歴史のなかで展開された〈野蛮の言説〉は日本においても形を変えて噴出し、〈戦前〉を喚起させる愛国主義的な言説は強まる一方です。こうした問題意識のもと、最後のパートでは日本社会の〈野蛮の言説〉に目を向けます。〈戦前〉と〈戦中〉から、人類館事件、関東大震災時の朝鮮人虐殺、七三一部隊の生体実験を、またポスト〈戦後〉からはヘイトスピーチと相模原事件を取りあげ、こうした他者蔑視の言説とその暴力を支えるものが、実は私たちの社会の奥底にあるのだとする認識を提示します。

第一三講

近代日本の〈闇の奥〉
——人類館、朝鮮人虐殺、七三一部隊

〈常識〉は変わる

ナチズムを二度にわたって取りあげたことで、西洋の〈野蛮の言説〉が日本の現代社会ともいよいよ無関係とは言えなくなってきました。改めて確認しておけば、本講義の目指すことは、西洋における他者表象の歴史をたどるだけにはとどまりません。ある社会内での他者にたいする優越意識や相手を見下す態度は、その社会内で醸成されてきた価値観を暗黙の根拠としています。西洋文化では文明と野蛮の枠組みで黒人やインディオを自分たちよりも劣等な人種だと表象し、ナチの言説ではユダヤ人が排外すべき〈敵〉とされたわけですが、本講義で注視してきたのは、そうした差別意識が社会内の価値観の一部をなして〈常識〉として流通してしまう点です。その価値観の形成にあたって、書かれてきたことや言われてきたことの蓄積、すなわち〈野蛮の言説〉が大きく作用しているのは、すでに見てきているとおりです。

一般に人は自分が暮らす社会で通用する〈常識〉に照らして物事を判断しがちです。ですから

みずからの感覚でもって「差別は良くない」と思うことは自分が生きる時代の社会常識に照らした良識ですが、その時代の常識でもって「これは当然だ」と思うことが別の時代状況（別の社会）にとっては差別的でありうるかもしれません。〈常識〉もまた社会で流通する言説の変容によって変わりうることを私たちはまずもって自覚する必要があります。

日本社会の暗部

今回の主題は、日本社会の〈闇の奥〉です。現在の日本が〈敗戦〉後に築き上げられた社会であるというのは共通の認識だと思います。ところが〈常識〉は移ろいます。戦後からの再出発は今日にあってもいまだ揺るがない共通認識だとしても、現在の日本社会の捉え方は世代によって相当な違いがあるのではないでしょうか。たとえば、二一世紀以降、戦後日本社会をめぐる語り方が徐々に変容を遂げている、という感覚が昭和生まれの私にはあります。すなわち戦後日本社会は日本の侵略戦争への深い反省を基盤とした〈常識〉によって成り立ってきたという感覚が私のうちにはたしかにあるからです。とはいえ個人的には、それでもなお戦場がもたらす極限状況にたいする私自身の想像力の欠如を、高校生時代に痛感することがありましたが、この点はのちほど振り返ります。

漠然とした印象ですが、第二次世界大戦終結から七五年が経過する今日においてニュルンベルク裁判と東京裁判を基軸に形成された〈戦後精神〉の忘却が進んでいるという感想を個人的には抱いています。それとともに戦後日本の価値観崩壊の風景を目の当たりにしているような気がしてなりません。そのような風潮のなかで今日の世論に歓迎されやすいのは日本を美化し礼賛する愛国主義的言説である一方、日本の「国益」を損なうような否定的な日本人像は、それが過去の行いに求められる〈事実〉であっても、好まれなくなり、場合によってはその〈事実〉を否認しようと渦巻く情念に突き当たります。

これが〈野蛮の言説〉論の終盤に日本社会の暗部にあえて着目する所以です。このように現状に深い危惧を抱いているとはいえ、誤解なきよう付け加えれば、〈戦後精神〉に回帰すべきだ、とここで主張するわけではありません。なぜなら〈戦後精神〉とは、ナチズムの回で見たとおり、結局のところ敗戦国の所業を〈野蛮の言説〉として悪魔祓いすることで形成されたものだからです。〈野蛮の言説〉を悪魔祓いするのではなく、アドルノが述べる意味での文明と野蛮の相関性の認識に立つ必要があります。〈戦後精神〉のうちにも、そしてその価値観が崩壊しているように思える今日にも、他者を蔑視する〈野蛮の言説〉はかたちを変えて存続しています。

近代日本の〈闇の奥〉を探る作業は、愛国主義が強まる現代の〈常識〉では好まれないでしょう。これから見るいくつかの事例は、文明化＝西洋化を目指して工業化と軍備強化を図ってきた〈戦前〉の日本社会のなかで醸成されてきた〈野蛮の言説〉に当たりますが、そのどれもが私たちの生きる時代と切れ目なくつながっていることを示したいと思います。

人間動物園「人類館」

第五講で「人間動物園」についてわずかに触れました。動物園や水族館では、私たちは檻や水槽のなかの生物を見て楽しむわけですが、この行為の前提となっているのは「見る／見られる」の非対称な関係でした。私たちが、安全性が確保されたうえで、見ることの優位性でもって動物園や水族館で楽しみや驚きを得るさい、見られる側の生物の視点に想いを馳せることなど、まずありません。一九世紀前半に見世物興行でヨーロッパに連れてこられたサラ・バートマンは、ヨーロッパ人が動物を見るようにして彼女を見て楽しんだという点で、動物を観賞することの延長で人間を見世物とする「人間動物園」の先駆的事例でした。この「人間動物園」は、ヨーロッパが世界各地に獲得した植民地の領土を誇示するために宗主国の首都でおこなった万国博覧会によって定着していきます。もちろん展示されるのは植民地の現地民でした。

万国博覧会は、それを開催する国の国威発揚の場であり、その国の政治力・経済力・軍事力・科学技術力を誇示するために実施されます。万国博覧会は、自国が世界のなかで有力な文明国であることを国内外に知らしめるのが目的です。世界を席巻する西洋諸国を見本とし、近代化＝西洋化を推し進めた明治政府も、一八七七年以降、まずは国内でその力を誇示するべく、内国勧業博覧会を実施します。

この内国勧業博覧会の実施は、日本の帝国主義化＝植民地主義化の道程と重なります。一八七二年の第一次琉球処分による現在の沖縄の強制併合、一八九四～九五年の日清戦争の勝利による台湾領有を経て、天皇を頂点とする日本国家が一八八九年の帝国憲法発布によって大日本帝国を名乗るようになるのは、私たちのよく知るところです。

一九〇三年、大阪・天王寺で開催された第五回内国勧業博覧会の会場周辺に「人類館」という民間のパビリオンが設置されました。その命名から推察されるように、このパビリオンは「人類」にまつわる展示を目的とし、日本人から見た近隣の〈他者〉を陳列しました。そのなかにはアイヌや沖縄の人々もふくまれます。

この人類館がいまでも語り継がれるのは、とくに沖縄の文脈においてです。一九七六年に劇作家の知念正真（一九四一―二〇一三）が発表した戯曲「人類館」（『新劇』岸田戯曲賞受賞作）は、この人類館事件を題材に日本併合後の沖縄の近現代史を描いた、沖縄文学の代表作のひとつと評される作品です。この演劇「人類館」上演を大阪で実現させる会の人々が中心となって編んだ著作『人類館――封印された扉』（二〇〇五年）は当時の人類館の報道記事などを併載した貴重な資料であり、そのなかの金城勇論文によると、人類館の発起人である館主による設立趣意書が『台湾日日新報』（一九〇三年二月三日付）に次のように掲載されました。

人類館開設目的は同趣意書によると、「各国から異人種を集め、生息の階級、程度、人情、風俗などの固有の状体を展示することは学術上、商業上、工業上最も有要である。文明各国の博覧会には人類館の設備があるが、万国博覧会の準備会とも言うべき我国未曾有の博覧会にもかかわらず公私共に人類館の設備がないのは遺憾である」として有志の者が集まって人類館の開設を相談した。その結果、「内地に最も近い異人種、すなわちアイヌ、台湾の生蕃［高砂族、なお漢族に同化したものは「熟蕃」］、琉球、朝鮮、支那［中国］、インド、ジャワの七種の土人を集め、その最も固有の生息の階級、程度、人情、風俗などを展示することを目的にする」となっている。

（『人類館』三七頁、［　］は引用者補足）

この設立趣意書にかんする文言のうち、まず注目したいのは「異人種」という表現です。ここにはヨーロッパの科学的言説のうちで蓄積されてきた「人種」概念の前提が難なく確認されます。明示されていませんが、「日本人」はここに列挙される「人種」とは異なる範疇の「人種」である、と捉えられています。

同じく注目すべきは「七種の土人」という表現に見られる「土人」です。「土人」は当初、開拓民と区別するため、その土地の原住民を指す語（とくにアイヌを指して「アイヌ土人」と言いました）でしたが、この語が日本の領土拡張の過程で、外地＝植民地の住民を広く指すに伴い、「土人」が〈未開〉や〈野蛮〉の意味を含み込んでいったのは必然の成り行きでした。事実、人類館が「土人」を展示するのはそれが「文明国」の証であるからです。この語が現在では差別語とされる所以です。

近年、このあからさまな蔑称を、沖縄の基地建設反対運動と対峙する場面で機動隊員が発したことで話題となりました。二〇一六年一〇月、沖縄の高江地区でオスプレイの離着陸帯建設をめぐる住民による反対運動にたいし、大阪府警の機動隊員が「土人」だと暴言を吐いたのです。この差別的発言が図らずも浮き彫りにするのは、人類館の「土人」表象が一世紀以上にもおよんで〈野蛮の言説〉として今日まで連なっているということではないでしょうか。

人類館事件に見る〈野蛮の言説〉の構造

一九〇三年三月一日から開催された第五回内国勧業博覧会において民間パビリオンである人類館は、三月一〇日に開館します。その準備状況を伝える『大阪朝日新聞』三月八日付記事によれば、朝鮮人二名（女性）、琉球人二名（女性）、台湾人のうち「生蕃（せいばん）」三名（うち女性一名）と「熟蕃（じゅくばん）」二名（男女）、アイヌ八名（男三女三小児二名）が初日から展示されることになっていました（『人類館——封印された扉』三九九頁）。準備段階で当初予定されていた中国人の展示については、中国（清国）からの抗議により外交問題に発展して中止となり、実際に展示された朝鮮人二名についても同様に韓国からの抗議を受けて三月末には止めています。

準備段階での中国からの抗議を受けて人類館は単なる見世物ではなく博物学的な意味があることを提示するために「学術人類館」と改称します。この改称を提案したのは、日本の最初の人類学者と言われる東京帝国大学教授の坪井正五郎（一八六三―一九一三）です。坪井は実際にパリの万国博覧会（一八八九年）で「柵で囲われた模造の植民地集落に原住民を生活させ展示した植民地パビリオン」を見学し（同書、金城論文、四三頁）、人類館の構想段階から関わっていました。「人類」を冠するこのパビリオンは、人類学的知によって学術的に正当化されていた、ということです。人類学は博物学という自然解明の研究の人間への応用として生じた言説であり、第八講で見たように人類学の誕生には頭蓋計測学があったことも想起されます。

ところで人類館で展示された人は社会的にどのような立場だったのでしょうか。一例を挙げると、沖縄の場合、「琉球婦人」とされた二名はいずれも那覇の遊郭の「娼妓（しょうぎ）」であり、沖縄人のなかでも周縁的存在でした。彼女たち（上原ウシと仲村カメ）は人類館で展示されますが、この様子を見学し、「同胞に対する屈辱」だと受け取った記者が『琉球新報』の社説で抗議キャンペーンを張ります。この結果、「琉球婦人」の展示は取りさげられ、二人は五月一七日に船で沖縄に帰ることになります。

抗議キャンペーンの発端となった『琉球新報』四月七日付記事「同胞に対する屈辱（人類館）」は「琉球婦人」二名がどのように展示されていたのかをよく伝えています。

家屋といえば茅葺の小屋で、最初は藁を敷いてその上に座らせようとしていたが当人が抗議をしてかろうじて畳に換えた。これから考えても設立者の意図は野蛮風に見せるのが明らかである。陳列されているのは、どこから拾ってきたのか、まちがいなく娼妓である。付属として高麗煙管と称する陶器の煙管とコバの団扇［ビロウの葉で作った団扇か］を陳列している。されば観覧者の目に映る沖縄は同列のアイヌ、生蕃と大差がない。また最も癪に障るのは説明者の口上である。陳列されている者は賤業婦といえ沖縄の体面に対して少しは遠慮してもいいものを、鞭で指して『こやつは云々』と言う。誰が聞いても軽蔑の口調で虎や猿の見せ物とかわらない。

（同書、金城論文、四七頁、［ ］は引用者補足）

ここに記されていることは、第一に文明と野蛮の構図で、展示される「異人種」を〈野蛮〉だと表象しようとする「設立者の意図」であり、その意図に即して同胞を見世物の珍獣のように扱うことへの激しい抗議です。この一文は、文明国による植民地の〈未開人〉としての「土人」の展示というコンセプトそのものが人類館事件の本質であることを見事に伝えています（ちなみに

1913年、人類館の舞台となった大阪・天王寺で開催された
明治記念拓殖博覧会内で「台湾土人の住宅およびその風俗」の展示において
見世物とされる3人の台湾人

戯曲「人類館」では文中の「説明者」が「調教師」という名で登場し、展示された二人は男女に置き換えられています）。

もっとも、そのうえで確認しうるのは、「琉球婦人」を身内の恥のように捉え、さらには「アイヌ、生蕃」を自分たちよりも下に見ようとする記者の「文明人」としての意識です。『琉球新報』の社説の論調とは、自分たちも「立派な日本人」＝「文明人」なのだ、と日本に同化を求めていこうとする論理です。現在の認識からすると、この社説の論調も差別的であることには違いありませんが、当時における抗議の仕方としては日本人に反駁するための有効な正論であったはずです。

ですからいまこの文脈では、日本人が沖縄人を差別しているがその沖縄人もまたアイヌや台湾人を差別しているのではないか、という風に、日本人の差別意識の相対化を図りたいわけではいささかもありません。むしろ差別される者が差別する者の基準を内面化すること、その内面化した基準でもって差別される者が自分よりも劣等とされる者を差別するという、差別の連鎖構造それ自体を問題としたいのです。

社会進化論を背景にこの人種差別の構造の頂点にいるのは西洋人〈欧米人〉です。その西洋人から見た場合、日本人は当然ながら彼らの下に位置付けられます。その文明と野蛮の構図を内面化した日本人は、西洋列強のように強い文明国になることを追い求め、他国を植民地にし、その住民を自分たちの下に位置付けてきたわけです。日本の制度空間のなかでは天皇を頂点として日本人が「文明人」であり、統治下の「異人種」は〈野蛮〉と見なされます。その「文明人」の視点から〈野蛮〉と見なされる琉球人は、今度は台湾の高砂族やアイヌを自分たちよりも劣等な存在だと見なすわけです。引用した『琉球新報』の社説に見られるのは、このヒエラルキー化した〈野蛮の言説〉の構造の一端です。そして、こうした差別のヒエラルキーを可能にしたのが、繰り返しますが、科学的真理として定立された進化論なのです。

関東大震災と朝鮮人虐殺

先に見たとおり、人類館では、数週間という短期間であれ朝鮮人も展示されました。このことは、朝鮮人を日本人よりも劣った「人種」だとする考えがこの時期に存在していたことを示唆します。〈野蛮の言説〉は、西洋における他者表象の過程で見てきたとおり、長い蓄積でもって成り立つものであり、一九二三年の関東大震災時の朝鮮人虐殺も〈野蛮の言説〉との関わりで捉えることができます。

関東大震災は、一九二三年九月一日午前一一時五八分、相模湾を震源とするマグニチュード七・九の地震として発生し、東京を中心に関東地方南部を襲いました。死者数が一〇万五千人におよぶ未曾有の災害のさなか、「朝鮮人が暴動を起こした」や「井戸に毒を放り込んだ」をはじめとして数多くの噂が飛び交い、自警団によって多数の朝鮮人が殺害されました。その死者数は今日まで不明であり、当時の内務省警保局の公表(二三三人)と当時の朝鮮人調査団の報告書(六六六一人)では大きな幅がありますが、少なくとも千人から数千人の虐殺がなされた、と考えられています。

この朝鮮人虐殺の直接の背景と原因は、日本の拡張主義に伴う朝鮮半島への進出に求められます。一九〇四〜〇五年の日露戦争の勝利後、日本は韓国を保護領化し、一九一〇年八月の「韓国併合ニ関スル条約」でもって天皇に統治権を譲与する、すなわち日本が韓国を領有するという条約を締結します。この韓国併合以降、日本の敗戦までの三五年間、韓国は日本の支配下に置かれることになります。この日本支配が朝鮮人にたいする日本人の優越意識を高めたことはまず間違い無いでしょう。

韓国併合後に日本がとった統治方法は武力を背景に強制労働や土地収奪政策をとる武断政治でした。この高圧的な統治は当然ながら反発を招き、一九一九年三月一日、朝鮮独立を求める「三・一運動」が起こり、反日運動として朝鮮全土に波及し、同年末まで続きます。官憲は三・一運動に見られる外地での抵抗運動を危険視するとともに、大正デモクラシーのような国内の民主化運動も警戒していました。

震災発生直後の戒厳令下、アナーキストの大杉栄（一八八五―一九二三）と伊藤野枝（一八九五―一九二三）をはじめとする、官憲が敵意を抱いていた政治運動家を不法に弾圧・殺害する事件が起きています。こうした官憲主導の戒厳令的雰囲気とデマを流すという当局の意図的な情報操作によって起きたのが、朝鮮人虐殺事件でした。

朝鮮人虐殺のさいの官憲の主導性を重視する姜徳相の指摘によれば、朝鮮人の監視・取り締まりを専門とするプロがいました。憲兵や特別訓練を受けた特高警察「鮮人係」です。また朝鮮人は当時関東一円に二万人ほどしかおらず、ほとんどが工場現場にいたために日本人の近所にいる身近な存在ではなかったそうです。こうした状況下で震災が起き、街角で非常線が張られ自警団員による朝鮮人識別がおこなわれるのですが、その識別のさいのノウハウを民衆に教えたのは官憲でした。有名なのは「一五円五五銭」のフレーズです。朝鮮語には濁音がないので濁音続きのこの表現をそのとおりには発音できません。そのような識別でもって自警団が朝鮮人殺害を決行していきました（姜徳相・山田昭次・張世胤・徐鍾珍ほか『関東大震災と朝鮮人虐殺』論創社、五二―三頁）。

流言という〈野蛮の言説〉

震災は九月一日午前一一時五八分に発生しましたが、早くもその日の夕方には警察が朝鮮人による放火・殺人の流言を流し始め、二日目以降になると警察のほかに軍人も加わって流言を流布します。さらには内務省警保局長がおそらくこの日には朝鮮人暴動を事実認定し、警官が朝鮮人虐殺を容認する発言をします。この戒厳令状況のなかで民衆による朝鮮人虐殺がおこなわれていくのです。

では日本人、とくに朝鮮人殺害を率先した自警団はなぜ警察の流言を鵜呑みにしたのでしょうか。姜徳相ほか『関東大震災と朝鮮人虐殺』の共著者、山田昭次は、その理由の第一に彼らが「天皇制国家に信服する国民」だったことを挙げ、「当時日本の国民はお上のいうことは間違いないだろうという考えと、朝鮮人はそんな悪いことをしたのかという意識をもっていました」という証言を紹介しています。そして第二に、民衆意識のなかに「むやみに人を殺す不逞鮮人という朝鮮人像」が存在したことを指摘しています。

この「不逞鮮人」像＝朝鮮人暴徒観は、朝鮮独立を目指す三・一運動以降、定着していったと考えられています。三・一運動を契機に日本にわたり、アナーキズム運動に関わった人物に朴烈（一九〇二―七四）がいますが、その朴烈とともにアナーキストの金子文子（一九〇三―二六）が一九二二年、運動紙『太い鮮人』（不逞鮮人に由来）を発刊しました。その刊行趣旨にはこうあります。

日本社会で酷く誤解されている「不逞鮮人」が果たして無暗に暗殺、破壊、陰謀を謀むものであるか、それとも飽く迄自由の念に燃えて居る生きた人間であるかを、我々とあい類似する境遇に在る多くの日本人の労働者諸君に告げると共に（30字伏字）は、『太い鮮人』を発刊する。

（『関東大震災と朝鮮人虐殺』二九頁〔『朴烈・金子文子裁判記録』黒色戦線社、一九七七年、八一三頁〕）

ここに記される「無暗に暗殺、破壊、陰謀」を目論む「酷く誤解」された朝鮮人像は、三・一運動以降の新聞で「朝鮮独立運動の陰謀」（『読売新聞』一九一九年一一月二八日）や「不逞鮮人が独立陰謀の顚末、暗殺放火強盗を恣にす」（『読売新聞』一九二〇年八月一八日）といった具合に確認されます（同書、二九―三〇頁）。

このような敵愾心や恐怖心を煽る朝鮮人にたいする〈野蛮の言説〉が報道されてきたことも、流言を信じ込んで虐殺におよんだ日本人の心性を説明するものです。山田昭次『関東大震災時の朝鮮人迫害――全国各地での流言と朝鮮人虐待』（二〇一四年）は、震災時、朝鮮人による暴動報道が事実のごとく全国各地の新聞をつうじて流布されたことを当時の資料に基づいて詳細に紹介しています。すなわち、流言としての朝鮮人差別の言説は、関東一円にとどまらず、全国規模で展開した、ということであり、その主要媒体は新聞各紙でした。今日ではフェイクニュースと呼ばれる恣意的に捏造された情報がネット上で一挙に拡散するように、当時は新聞を介して同様の現象が起きていた、と捉えられるでしょう。

こうしたなかで、実際に何が起こったのか。これには数多くの証言が残されていますので、ここでは一例を紹介するにとどめます。九月二日の朝に目撃された現在の東京・江東区での虐殺の一部始終です。

近所の人びとが走って行くので、なにごとかと見ますと、警官が一人の男を連行して行くのを一団の群衆が、朝鮮人、朝鮮人と罵りながらとり巻いています。そのうち群衆は警官を突きとばして男を奪い、近くの池に投げ込み、三人が太い棒を持ってきて、生きた人間を餅をつくようにボッタ、ボッタと打ち叩きました。彼は悲鳴をあげ、池の水を飲み、苦しまぎれに顔をあげるところをまた叩かれ、ついに殺されてしまいました。一団の人びとはかん声をあげて引きあげました。

すると、また別の一団がきて、死んでいる彼を池から引きずり出し、かわるがわるまた、丸太棒で叩きました。肉は破れ、血は飛び散り、人間の形がなくなるほどに打ち、叩きまた大声をあげて引きあげました。死人に鞭打つと言う言葉の通りで、その時の惨状は今も私のまぶたに残っています。

（『関東大震災と朝鮮人虐殺』三〇頁）

一例に引いたこの証言でまず見逃せないのは、群衆が「朝鮮人、朝鮮人」と罵りながら取り巻く場面です。ここには相手にたいして私刑をおこなおうとする集団の感情が表明されているように捉えられます。その後に続く惨殺の描写ののち、死体を池から引きずり出す場面は、存在を文字通り抹消しようとする感情の爆発が読み取れます。暴徒と化しているのは日本人にほかなりません。

プロレタリア作家の中西伊之助（一八八七―一九五八）は『婦人公論』一九二三年一一月・一二月合併号掲載の論説「朝鮮人の為に論ず」でこう記しました。

試みに、朝鮮及日本に於て発行せられたる日刊新聞の、朝鮮に関する記事をごらんなさい。そこにはどんなことが報道されていますか。私は寡聞にして、未だ朝鮮国土の秀麗、芸術の善美、民情の優雅を紹介報道した記事を見たことは、殆どないと云っていいのであります。そして爆弾、短銃、襲撃、殺傷、――あらゆる戦慄すべき文字を羅列して、所謂不逞鮮人［…］の不逞行動を報道しています。それも、新聞記者のことあれかしの誇張的筆法でもって。

若し、未だ古来の朝鮮について、または現在の朝鮮人及び朝鮮人の知識と理解のない人々や、殊に感情の繊細な婦人などがこの日常の記事を読んだならば、朝鮮とは山賊の住む国であって、朝鮮人とは、猛虎のたぐいの如く考えられるだろうと思います。朝鮮人は、何らの考慮のないジアナリズムの犠牲となって、日本人の日常の意識の中に、黒き恐怖の幻影となって刻みつけられているのであります。［…］私は敢えて問う、今回の鮮人暴動の流言蜚語は、この日本人の潜在意識の自然の爆発ではなかったか？　この黒き幻影に対する理由なき恐怖ではなかったか？

（『関東大震災時の朝鮮人迫害』一六九―七〇頁）

新聞報道によって形成された「不逞鮮人」が「黒き恐怖の幻影」となって日本人の潜在意識のなかに沈潜し、それが「自然の爆発」となって流言に結びついたという中西の分析は、災害時に起きたこの虐殺を率先した自警団の心性を見事に示しているように思われます。

七三一部隊と生体実験

人類館事件、朝鮮人虐殺と並んで、是非とも取りあげておきたいのが日本の中国侵略から始まる「一五年戦争」（一九三一―四五）のなかに秘匿されてきた〈闇の奥〉です。七三一部隊という名称で今日まで記憶されている戦争犯罪です。七三一部隊とは、中国のハルビン近郊の平房付近に一九三九〜四五年にかけて存在した「関東軍防疫給水部」の本部のことで、通称「満州第七三一部隊」を略したものです。石井四郎（一八九二―一九五九）が部隊を創設し（正式発足は一九三六年八月）、長らく部隊長を務めました。常石敬一の『七三一部隊――生物兵器犯罪の真実』（一九九五年）はその任務をこう説明します。

この部隊は時期によって増減はあるが、隊員数三千人弱で、十年間に二千とも三千とも言われる人を人体実験によって殺害していた。人体実験の目的は、病気の原因の解明や、生物（細菌）兵器開発のためとされていた。確認されているだけで二十五種類の病気について人体実験を行い、その他、各種のワクチン開発などでも人体実験を行っていた。

（『七三一部隊』九頁）

この七三一部隊の人体実験による殺害を広く知らしめるため、常石敬一を主催者のひとりとする「七三一部隊展」が一九九三年七月から一年半にわたり、北海道から沖縄まで全国六一カ所で開催され、二三万人の見学者を得ました（同書、八頁）。この展示には「若い観覧者」が多く訪れたそうですが、実は私も高校三年生のさいに東京・立川の「七三一部隊展」を見学した「若い観覧者」のひとりでした。手元の資料では一九九三年九月二一日のことです。生体解剖の様子を模

「731部隊展」で配布されたパンフレットの表紙
写真は爆薬で破壊されたボイラー棟建物

型でもって生々しく再現する同展示は、人間がいとも簡単に人間ではない存在に貶められ、モノ（被験者は「マルタ（丸太）」という隠語で呼ばれました）として扱われるのかをまざまざと突きつける点で、平凡な高校生だった「私」の自己意識を大きく揺るがす出来事でした。

七三一部隊の表向きの顔は「防疫・給水」でした。実際、隊長の石井は、戦場における飲料水の確保のための濾水機の実用化に成功し、陸軍で採用された石井式濾水機でもって日本軍に発生していたコレラ患者の増加を防ぎました。そして、その裏の顔が人体を用いた当時不明の病因解明および細菌兵器の開発でした。

人体実験は、西洋で発達した解剖学に遡ります。第六講でグレゴワール・シャマユーの『人体実験の哲学』（二〇〇八年）を取りあげ、解剖の対象となるのが刑死体などの「卑しい身体」であったことに触れました。七三一部隊における実験対象は「卑しい身体」と貶められた囚人（戦争捕虜）の身体であり、しかも生きたままの人間の身体でした。医学発展の観点からは動

物よりも人間を用いたほうが病因解明や効能を検査するにあたってははるかに合理的ですが、まさにその人間による生体実験が禁忌だという犯罪意識があったからこそ、七三一部隊の本来の任務は長らく秘匿されてきたわけであり、撤退のさいには証拠隠滅が図られました。

では人体実験はどのようにおこなわれたのでしょうか。以下「七三一部隊展」の概説（常石敬一監修）に沿って説明します。

対象となったのは日本軍に抵抗ないし抵抗の嫌疑をかけられた中国人やロシア人でした。憲兵隊に捕まると、彼らはハルビン駅に送られ、そこから特別製の護送車に乗せられました。人体実験用の囚人とされた人々は「マルタ」と呼ばれ、人格を剥奪された扱いを受けます。憲兵隊や警察は「マルタ」集めを組織的におこない、毎年六〇〇人ほどの囚人が平房（ピンファン）の本部に送られました。平房では特別監獄に入れられます。ロの字型をした建物の第七棟と第八棟が特別監獄にあたり、二階建で各階には三〜四・五畳の独房があったと言います。独房はペスト菌を植え付けた囚人の経過観察のために用いられました。細菌戦のための毒力効果を試す生体実験です。「感染にはペスト菌を注射・移植・内服（口から注入）などの方法」があり、「細菌班では採血、体温・血圧測定などをして感染・発病経過を調査」し、病状観察後、多くは同じ棟内の解剖室で解剖され、遺体は焼却炉で焼かれました。

生体実験を可能とする論理

七三一部隊の人体実験は日本陸軍内部の秘匿事項でしたが、人体実験で得られた成果は関係する東京帝大・京都帝大の医学部教授のもとに送られるなど、日本医学界を巻き込んだ巨大構造のもとで公然の秘密のようにおこなわれていました。七三一部隊を率いた石井四郎は、人体実験の情報を米国に極秘で渡すという交換条件で東京裁判で裁かれることはありませんでした。七三一部隊や関連する部隊で働き、戦後、戦犯として裁かれずに逃れ、要職に就いた者も少なくありません。七三一部隊大連支部の支部長だった安東洪次（一八九三―一九七六）は戦後、東大医学部教授の身分にありました（『七三一部隊』二八―三二頁）。東京帝大医学部を卒業し、満州医科大学で教授を務めたのち、石井四郎の後任として一九四二年より七三一部隊長を引き継いだ北野政次（一八九四―一九八六）も、かれのもとでおこなわれた人体実験に携わり、七三一部隊の実験を担った石川太刀雄（一九〇八―七三）も同様です（石川は金沢大学医学部教授）（同書、一一六―七頁）。この文脈のなかであらためて注意を喚起しておけば、戦後、戦争責任を問われなかった最大の責任者は「大元帥」であった昭和天皇（一九〇一―八九）でした。すなわち、昭和天皇は〈戦前〉と〈戦後〉が断絶しつつも連続している関係性の象徴でもあり、石井をはじめ「免責」された者が戦後社会の中枢に居続ける構造を可能にしてきたのだと言えます。

七三一部隊を歴史的事実として取りあげるべきだとする教科書裁判がかつてありました。家永三郎（一九一三―二〇〇二）元東京教育大学（現・筑波大）教授が自著の教科書の不合格・修正要求をめぐり提訴した裁判です。教科書検定意見は、七三一部隊の記述削除というものでした。理由は七三一部隊について信用にたりうる専門的学術的研究がなく、時期尚早だ、というものです。最高裁は七三一部隊の存在が定説であるということから、この判断を違法としたものの、全体としては教科書検定を支持しました。いずれにしても今日、学校教育で七三一部隊を知る機会は非常に少ないと思います。

すでに故人ですが、七三一部隊に携わった軍医に湯浅謙（一九一六―二〇一〇）という人がいました。湯浅は、この部隊に関わり、戦後生き延びた人々の多くが沈黙を貫くのにたいし、ほとんど例外的に自身の経験を公で語ることを憚りませんでした。亡くなるまで、六〇〇回におよぶ講演活動をおこない、自身の戦争体験を後世に語り継ごうとするその一貫した意思に秘められた想いは、その体験があまりに非人間的であるがゆえに想像を絶して余りあります。

一九九四年六月一九日、湯浅謙が甲府で述べた証言を常石は自著でこう引用しています。

何度も人体実験をしたが、印象に残っているのは最初のものだ。一九四二年二月に山西省の陸軍病院に勤務して一月半後に、院長から「手術演習」の通告を受けた。何をするかは分かっていた。医大生の頃から、分かっていた。午後一時からというのをわざと遅刻した。手術演習は外科医を速成するための練習だった。今思って異様なのは、その場にいた皆が二人の中国人を見てニヤニヤ笑い、普通の顔をしていたということだった。集まっていたのは、軍医、衛生兵そして看護婦だった。軍医は将校であり、軍での階級が高いわけで、威厳を保たなければならなかった。殺される運命にある中国人を見て、うろたえるわけにはいかなかった。

一人はもしかしたら八路軍の兵士だったろう、堂々として悠然と自分でベッドに横たわった。部屋の中には手術刀、ノコギリそれにメスなどがあり、自分の運命は分かっていた。彼の心の中は日本に対する憎しみで溢(あふ)れていただろうが、自分たちは皆、日本軍の威厳に八路軍の兵士が屈したと変な満足感を覚えていた。その彼の胸を開け、内臓を次々に取り出していった。

もう一人は本当に近所の農民だったろう、ベッドに行こうとせず、「アイヤー、アイヤー」と泣きわめいていた。看護婦は「麻酔をする、痛くない」と下手な中国語で言い含め、麻酔を打った。その時、彼女はニヤと自分を見たのだった。それは自分を仲間と思ってなのか、それとも軍医さんは度胸がないねと思ってなのか、その意味は分からない。一度やるともう平気になる。三回目には進んでやるようになった。

(『七三一部隊』九九―一〇〇頁)

この証言の詳細な記録は吉開那津子『増補新版 消せない記憶——日本軍の生体解剖の記録』(一九九六年)に収録されています。それによると、生体実験の対象は中国人捕虜一般というわけでなく、とくに八路軍兵士(中国共産党軍の通称)を対象としていました。『消せない記憶』には、「捕まえてしまえば生かそうと殺そうとこちらの勝手であり、殺す場合にも、こちらの作戦に有利なように殺すのがよいとされたのは当然であった。生体解剖などは、その極といってよかった」(同書、七三頁)とあります。この戦時下の非常事態であればこそ、〈敵〉の処遇は「こちらの勝手」であるという考えが生じます。同書による湯浅軍医の回想はこの引用文よりはるかに生々しく、残酷です。散々に体を切り刻んで、それでもなおも呼吸する身体の息の根を止める経緯が回想されています。平時の感覚からすれば常軌を逸しているわけですが、〈敵〉を殺す以上、殺し方の残忍さは問われない、という感覚が戦時においては通用したことも、想像しえないわけではありません。日本の製薬会社に送るために脳の皮質を取りだしたという挿話もここでは証言されています(同書、八九頁)。

『消せない記憶』をまとめた著者の吉開は湯浅医師についてこう述べています。「ごく平凡な、個人的には誠実で真面目ですらあったひとりの日本人が、時代の嵐の中で、人間とは思えない行為をするまでに追いつめられていく姿は悲惨であるとしかいいようはなく、わたしはその過程こそ、日本の未来を引き継ぐ若いひとたちへの警鐘として、語り残されねばならないと思いました」(同書、三頁)。

今日の社会の一般常識にのっとれば誰もがこんなことはあってはならないと思うはずです。当然のことです。しかし、繰り返しますが、〈常識〉は移りかわるのです。いまの時代状況でこんなことは許せない、と思う事態は、それを求める時代状況においては許されてしまうことがある。私たちの〈常識〉など、結局のところ、時代の要請如何でいとも簡単に非人間性を帯びるということです。湯浅医師が後世に伝えようとしたことは、私たちの議論でいえばこの人間性の剝奪の根拠が〈野蛮の言説〉であった、ということです。まさに相手から人間性を剝奪した「マルタ」であり、どう殺してもよい〈敵〉だという観念が、生体実験を可能としました。その相手が〈野蛮の言説〉でもって貶められない対象である場合、生体実験は成り立ち得ません。つまり、生体実験は同胞である日本人を対象にしてはならない、ということです。だからこそ生体実験は外地で実施されたのでした。これが戦争の論理なのです。

＊

今回は、人類館事件、関東大震災時の朝鮮人虐殺、そして一五年戦争時の七三一部隊の生体実験を取りあげました。

人類館事件についてはここで主に依拠した『**人類館――封印された扉**』（二〇〇五年）をご参照ください。なお人類館で展示された人々は各民族のなかでマージナルな存在だったのではないか、と推測しましたが、特別な事例として、人類館に展示されたアイヌの教育活動家の伏根弘三（一八七四―一九三八）にもこの機会に言及しておきます。『人類館』所収の長谷川由希論文によれば、伏根は、人類館で展示される状況を利用して、アイヌ学校のための募金活動をおこなうなど、アイヌ地位向上のための運動を積極的に展開しました。この本が編まれた契機は、知念正真の戯曲「人類館」の上演にあったわけですが、その戯曲自体は、**岡本恵徳・高橋敏夫編『沖縄文学選――日本文学のエッジからの問い**』（二〇〇三年）に収録されています。またこの事件は日本の研究機関が保管するアイヌや琉球人の遺骨返還問題に連なることも指摘しておきます。

関東大震災時の朝鮮人虐殺については、ここで触れた文献以外に、**加藤直樹『九月、東京の路上で――1923年関東大震災 ジェノサイドの残響**』（二〇一四年）を挙げておきます。本書は在日韓国・朝鮮人にたいするヘイトスピーチを受けて、一九二三年の朝鮮人虐殺の現場を訪ねながら路上で起きた過去の事件と現在を接続する試みとして、刊行時に話題となった重要作です。また、当時のさまざまな証言については、**西崎雅夫編『証言集 関東大震災の直後 朝鮮人と日本人**』（二〇一八年）をご参照ください。

七三一部隊については、**湯浅謙の証言集『増補新版 消せない記憶**』（一九九六年）をまずは挙げておきます。同書には日本軍の慰安所についての証言も記してあります（一二〇―一二一頁）。このほか、中央档案館ほか編『証言 生体解剖――旧日本軍の戦争犯罪』（一九九一年）および中央档案館ほか編『証言 人体実験――七三一部隊とその周辺』（一九九一年）も参照いただけたらと思います。松村高夫編『〈論争〉七三一部隊』（一九九四年）は、通称・家永教科書裁判（第三次）の争点となった七三一部隊をめぐる裁判記録の書です。これらの証言や記録に何よりも触れていただきたく思います。

第一四講 ヘイトスピーチと相模原事件

人種差別と障害者差別

前回は戦前から戦中にかけての日本における〈野蛮の言説〉を人類館事件、関東大震災時の朝鮮人虐殺、七三一部隊の生体実験という三つの事例に基づいて確認しましたが、これらで取りあげた〈野蛮の言説〉は残念ながら現在でもかたちを変えて繰り返されています。

これまでを振り返ると、他者蔑視の典型的言説は二つの相関する形態があると言えます。それは人種差別と障害者差別です。障害者差別は健常者の優生思想に基づくことから、健常者の子を生む身体として女性の身体を捉えるという性差別も伴います。これらは一見論理の異なる差別に見えますが、〈野蛮の言説〉論が示すのは、これらがいずれも西洋啓蒙期以降の科学的言説の必然的展開のごとく生じた進化論を基盤としてきた、ということであり、その共通点を一言に約めるならば、能力主義だと言えるでしょう。人間には能力の優劣があり、その基準において多くの場合は生まれつき劣等なタイプがいる、とする発想です。このなかで最高位とされるのは白人男性の健常者でした。

ナチズムという怪物的言説以降、生物世界の進化のプロセスを人間世界の進化のプロセスに拡張した社会進化論は学的根拠を否定され封印されました。基本的人権は擁護され、人種思想も優生思想も否定されました。ところがその一方で、第二次世界大戦以降も、人種差別は根強く存続し（アメリカ合衆国の黒人差別法ジム・クロウ法や、南アフリカ共和国のアパルトヘイト政策など）、戦勝国による植民地支配は二〇世紀をとおしてその影響を与え続け、植民地支配から完全に脱却した地域はないと思われます。優生思想ものちに確認する日本の展開をみても一九六〇年代までは公に主張されていましたし、公然とではありませんが、いまでも続いています。

終わりなき〈野蛮の言説〉

現在、〈野蛮の言説〉に連なる発言・行為にたいしては、たとえばそれを政治家が公言すれば失言だとして謝罪する、内容如何では辞任や辞職に追い込まれる、そうした社会的倫理が働いていますし、差別やハラスメントを規制する法整備も近年の日本社会では着実に進んでいます。そうした制度面での改良の努力にも関わらず、差別的言動はなおも消え去りません。本講義のイントロダクションで触れた某自民党議員のアフリカ人にたいする人種差別発言などは時代錯誤的な印象を与えますが、翻って考えてみれば、「アフリカ＝暗黒大陸」という西洋の〈野蛮の言説〉

を引き継ぐこの表象は、日本人の無意識のうちに深く沈潜していることの証左です。

　現代世界では差別は公的には存在してはならないことになっているにも関わらず、政治家の差別的発言はあとを絶たないばかりか、ヘイトスピーチやヘイトクライム（憎悪犯罪）の頻発が問題視されています。世界には、たとえばアメリカ合衆国の黒人差別を背景とした銃殺事件に端を発するブラック・ライヴズ・マター（黒人の命も大切だ）運動など、ここで取りあげたい多くの事例があるのですが、まずはその前にこの日本社会で現に起こったことを題材に〈野蛮の言説〉の現在について考えてみようと思います。

ヘイトスピーチ現象

　ヘイトスピーチという用語が日本で広まったのは二〇一三年春です。東京・新大久保はコリアンタウンとして親しまれ、韓国料理店などを在日韓国・朝鮮人が商う賑やかな地域ですが、二〇一二年秋以降の週末、「反韓」の思想的傾向を有するデモ隊が新大久保を狙って押し寄せ、在日韓国・朝鮮人をターゲットとした差別扇動を路上を練り歩きながらおこなうようになりました。この一連のデモで発せられた言葉が、ヘイトスピーチだと認定される扇動的な差別表現であり、「朝鮮人を追い出せ」「韓国人は死ね」、さらには「朝鮮人をたたき殺せ」といったように表現は過激化の一途をたどりました。同様のデモは大阪・鶴橋でも実施されています。

この反韓デモの主要な呼びかけ団体が、桜井誠を初代会長とする「在日特権を許さない市民の会」、通称「在特会」(二〇〇六年設立)でした。この団体が「在日特権」と呼ぶのは、通称「入国管理特例法」と呼ばれる現行法に基づく特別永住者の在留資格であり、それに付随する「特権」を指しています。特別永住者という概念は、戦前から日本に居住する朝鮮半島および台湾出身者に適用されるもので、在日韓国・朝鮮人はその代表です。在特会の主張によれば、この特別永住者には税の減免制度があったり生活保護など社会保障面で優遇されています。ところがこの「特権」は、野間易通『「在日特権」の虚構——ネット空間が生み出したヘイト・スピーチ』(二〇一三年)によって「虚構」だと反証されます。「在日特権」がそもそもないのだとすれば、その「特権」を許さないとするこの団体はもはや設立の根拠すらないと言えましょう。ではいったいこの団体の目指すところは何でしょうか。特別永住者を定める「入国管理特例法」は、連合国による占領期を経て、連合国と日本のあいだで締結されたサンフランシスコ講和条約(一九五一年)に端を発します。その「入国管理特例法」の廃止を要求するということは、突き詰めればサンフランシスコ講和条約の見直しを迫るものとなるはずですが、奇妙なことに、在特会はその要求を政府に直接訴えることよりも、反韓のヘイトスピーチをおこなうことで世論にアピールする方法をとります。

この団体が今日の日本社会におけるハードな〈野蛮の言説〉だと言えるのは、他者排除の言動を平然とおこなう点にあります。前田郎編『なぜ、いまヘイト・スピーチなのか――差別、暴力、脅迫、迫害』(三一書房、二〇一三年)では二〇〇九年一二月から翌年一月にかけて在特会が二回おこなった京都朝鮮第一初級学校の襲撃が報告されています。在特会がターゲットとしたのは日本の幼稚園・小学校に相当する朝鮮学校に通う生徒と教員でした。「不逞な朝鮮人を日本からたたき出せ」「北朝鮮の工作員養成機関、朝鮮学校を日本からたたき出せ」「朝鮮人を保健所で処分しろ」といった異様な言葉の暴力を拡声器を用いてふるったのです(『なぜ、いまヘイト・スピーチなのか』三六頁)。学校の大人たちはこうした直接行動と対峙して暴力沙汰となるのを避けました。相手の土俵には乗らないという賢明な判断をした一方、子どもたちは一時間にわたる言葉による暴力にさらされ、大人たちもこの暴力を前にして無力感に陥ったと言われます(同書、一二〇―一一頁)。ヘイトスピーチは、相手の心に深い傷を負わせるだけの破壊的効果があります。この二度の襲撃を受けたのち、その学校は二〇一一年に休校、一三年に校舎が取り壊されました。

在特会の悪意に満ちた意図的暴力行為は現代的であるとはいえ、行使されるヘイトスピーチの表現自体は過去から用いられてきたものです。同書の著者のひとり中村一成は、罵詈雑言のなかには「チョンコ」「キムチ臭い」「国へ帰れ」といった、保護者・教員の幼少期の差別体験を想起させる古い差別語があったことを指摘し、「在日朝鮮人らマイノリティーへの憎悪は一貫してこの社会の地層に溜め込まれ」ており「それを放置してきた結果が、ヘイトデモが繰り返される日本社会の今」だと述べます（同書、一一九頁）。

実際、前回言及した沖縄における基地建設反対運動時の「土人」発言もまた、この日本社会に埋めこまれた古い差別語のひとつです。さらに二〇一四年には札幌市の金子快之市議（当時）が、「アイヌ民族を主張するのは利権屋で、アイヌ民族はいまいない」という趣旨の発言を自身のツイッター上でおこない、アイヌ民族否定論がネット上に拡散しました。アイヌの人々の民族的アイデンティティを否定するこの発言にたいしては、岡和田晃・マーク・ウィンチェスター編『アイヌ民族否定論に抗する』（二〇一五年）をはじめ批判がなされましたが、このような他者否定の言葉が平然とまかりとおる日本の言論状況は、〈戦後〉の価値観に大きく揺さぶりをかけていま す。あたかもアジアの強国であった日本の〈戦前〉の価値観の復活が望まれているかのようです。敗戦の記憶の忘却のうえに成り立つこの他者排斥の言論は、当然のこととして近代日本の〈闇の奥〉を忘却し、他者にたいする痛みのみならず自国民にたいして与えた痛みすらも忘れ、忘れさせようとします。

愛国的排外主義

私たちの議論に照らす場合、日本のヘイトスピーチに共通するのは、自国民第一の愛国思想であり、その帰結としての排外主義です。おそらく愛国思想のうちには、そもそもの感情として、自分の生まれた場所を愛する、という郷土愛があるのだと考えられます。郷土愛は自分の暮らした具体的な場所への愛着であり、ローカルなものです。このローカルな感覚が国民的なものへと拡張するときに愛国的な感覚が生まれるのだと思われますが、いずれにしても、局所的で具体的な郷土愛と、全体的で抽象的な愛国心とのあいだには、大きな隔たりがあります。

ではどのようにすれば愛国心は育まれるのでしょうか。愛国思想を推進する立場の側からすれば、もっとも効果的であるのは、なるべく早いうちからそうした思想教育をおこなうことでしょう。実際、日本の教育の中核をなす法律である教育基本法は、二〇〇六年に改正されますが、教育の目標を定めた第二条には、「伝統と文化を尊重し、それらをはぐくんできた我が国と郷土を愛する」という条項が新たに加わりました（なお公式の英訳は必ずしも直訳ではない“respect for tradition and culture and love of the country and regions that have nurtured us”）。この決定を主導したのは、『美しい国へ』（二〇〇六年）などの愛国思想で知られる安倍晋三首相（当時）とその内閣です。このように当時の日本政府が、教育における愛国心の育成を明確に掲げたのは、二一世紀に入ってのちのことです。愛国心教育は、「祖国」を愛するということだけでなく、国家への忠誠心を養うことを目指します。愛国心教育が〈戦前〉の価値観の要（かなめ）であり、富国強兵政策のもと、日本の軍国主義と植民地主義を推進する精神的要になったわけです。

ですから愛国思想は、郷土愛の拡張としての祖国愛にはとどまらない、国家への忠誠心や、自国民優先の価値観を育みます。この価値観を育成するにあたっての障害は、敗戦をめぐる記憶であり、とりわけ日本人の尊厳を損なう負の記憶です。こうした負の記憶に向き合う戦後日本の歴史観を「自虐史観」と呼び、愛国主義的歴史観を唱える「新しい歴史教科書をつくる会」が結成されたのは一九九七年のことでした。それから二〇年以上を経て、現代日本社会の言論は、戦後日本の歴史観よりも、記憶を都合よく書き換えてしまう、こうした愛国主義的な歴史観を歓迎する風潮にあります。

多くの人は、在特会のようなヘイトスピーチを好まないはずです。しかし、そうした排外主義的言動を促進してしまう〈空気〉がこの社会にはたしかに醸成されており、その〈空気〉は多数派である「われわれ」からこの社会に暮らす隣人を分離し、排除することを容易にしています。愛国的排外主義と呼びうる風潮がネットをはじめとする各種メディアによって喧伝されている現在、隣人への敵対性が強調される状況に転じれば、隣人を平気で蔑む言論が蔓延してしまう恐れがあります。

相模原障害者殺傷事件

二〇一六年七月二六日の未明、神奈川県相模原市の障害者施設「津久井やまゆり園」で殺傷事件が起きました。この施設で働いていた元職員の植松聖被告（当時二六歳）が入所者一九人を刺殺し、職員三人をふくむ計二七人に重軽傷を負わせた事件です。この事件は、凶悪犯罪事件だとして犯罪者を糾弾するだけでは解消することのない、この社会の暗部を照射するような、優生思想に基づいた元施設職員による殺人事件でした。そうであるがゆえに、報道後もこの事件を考察する書籍が数多く出版されています。

植松被告は犯行におよぶ約五ヶ月前（二月一五日）、衆議院議長公邸を訪ね、土下座をして頼み込んで大島理森議長宛の手紙を渡しています。その文面は以下のように公表されています。

［…］私は障害者総勢四七〇名を抹殺することができます。

常軌を逸する発言であることは重々理解しております。しかし、保護者の疲れきった表情、施設で働いている職員の生気の欠けた瞳、日本国と世界の為と思い居ても立っても居られずに本日行動に移した次第であります。

理由は世界経済の活性化、本格的な第三次世界大戦を未然に防ぐことができるかもしれないと考えたからです。

障害者は人間としてではなく、動物として生活を過しております。車イスに一生縛られている気の毒な利用者も多く存在し、保護者が絶縁状態にあることも珍しくありません。

私の目標は重複障害者の方が家庭内での生活、及び社会的活動が極めて困難な場合、保護者の同意を得て安楽死できる世界です。

重複障害者に対する命のあり方は未だに答えが見つかっていない所だと考えました。障害者は不幸を作ることしかできません。

［…］戦争で未来ある人間が殺されるのはとても悲しく、多くの憎しみを生みますが、障害者を殺すことは不幸を最大まで抑えることができます。今こそ革命を行い、全人類の為に必要不可欠である辛い決断をする時だと考えます。日本国が大きな第一歩を踏み出すのです。

［…］

（堀利和編『私たちの津久井やまゆり園事件』一五頁）

植松被告の手紙を読んで、第一二講で取りあげた二〇世紀初頭ドイツの障害者差別と安楽死論を想起する人は多いのではないでしょうか。この手紙は、「健常者」と「障害者」の二分法を前提に、前者を「未来ある人間」とし、後者のうち、ここでは複数の「障害」を有する「重複障害者」を「生きるに値しない命」（ビンディングとホッヘ）であるかのように捉えています。さらに手紙には「作戦内容」として具体的な行動計画が記されており、それによれば、職員の少ない夜勤時間に決行すること、津久井やまゆり園をふくめた二つの施設を標的とし、見守り職員を結束バンドで拘束して外部との連絡を遮断したうえで「二つの園二六〇名を抹殺した後は自首」し、最長二年の獄中生活後には「心神喪失による無罪」として「新しい名前、本籍、運転免許証等の生活に必要な書類、美容整形による一般社会への擬態。金銭的支援五億円」を確約してもらえたら「いつでも作戦を実行致します」とあります（同書、一四頁）。

手紙は、五ヶ月後に引き起こされる大量殺人事件の背景をなす思想を明確に提示しています。その思想とともに注目すべきは「作戦内容」です。植松被告はこの手紙を衆議院議長宛に書いていますが、彼が実際に内容を伝えたい相手は安倍晋三であることは「想像を絶する激務の中大変恐縮ではございますが、安倍晋三様にご相談頂けることを切に願っております」（同書）という一文で手紙を締めくくっていることから明らかです。そもそも植松被告の計画する作戦にたいして決定権を有するのは安倍首相だと想定されています。つまり、表面的には植松個人による大量殺戮だが、その裏面は国策として実行されるというシナリオです。妄想にちがいありませんが、過去においてナチの政策のように戦時下で安楽死計画を実施した極秘の国策があったことを想起すれば、ここで主張される妄想は、特定の状況下では現実感を帯びないとはかぎらないわけです。そして個人の犯罪として決行されたこの大量殺人事件は、〈野蛮の言説〉（この場合は被告個人の犯行の背骨をなす思想）を批判し否定すれば解決することではないことをこの社会にまざまざと突きつけました。

保坂展人『相模原事件とヘイトクライム』（二〇一六年）は事件後に緊急出版された書籍のひとつですが、今回の事件について「許されない犯罪」、「ありえない犯罪」という「表層の言葉では決定的に弱い」(同書、一三頁)とし、この犯行の思想的背景の優生思想に向き合います。そのなかで保坂は今回の事件について障害当事者に話を聞いているのですが、いずれも鋭く重要な指摘をおこなっています。全盲の障害当事者である藤井克徳は今回の事件が起きたことをめぐる「特異さだけでは片付けられない部分」として、この事件から改めて露呈した日本社会の障害者への構造的差別を三点にわたって指摘しました。一点目は、人里離れた場所に無期限で入所者が生活するという施設の問題です。津久井やまゆり園は高尾山のふもとという隔離された場所にあったのです。二点目は、殺害された被害者が氏名も性別も明かされないまま匿名で報道されたということです。生きているうちに社会から隔離されているだけでなく、このような殺害後ですらも、その人間が存在しなかったことになってしまっています。ここには一般に入所者の両親が実名報道を望まないということが関与しているといいます。三点目は、事件後も、入所仲間が惨殺された敷地内の体育館で九〇人の方が暮らしていた、という点です。

厚生労働省は、障害者にとっては慣れた環境のほうがいいと述べているそうですが、これはほんとうに障害者を知っている者の発想ではありません。詭弁です。普通の目線では考えられません。匿名にしても、事件のあった同じ敷地内で暮らしていることにしても、障害者だから許されるとしたらどうでしょう。「障害者差別」以外のなにものでもありません。死後まで続く差別です。

（『相模原事件とヘイトクライム』二四頁）

こうした「特異さだけでは片付けられない部分」は、犯人の「異常性」を批判すれば解決する問題ではなく、日本社会が「障害者」を不可視にしてきた、見えない差別の帰結です。手紙には「保護者の疲れきった表情、施設で働いている職員の生気の欠けた瞳」とありました。似たような表現は「生きるに値しない命」を主張した医師ホッヘの言葉のうちにも見られました。『相模原事件とヘイトクライム』で藤井はこうも発言しています。

植松容疑者は確信犯かどうかはわかりませんが、彼の発想には優生思想とつながっているところがあると思います。容疑者個人は許せないのですが、問題は、現代日本社会はどうなのかということです。かつて石原慎太郎氏は、都知事時代に都立府中療育センターで「ああいう人ってのは人格あるのかね」と発言しました〔朝日新聞一九九九年九月一八日〕。また、昨年〔二〇一五年〕の一一月、茨城県教育委員会の長谷川智恵子委員が、障害児について、「妊娠初期にもっと（障害の有無が）わかるようにできないのか」、「茨城県では減らしていける方向になったらいい」と述べました〔朝日新聞二〇一五年一一月一九日〕。

事件が特異であると片付けてはいけないのはこういう理由からです。こうした考えがちょいちょい頭をもたげている。これを許している社会の土壌を見なくてはいけません。

（同書、四〇頁）

青い芝の会

相模原障害者殺傷事件（津久井やまゆり園事件）を受け、改めてクローズアップされたのはナチの優生思想とその「T4計画（テーフィア）」でした。そのような歴史を想起すべきあまりに深刻な他者抹消だったわけですが、〈野蛮の言説〉論の文脈では、そこにとどまらず、ナチが立脚する優生思想の思想的系譜を強調する必要があります。十分に繰り返してきたことではありますが、優生思想の根拠は（社会）進化論にあります。さらにこの系譜は博物学的知の黎明期である一八世紀中頃にまで遡ります。〈野蛮の言説〉とは科学的知のなかに最初から組み込まれていたのだ、というところまで視座を広げる必要があります。

もうひとつ、この事件について書かれた記事や著作のなかで繰り返し参照されたのが「青い芝の会」でした。この会は一九五七年に脳性麻痺者の親睦団体として当初は結成されますが、一九七〇年代になると学生運動の高揚も相まって障害者差別と真っ向から向き合い、たたかうグループへと変貌を遂げます。その急進性を担ったのが一九七〇年六月結成の「青い芝の会 神奈川県連合会」であり、その中心人物として知られるのが、横田弘（一九三三—二〇一三）と横塚晃一（一九三五―七八）でした。横田は『障害者殺しの思想』（一九七八年）、横塚は『母よ、殺すな』（一九七五年）という、日本の障害者運動の画期をなす著作をそれぞれ世に問うています。

「青い芝の会」が積極的な反差別運動を展開する時代の日本社会は、子である障害者よりも、その子を育てる親にたいする同情が強く、優生思想のようなことが公然と言われていました。翻って現代はどうか、というとそうしたことが公然とは言われないだけで、価値観それ自体が根本的に変容したとは言い難いと思います。いずれにしても障害者の人権を考慮しない当時の時代状況のなかで、転機となる事件が起きます。

一九七〇年五月、母親が重度の脳性麻痺をもつ二歳半の女児を絞殺するという事件が起きます。この事件を不憫に思った町内会の人たちが母親の減刑嘆願の署名運動を始めるのですが、「青い芝の会」は横田を中心にこの嘆願運動の「偽善」にたいして怒りを覚えます。なぜならば、障害者の子をもつ家庭を孤立化させ、今回のような事件に至らしめた背景には地域住民の無関心や白眼視があったからにちがいないからです。こうした「健常者」たちによる自己都合的な慈善活動を批判し、「青い芝の会」は母親にたいして「正当な裁判」を求めます。以下、神奈川県連合会が発行したビラの一部を引用します（荒井裕樹『差別されてる自覚はあるか――横田弘と青い芝の会「行動綱領」』一〇三頁）。

昨年五月、横浜で起きた重度障害児殺人事件は、私達のはげしい叫びの結果、事件発生以来実に一年四ヶ月を経た九月七日、ようやく第一回の公判が開かれるようになりました。

しかし、裁判の進行状況をみるとき、私達のねがいや、期待とはうらはらに、高度成長のみを至上とし、人々の生命や意識まで管理しようとする国家権力の手で、現代社会が必要とする生産性能力を持たない重度障害児（者）を「施設もなく、家庭に対する療育指導もない。生存権を社会から否定されている障害児を殺すのは、やむを得ざる成り行きである」とする一部の親達の意見を利用して抹殺しようとする方向にむかっているのです。

これでいいのでしょうか？


ここで引かれている「一部の親達の意見」は、減刑嘆願の抗議文にある文言です。「生存権を社会から否定されている障害児」は殺しても致し方なし、とするこの優生思想こそ、「青い芝の会」が対決しなければならないものでした。横田たちの主張は自分たちも人間であるという叫びでした。


重度障害児（者）も人間なのです。

重度障害児（者）も生きているのです。自由に生きられるのです。

この絶対的な命題の上に立った正当な権利を。と、私達はくりかえし叫び、且、行動し続けます。続けなければならないのです。

(同書、一〇三頁)

「重度障害児殺人事件」にたいしてこうした表明をし、行動した「青い芝の会」は障害者運動の意識と言動を変えました。それゆえ、こうした凄惨な事件が二〇一六年に起きたときにも「青い芝の会」の思想と行動が繰り返し参照されたわけです。いうまでもなく、本当の問題は、社会における差別される側にではなく、差別を許容する多数派の価値観それ自体にあります。問題は、「青い芝の会」の痛切にして攻撃的な「叫び」ののちもまだ、繰り返される差別の意識の深さにあります。〈野蛮の言説〉を考えることは、この善/悪、正義/不正の判断だけでは解決を見ない〈闇の奥〉を考えることなのです。

能力と差別

今回の冒頭で述べたように、人種差別と障害者差別に共通する価値基準とは人間を優劣の価値観で測ることであり、その基準となるのが〈能力〉であることは、西洋における〈野蛮の言説〉の系譜の検証をつうじて明らかとなったことでした。ここで改めてグールドの『人間の測りまちがい』に触れておくと、この本は頭蓋計測学に基づく知性の計量という発想が、知能検査に至るまでかたちを変えて一貫して続いていることを提示する試みでした。人間の内面的な能力を数値化して測ることは、観相学を引き継いだ骨相学のように、一九世紀ヨーロッパで科学として流通した考えであり、今日ではその学的方法は否定されているものの、ある基準に基づいて能力を測るという発想は決して否定されることなく、むしろ近代化を経た社会の秩序形成の指標をなしています。

さて、これまでの議論に照らせば、能力主義に基づく社会は、進化論的思想に立脚します。西洋の言説でもっとも重要な能力となるのは、知性です。進化の階梯において知的であることが、人間的であることの証と捉えられます。それゆえ多くのナチュラリスト＝人類学者は「人種」による知性の優劣を頭蓋骨の容量から明証しようとしたのでした。ゴビノーの『人種不平等論』(これは厳密にはダーウィニズム以前の議論でしたが)では白人種は知性で優越する一方、黒人種は音楽、ダンス等の芸術能力で優れているとされました。知的であるとは、より文明的であることを意味します。未開である諸民族、諸人種は知的能力でも劣っていると考えられました。

特定の「人種」と知的能力を連関させるという西洋の自民族中心主義は否定されていますし、遺伝学の分野では「人種」という概念そのものが失効しています。事実、現在のヘイトスピーチも能力の優劣に基づいた言動を表立っておこなうことはありません。

『レイシズムを解剖する――在日コリアンへの偏見とインターネット』(二〇一五年)の著者であ

る高史明は、上述の能力主義的差別が古典型の人種差別だとするならば、現代の人種差別は新たなレトリックを用いることを、アメリカ合衆国における差別研究に依拠して示しています。それは次のようなレトリックです。まず人種間における差別、偏見はもはや存在しない。それゆえ、黒人種と白人種のあいだに存在する格差の要因は、差別にではなく、黒人の努力不足にある。にも関わらず、黒人はこの努力不足を被害者意識にすり替えて、差別にたいする抗議と称して過剰な要求をおこなうことで、不当な「特権」を得ているのだ、とするものです。このレトリックは、一見明白な差別としては感知されにくく、多数派にたいする逆差別であるかのような印象すら与える点で、たしかに世論に浸透しやすいといえるでしょう。これはヘイトスピーチを正当化する在特会の論法でもあります。

この論法はその「特権」の根拠の誤認を指摘することで論破することが可能ですが、関東大震災時の朝鮮人虐殺の事例を想起すればわかるように、流言やデマがあたかも本当のことであるかのように流通してしまうと、もはや反駁の声すらかき消されてしまいます。差別的言動はネット空間に拡散しやすいだけでなく、大手メディアにおいても、愛国主義的風潮が醸成される〈空気〉のうちでは、差別批判の言論がいっそう隅に追いやられ、だれも検証しない「特権」のような言説が、うわさで広まっていくという可能性にいつでも晒されています。

それではこうした新しいタイプの論法の人種差別の浸透しやすさはどこにあるのだろう、ということですが、それはやはりその社会内に蓄積する〈野蛮の言説〉であり、人々の意識下に沈潜する差別感情に由来するのではないでしょうか。明確なかたちをとる古典型の差別的発言には反対だが、一部のマイノリティが社会内で不当に恩恵を受けているという見解を無批判に肯定してしまうような感覚の素地には、私たちの社会内に蓄積される〈野蛮の言説〉があるのだと思います。そして、そうした内なる〈野蛮の言説〉が、たとえばこうした一見それらしい論法をきっかけに表出してしまうのではないでしょうか。

現代の日本社会は、「共生」と「多様性」をうたいながらも、この社会の意思決定を担うのはマジョリティとしての「日本人」の「健常者」です。これにはさまざまな要因がありますが、たとえば教育の観点から考えてみると、こうした社会構造をとる理由は、受験システムに基づく学歴社会にあることは歴然としています。この場合、もっとも重視される〈能力〉とは知性です。そもそも知性とは何か、という根本問題をひとまず措けば、知的能力とは、この社会の〈常識〉においては、知性の測定に基づく学歴だと捉えられます。試験で高スコアをとり合格することが学歴社会の至上命令となるわけですが、この「競争」は「敗者」を構造的に生み出します。たしかに試験は「平等」であるわけですが、学歴が身分や職種の格差につながる社会においては、受験を有利に進めるための諸々の条件が家庭にあるか否かで、そもそものスタート地点が変わります（この点はピエール・ブルデュー、ジャン＝クロード・パスロン『遺産相続者たち——学生と文化』

（一九六四年）が基礎文献です）。ですから、この学歴競争に参加することが当然視されている日本社会で生活する人々は、この価値基準をおのずと身につけています。すなわち、能力差による人間の差別化を是認するこの社会に合わせ、「日本人」の「健常者」も、能力主義にすっかり慣れているということです。

ところが、たとえば日本になんらかの理由でやって来て、この土地に新たに住むことになる一〇歳代の外国の若者の境遇を想像すればわかるように、まず日本語能力がなければこの競争に加わることはできません。一般論として「移民」が新しい土地で暮らし、新たな社会において意思決定に携わるような立場を得るためには、数世代を経なければなりません。

また、そもそも重度の知的障害を抱えている人は、最初からこの社会の教育システムから除外されています。だからこそ「健常者」であることを内面化した視点から見る場合、あらかじめ社会から排除されている子供は抹消したほうが良いのだ、という優生学的発想を抱くようになります。しかし、それはいったい誰にとって良いのでしょうか。それは親であり社会にとってであり、生まれてくる命にとってではないでしょう。

＊

今回は〈野蛮の言説〉の現在形を知るために、現代日本における人種差別と優生思想について考えてみました。ヘイトスピーチについては二〇一三年以降、相当数の著作が出ていますが、今回取りあげた『なぜ、いまヘイト・スピーチなのか――差別、暴力、脅迫、迫害』（二〇一三年）にも寄稿している安田浩一『ヘイトスピーチ――「愛国者」たちの憎悪と暴力』（二〇一五年）や師岡康子『ヘイト・スピーチとは何か』（二〇一三年）が手に取りやすいところです。鵜飼哲ほか著『レイシズム・スタディーズ序説』（二〇一二年）は現代の人種差別を思想的課題と捉えて向き合った本です。

相模原障害者殺傷事件についても事件後に関連書がおおく刊行されましたが、ここでは話の都合からうまく紹介しきれなかった、立岩真也・杉田俊介『相模原障害者殺傷事件――優生思想とヘイトクライム』（二〇一六年）を挙げておきます。この本の著者のひとり立岩真也は、「青い芝の会」の主張を受け止めつつ、理念と現実とのすり合わせをいかに考えるのかという立場から執筆・発言しており、共著者の杉田俊介の考察とともに、個人的に学ぶことが多かったです。また「青い芝の会」については原一男監督による映画『さようならＣＰ』（一九七二年）があり一見に値します。

さて次回が講義の締めくくりです。私たちは〈野蛮の言説〉にたいしてどのように向き合うべきなのか。そのことを改めて考えてみます。

最終講 〈野蛮の言説〉とどう向き合うか

〈野蛮の言説〉を掲げたこの講義もついに最終回を迎えました。これまでの一四回分の講義内容は多岐にわたっています。そこで、まずはこの講義の全体を改めて振り返ります。そのうえで私たちが〈野蛮の言説〉にいかに向き合うべきかについて、その心構えを確認し、本講義の締めくくりとしたいと思います。

講義全体の要約

最初は〈野蛮の言説〉という術語にどのような意味合いがあるのかを確認することから始めました。〈言説〉はフーコー的な含意において他者を〈野蛮〉だとする言葉の蓄積を指し示す概念として用いるとともに、古代ギリシャの「バルバロス」が外国語を話す民族を指すものであったことや、サイードの議論を参照しながら〈野蛮〉が西洋の外部に定立する大きな転換点を一四九二年に見出しました。また新大陸の食人種という表象をめぐり、フランスでは未開や自然

状態と結びつく「ソヴァージュ」の語に由来する「善良な野生人」の系譜があることを指摘しました。（第一講）

西洋における〈野蛮の言説〉は新大陸の「インディオ」を征服する論拠として展開します。セプルベダはアリストテレスに依拠してインディオの先天的奴隷説を展開する一方、ラス・カサスはインディオ擁護の言論を展開し、スペイン人によるインディオ虐殺見聞録を記します。さらにヨーロッパ列強の新大陸争奪戦の背景には、シュミットの『大地のノモス』にあったようにインディオの改宗を目的とした征服戦争が国際法上合法だとする議論や、〈野蛮人〉は農耕民ではない点でインディオの土地は無主地だという議論があったことを確認しました。（第二講）

ラス・カサスはインディアスの破壊のうちにアフリカの破壊との相関関係を見てとりました。事実、アフリカの破壊は、大西洋奴隷貿易と新大陸での奴隷制に直結しています。ウィリアムズの『資本主義と奴隷制』にあるとおり、イギリスの産業革命を準備する原初的蓄積を可能としたのが新大陸で生産される熱帯作物であり、奴隷制でした。（第三講）

この新大陸の奴隷制と並行して西洋では一八世紀以降、（一）理性の重視、（二）世界の解明に特徴付けられる啓蒙主義が、現在に至る諸学の基盤を形成していきます。その世界解明の企図において「人種」の概念が注目され、リンネ以降、ナチュラリストを中心に人種分類の試みが進みます。その試みの背景にはキリスト教的世界観があり、なかでもプラトン以来非公式に受け継が

れる「存在の連鎖」がありました。（第四講）

この人種分類は、白人種を頂点とし、それ以外の人種を劣った〈亜種〉と定めました。そして、動物と人間の連続性への着目から、もっとも類人猿に近いとされる〈亜種〉として注目されたのが黒人、なかでも「ホッテントット」でした。サラ・バートマンの見世物興行、死体解剖、さらには死後の標本化は、生きているあいだだけでなく死んだあとも見世物として晒しつづける、西洋の非道さの物語とも受け取れます。（第五講）

科学的言説が大きな展開を迎えるのは一九世紀であり、象徴的には、「存在の連鎖」の連続性の論理を引き継ぐ進化論の学説の定着化によってでした。ダーウィニズム以前から解剖学、骨相学、頭蓋骨計測によって人種間の知性の差異を測ることがおこなわれており、自分たちヨーロッパ人が世界において優位な人種であるという思想は、植民地主義を背景に、疑われざる大前提でした。それが時代の〈常識〉であったわけです。（第六講）

進化論が科学的に蓋然性の高い理論として発表され、定着していくのはダーウィンの『種の起源』以降であり「人為選択」を自然に適用・拡張した「自然選択（自然淘汰）」の学説と「生存闘争」の理論によって説明される生物の進化の過程は、ついに西洋において〈神〉なしで存在する世界の説明を可能としたのでした。この科学上の大発見は、キリスト教的世界観から科学的世界観への完全移行をもたらす一方、当然のこととして、生物の進化の過程を動植物から人間に適用・拡張することで、人種の序列化の科学的説明原理をなしました。ダーウィンの支持者のうちにはヘッケルやスペンサーのように、ダーウィニズムを人間社会にまで拡張し、啓蒙期以降のナチュラリストによる人種の序列化を正当化する議論がなされます。(第七講)

ヘッケルのような立場は、社会進化論者という烙印のもとに顧みられなくなります。進化論は今日の科学の主要基盤にして定説です。ところがこの定説に基づく社会進化論は悪しき差別主義を助長する危険思想だと封印されました。しかし進化論と社会進化論は切り離し難いものであることは、ダーウィンの『人間の由来』でもって明らかです。進化論の暗部を見ることなしには人種主義として展開した〈野蛮の言説〉の意義を十分に受け止めることはできません。(第八講)

一九世紀は科学の世紀であるとともに植民地主義の世紀です。コンラッドの『闇の奥』は、ヨーロッパ大陸に隣接するアフリカ大陸を征服するにあたって西洋におけるアフリカ表象の源泉をなしてきました。そこは圧倒的な原始の自然が支配する、文明と隔絶した土地です。『闇の奥』におけるクルツ氏の狂気を中心に、アーレントは小説の核心を原始の自然における文明人の退化に見ましたが、この解釈に見られるのはアフリカを野蛮の地だと表象し続ける文明と野蛮の構図であり、この意味で「ヨーロッパのアフリカ化」論であることを確認しました。(第九講)

アフリカ分割以降の植民地化は「文明化の使命」や「白人の重荷」の大義のもとに西洋の論理でもって展開されていきますが、その過程でヨーロッパ人による現地民虐殺が横行します。なかでもその規模でナチによるユダヤ人大虐殺を上回るのが、レオポルド二世の私有地コンゴ自由国における象牙と天然ゴム搾取にともなう一千万人規模の大虐殺でした。二〇世紀初頭に欧米社会で報じられたにも関わらず、第二次世界大戦以降は「ホロコースト」と「原爆」が人類の決定的惨劇だと記憶される一方、それ以前の西洋による虐殺は忘却されます。この選択的忘却とともに、ドイツ領アフリカにおける生存圏思想や虐殺がナチズムの政策を準備したことも指摘しました。（第一〇講）

ナチ・ドイツは、西洋のもっとも極端化した〈野蛮の言説〉とその実践だったと言えます。ニュルンベルク裁判での戦犯の裁きはナチ的言説を断罪・排斥した〈戦後精神〉の始まりでしたが、そのように封印したナチ的言説とは〈野蛮の言説〉にほかならず、ヒトラーの『わが闘争』の思想の背骨にあたるのが社会進化論に見られる弱肉強食の思想です。人種主義に基づくユダヤ人排斥論と混血忌避論、そこから導かれる絶滅収容所の政策は、ナチを悪魔祓いして済ますことはできないということを、「人類」がけっして「野蛮」から逃れられないという視座のもとに書かれたホルクハイマーとアドルノの『啓蒙の弁証法』やアドルノの警句「アウシュヴィッツ以後、詩を書くことは野蛮である」から考察しました。（第一一講）

進化論の「自然選択（自然淘汰）」と「生存闘争」は人間社会では優生思想に繫がります。ゴルトンからダーウィンを経てナチ・ドイツに至る優生思想の展開と「生きるに値しない命」の苦痛なき抹消方法としての安楽死政策がナチ・ドイツ時代に組織的におこなわれ、ガス室によるユダヤ人大量虐殺を準備した事実をたどりました。この所業を人類史上許されない犯罪と捉えるだけでなく、ナチ・ドイツの〈常識〉と戦時下においては安楽死政策がむしろ倫理にかなうと考えられたことにも想像力を働かせるため、ニュルンベルク裁判の判決にしたがって死刑に処せられた医師の最終弁論に注意を向けました。（第一二講）

〈野蛮の言説〉の展開は、西洋を模範に近代化を推し進めていった〈戦前〉と〈戦中〉の日本でもたどれます。その事例に取りあげたのは、人類館による琉球、アイヌの人々をはじめとする人間動物園であり、関東大震災時の朝鮮人虐殺とデマ・流言であり、病因の解明と細菌兵器の開発を目的とした七三一部隊による生体実験でした。七三一部隊の生体実験は戦時下での〈敵〉の殺害によって正当化された行為であり、昭和天皇の戦争責任に象徴される未決の問題が、断絶したかに見える〈戦前〉と〈戦後〉を連続させていることを指摘しました。（第一三講）

近代日本の〈野蛮の言説〉は二一世紀以降の現代日本社会にも脈々と続いています。そのことを近年のヘイトスピーチ現象、とくに在特会による在日コリアン差別と、相模原障害者殺傷事件を事例に確認しました。人種差別においては愛国的排外主義の傾向、障害者差別には優生思想が見られます。障害者差別には「青い芝の会」による先鋭的抗議運動が存在するにも関わらず、殺傷事件は起きたわけでした。こうした〈野蛮の言説〉には特定の人物の「異常性」では片付けられない、日本社会に埋め込まれた他者蔑視の蓄積があることを確認するとともに、この問題を考える指標として学歴社会に見られる能力主義を指摘しました。(第一四講)

物語り行為における記憶と忘却

今回、講義で採用した方法論は、言うなれば思想史のスタイルです。〈野蛮〉の語を中心にこの語が〈文明〉との対比においてどのような問題系を有しているのかを時系列的にたどることを試みました。思想史は「存在の連鎖」の水脈をたどった、あのアーサー・ラヴジョイが切り拓いた学問分野です。ラヴジョイから着想を借り受けたとはいえ、私が試みたのは完全に我流のスタイルであり、独学以外の何物でもありません。本来、言及すべきものに言及していない可能性は十分にありえます。

講義は、知識の伝達という要素が強いわけですが、さまざまな情報を整理し、伝えるためにはストーリーが必要です。今回のメインストーリーは〈野蛮の言説〉でした。物語るという行為は、物語をつうじて世界を現出させる行為です。ところが、その行為には現出されない出来事がいつでも付きまといます。ですから、この講義でも語られていないことはたくさんあります。なかには単純に知らないこともあれば、限られた時間(紙幅)のうちに組み込めなかった事柄もあります。

もちろんこれは講義にかぎった話ではなく、言語によって語られること全般に言えます。その観点で重要であるのは、〈歴史〉もまた物語り行為に基づいているという認識です。理論的な考察は、野家啓一『物語の哲学』（一九九六年）や鹿島徹『可能性としての歴史――越境する物語り理論』（二〇〇六年）をお読みいただくことにして、ここでは歴史を物語る行為は、「事実」を選択することであり、また〈歴史〉の背後には見えない語り手がいるのだということを指摘しておきます。ですから、高校までの歴史教科書で学んできた事項にも、何を記述し、何を記述しないか、という判断があり、その判断は語り手であるところの執筆者によるものですが、最終的な決定を下すのは教科書検定、つまりは文部科学大臣であることは、第一三講の家永裁判の折に触れました。家永教科書は、七三一部隊を日本の歴史の一部として記憶することを求めたわけですが、司法の下した判断は教科書検定の決定を覆すものではありませんでした。ですから、教科書で学ぶ歴史事項がすべてではないことは当然ですし、本講義では高校までの学習事項にも依拠しながら、これまでに学ぶことのなかった知の脈絡をつけることを試みました。

歴史は物語り行為であるからこそ、そこには記憶の選択が働きます。コンゴ自由国におけるジェノサイドの一般的忘却はこの点に関わっています。もちろん、すべてを知り、記憶することなどできません。ですが、知ることの努力を怠れば、どうなるか。記憶が都合よく書き換えられてしまうかもしれません。現に自由主義史観の主張は、私が記憶するかぎりの言論状況では登場時は強い力をもっていませんでしたが、いまや相当の効力を有していると言えます。日本の愛国主義的な歴史観は、〈野蛮の言説〉論に照らせば、恣意的な記憶の選択による排外主義的な歴史の見方を提示しているわけですが、それが時代の〈常識〉となるような状況下では、人はそれが過度な他者蔑視の思想であることにも疑問を抱かないようになります。〈戦前〉の〈常識〉はまさにそのようなものだったのでしょう。

例外状態としての戦場

二一世紀前半の世界状況は日本にかぎらず自国民優先の思潮が強まっています。経済停滞と連動しているこの現象は、国内外に〈敵〉を想定し、〈敵〉にたいする差別的言動でもって国内多数派の同胞意識を強めているように思われます。この強者の論理が〈常識〉となることで弱者を切り捨てるのが〈野蛮の言説〉であり、この言説に基づいた〈敵〉の抹消がおこなわれるのが戦場です。戦場での殺戮のみならず一種の惨殺が可能となるのは、他者を自分と同じ人間とは見なさないからでした。同胞一人の死にたいして敵一〇〇人の死を求めるという話をラス・カサスの報告で確認しましたが、他者を蔑視する言説は、この非対称な関係性に基づく殺戮を可能とするものです。七三一部隊の生体実験も「お国のため」という忠誠心のもとに、捕虜を最終的に殺害する以上、死ぬまでのあいだその身体を切り刻んでも良いという残忍な発想にまで至りました。

こうした〈野蛮の言説〉の現代的事例として最後に触れておきたいのが、二〇〇一年九月一一日以降、アメリカ合衆国政府が有志連合とおこなった「テロとの戦争」です。西谷修によれば、「テロとの戦争」は、国家間の戦争という従来の国際法に基づいた戦争とは異なり、ある国家がテロリスト集団と名指す相手にたいし戦争を一方的に宣言することにその特徴があります。テロリストの嫌疑をかけられた人間には人権は保障されず、グアンタナモやアブグレイブの刑務所における捕虜は人間以下の扱いを受けます（『夜の鼓動にふれる――戦争論講義』二〇一五年）。テロリストと名指された人間から人間性を剝奪することが許される論理は〈野蛮の言説〉の二一世紀的形態だと言えるかもしれません。

常識への懐疑

〈野蛮の言説〉論の重要な教訓は、私たちが、時代の社会常識にかなりの程度規定された価値観に基づいた判断を下している、ということです。ところが、その社会常識は、別の社会や別の時代には通用しない部分が必ず出てきます。たしかに“common sense”つまりは「共通感覚」としての〈常識〉は社会において不可欠な機能を果たしますが、〈野蛮の言説〉はその〈常識〉のうちに潜在的に宿っています。この〈常識〉に潜在する〈野蛮の言説〉から私たちが逃れることは容易ではありません。

〈常識〉を疑うべきだというメッセージはともすれば陳腐に聞こえるかもしれません。しかし言いたいことは、個人の主観的な判断であると考えているものでさえ、時代の影響を被るがゆえに、自分の考えが社会でよく言われていることの是認でしかないことがありうる、つまりは自分の意見ではなく他人の積み上げてきた意見を繰り返しているにすぎない可能性が否めないということです。ではどうすればよいか、ということですが、これは自分の意見や判断の根拠を絶えず検証するよう努力するしか、〈常識〉を相対化する方法はありません。それが、与えられた情報から作り出されてきた共通感覚を疑う唯一の方途だと考えます。

この共通感覚を相対化しえたときに初めて〈常識〉をより良い方向に向けて変容させるという理念を抱くことができるのではないでしょうか。〈野蛮の言説〉が〈常識〉に宿っているならば、その〈常識〉を変えることで〈野蛮の言説〉を無効化することは、不可能ではありません。困難な試みではありますが、この世界には〈野蛮の言説〉を批判する言論も数多く展開されてきました。本講義ではセゼールの『植民地主義論』をたびたび引きましたし、「青い芝の会」の活動にも触れました。この点では、私が専門とするアフリカ系文学のなかにも植民地主義や人種差別にたいする批判が数多くあります。ですが今回は、こうした〈野蛮の言説〉批判の前に、他者を蔑視し、他者の支配を正当化する言葉が西洋において数世紀をかけて蓄積されてきた過程をたどることを重視しました。差別の言葉の圧倒的蓄積を知ることをつうじて、はじめて差別される側から発された言葉の強度を知ることができると考えたからです。

ですから社会の多数派であることを自覚するとき、自分たちの〈常識〉の外に置かれるだけでなく、当の〈常識〉でもって苦しめられる人々がいることを知ることが大切です。たとえば、アパルトヘイトにたいするネルソン・マンデラに代表されるアフリカ民族会議の抗議活動は当時の南アフリカ（南ア）の人種主義体制を批判するものでした。もし私たちが当時の南アの白人であれば、白人であることの特権性に基づいた社会は〈常識〉であるはずです。黒人は能力的に劣っているのだから身分格差があるのは当然だと思うことでしょう。反対に私たちが南アの黒人であった場合には、人種主義に基づく白人側の〈常識〉に憤りを感じるけれども、だからと言って抵抗すれば白人の定めた法律によって裁かれるから、屈従するほかないでしょう。アパルトヘイト体制が確立し、白人社会が黒人による抗議活動の法的根拠すらも奪うなか（アフリカ民族会議の政党活動を非合法化しました）、マンデラが行き着いたのは地下潜伏による武装闘争でした。「テロリズム」です。結果、マンデラは二六年間の獄中生活を送るわけですが、その間を耐え忍び、一九九四年、南アの大統領に選出されることにより、アパルトヘイト体制が撤廃されます。ちなみにアパルトヘイト体制下の南アにおいて日本人は日本企業の南アへの進出から「名誉白人」という「称号」を得ていました。経済的関係において日本人は南アの人種差別政策を支持していたということです。

話がずれましたが、〈常識〉とはこのように長い時間をかけて変容させられるものです。ただしその変容が〈野蛮の言説〉を無効化する方向に向かうとはかぎらず、現代世界の動向に見られるように、各国において他者蔑視を強めていく方向にも変容してしまうのです。

知性の平等

最後にお伝えしたいのは、知性における平等という考え方です。前回の最後に、能力主義の典型としての日本の学歴社会に言及しました。入学の難易度は偏差値として数量的に可視化され、それによって教育機関のランク付けがなされます。こうした選抜方法が採用されるのは、小学校から大学に至る学校設立の初期段階で、〈戦前〉には国家に資する人材育成というエリート主義があったのがその理由となります。ここで問題としたいのは、選抜それ自体ではなく、偏差値による序列化です。

私は理念的には「最高学府」である大学の場は、偏差値のような知性の測定の仕方から解放されるべきだと思っています。そこで知性の平等なのですが、この考え方は政治哲学者ジャック・ランシエール（一九四〇—）の教育論に由来するもので、ランシエールの議論（たとえば『無知な教師』法政大学出版局、二〇一一年）を踏まえれば、人々が「知性」という語で捉える差は「注意力」という語に置き換えることができます。すなわち「知的能力」の差は人間のあいだには本来存在せず、各人の注意力の向け方にその差があるのだ、と極論すればそう言えるわけです。誰しも好きなことには熱中することができます。好きなことには注意が向きますが、好きだと積極的に思えない事柄については、多くの場合、無関心となってしまいます。すなわち、関心の幅と注意の向け方が、「知性」においては何より重要なのだと、個人的には考えています。

ですから、遠い国、遠い場所、遠い過去という、日常と切り離された事柄へ注意・関心が向くことは、そこに深い「知性」（能力主義とは異なる知性）の働きがあるのだ、と私は考えます。受験勉強では身につけにくいものですが、大学とは、そうした遠い国、遠い場所、遠い過去をめぐる研究者が集う場所でもあり、大学での学びは多様かつ深遠な可能性を秘めています。この講義は大学生の教養科目を念頭においていることから、高校から大学への新たな学びの入り口となることを願い、数多くの本を紹介することも目的としていました。各回に読書案内をもうけたのはそのためで、だれもが図書館で借りて読める日本語の本に限りました。

この講義で話したことは、先行する多くの著述に負っています。講義では〈野蛮の言説〉をめぐるストーリーを大まかに語ったにすぎません。私たちが生き続けるあいだつきまとうこの厄介な問題を、紹介した書籍などを参考に各人で掘り下げてくだされば、一介の教師としてこれにまさる喜びはありません。長々とお付き合いくださり、どうもありがとうございました。

参考文献一覧

アーレント、ハンナ／大島通義・大島かおり訳『新版　全体主義の起原2――帝国主義』（みすず書房、二〇一七年）

アズララ、ゴメス・エアネス・デ／長南実訳『ギネー発見征服誌』（大航海時代叢書　第II期『西アフリカ航海の記録』岩波書店、一九六七年）

アタリ、ジャック／斎藤広信訳『1492――西欧文明の世界支配』（ちくま学芸文庫、二〇〇九年）

アチェベ、チヌア／粟飯原文子訳『崩れゆく絆』（光文社古典新訳文庫、二〇一三年）

アチェベ、チヌア「アフリカのイメージ――コンラッド『闇の奥』の人種差別」（一九七七年、未訳）Achebe, "An Image of Africa: Racism in Conrad's *Heart of Darkness*", version revised for the 1988 third Norton Critical Edition of *Heart of Darkness*, pp.251-62.

アドルノ、テオドール・W／渡辺祐邦・三原弟平訳『プリズメン――文化批判と社会』（ちくま学芸文庫、一九九六年）

ヴィーコ／上村忠男訳『新しい学』全二巻（中公文庫、二〇一八年）

ウィリアムズ、エリック／中山毅訳『資本主義と奴隷制――ニグロ史とイギリス経済史』（理論社、一九七八年）

ウォーレス、A・R／谷田専治・新妻昭夫訳『熱帯の自然』（ちくま学芸文庫、一九九八年）

ヴォルテール／安斎和雄訳『歴史哲学――「諸国民の風俗と精神について」序論』（法政大学出版局、一九八九年）

エルティス、デイヴィッド、デイヴィッド・リチャードソン／増井志津代訳『環大西洋奴隷貿易歴史地図』（東洋書林、二〇一二年）

オビエード／染田秀藤・篠原愛人訳『カリブ海植民者の眼差し』（アンソロジー新世界の挑戦、岩波書店、一九九四年）

カント／中山元訳『永遠平和のために／啓蒙とは何か他3編』（光文社古典新訳文庫、二〇〇六年）

カント／福田喜一郎訳「さまざまな人種について」（『カ

ント全集3』岩波書店、二〇〇一年）

カント／望月俊孝訳「人種の概念の規定」（『カント全集14』岩波書店、二〇〇〇年）

カンパー／森貴史訳・解説『カンパーの顔面角理論』（関西大学出版部、二〇一二年）

ギャラファー、ヒュー・G／長瀬修訳『ナチスドイツと障害者「安楽死」計画』（現代書館、一九九六年）

グールド、スティーヴン・J／鈴木善次・森脇靖子訳『人間の測りまちがい――差別の科学史』全二巻（河出文庫、二〇〇八年）

クレー、エルンスト／松下正明監訳『第三帝国と安楽死――生きるに値しない命の抹殺』（批評社、一九九九年）

ゴビノー『人種不平等論』（一八五三―五五年、未訳）

Gobineau, *Essai sur l'inégalité des races humaines*, Gallimard, coll. "Pléiade", tome 1, 1983.

コロンブス／青木康征訳『完訳 コロンブス航海誌』（平凡社、一九九三年）

コロンブス／林屋永吉訳『コロンブス航海誌』（岩波文庫、一九七七年）

コロンブス／林屋永吉訳『全航海の報告』（岩波文庫、二〇一一年）

コンドルセ／渡邊誠訳『人間精神進歩史』全二巻（岩波文庫、一九五一年）

コンラッド／木宮直仁訳『海の想い出』（平凡社ライブラリー、一九九五年）

コンラッド／黒原敏行訳『闇の奥』（光文社古典新訳文庫、二〇〇九年）

コンラッド／藤永茂訳『闇の奥』（三交社、二〇〇六年）

コンラッド／木宮直仁訳『コンラッド自伝――個人的記録』（鳥影社、一九九四年）

サイード、エドワード／今沢紀子訳『オリエンタリズム』全二巻（平凡社ライブラリー、一九九三年）

サイード、エドワード／大橋洋一訳「ふたつのヴィジョン――『闇の奥』における」（『文化と帝国主義1』みすず書房、一九九八年）

シャマユー、グレゴワール／加納由紀子訳『人体実験の哲学――「卑しい体」がつくる医学、技術、権力の歴史』（明石書店、二〇一八年）

シュパング、クリスティアン・W／高木彰彦訳「カール・ハウスホーファーとドイツの地政学」（『空間・社会・地理思想』二二号、二〇一九年）

シュミット、カール／新田邦夫訳『大地のノモス――ヨーロッパ公法という国際法における』上下（福村出

版、一九七六年）
ジョルダン、ベルトラン／林昌宏訳『人種は存在しない——人種問題と遺伝学』（中央公論新社、二〇一三年）
スペンサー、ハーバート／森村進編訳『ハーバート・スペンサー コレクション』（ちくま学芸文庫、二〇一七年）
セゼール、エメ／砂野幸稔訳『帰郷ノート／植民地主義論』（平凡社ライブラリー、二〇〇四年）
セプルベダ／染田秀藤訳『第二のデモクラテス——戦争の正当原因についての対話』（岩波文庫、二〇一五年）
ゼメリング、ザムエル・トーマス『黒人とヨーロッパ人の身体的差異について』（一七八五年、未訳）Söemmering, *Über die körperliche Verschiedenheit des Negers vom Europäer*, Varrentrapp Sohn und Wenner, 1785.
ダーウィン／長谷川眞理子訳『人間の由来』全二巻（講談社学術文庫、二〇一六年）
ダーウィン／渡辺政隆訳『種の起源』全二巻（光文社古典新訳文庫、二〇〇九年）
ダーウィン／島地威雄訳『ビーグル号航海記』全三巻（岩波文庫、一九五九—六一年）
タイラー、エドワード・バーネット／松村一男監修『原始文化 上・下』（国書刊行会、二〇一九年）
タイラー、エドワード・バーネット／比屋根安定訳『原始文化——神話・哲学・宗教・言語・芸能・風習に関する研究』（誠信書房、一九六二年）
チェイス＝リボウ、バーバラ／井野瀬久美惠監訳『ホッテントット・ヴィーナス——ある物語』（法政大学出版局、二〇一二年）
ディドロ／中川久定訳『ブーガンヴィル航海記補遺』（「シリーズ 世界周航記 第2巻」岩波書店、二〇〇七年）
ディドロ、ダランベール／桑原武夫訳『百科全書』（岩波文庫、一九九五年）
トゥエイン、マーク／佐藤喬訳『レオポルド王の独白』（理論社、一九六八年）
トドロフ、ツヴェタン／及川馥・大谷尚文・菊地良夫訳『他者の記号学——アメリカ大陸の征服』（法政大学出版局、一九八六年）
ニアヌ、D・T編／宮本正興日本語版責任編集『ユネスコ アフリカの歴史』第四巻（同朋舎出版、一九九二年）
バンヴェニスト、エミール／蔵持不三也ほか共訳『インド＝ヨーロッパ諸制度語彙集』全二巻（言叢社、一九八六—一九八七年）
ハンケ、L／佐々木昭夫訳『アリストテレスとアメリカ・インディアン』（岩波新書、一九七四年）
ハンチントン、サミュエル／鈴木主税訳『文明の衝突』

全二冊（集英社文庫、二〇一七年）

ヒトラー／平野一郎・将積茂訳『わが闘争 上――I 民族主義的世界観』（角川文庫、二〇〇一年）

ヒトラー／平野一郎・将積茂訳『わが闘争 下――II 国家社会主義運動』（角川文庫、二〇〇一年）

ヒトラー／平野一郎訳『続・わが闘争――生存圏と領土問題』（角川文庫、二〇〇四年）

ビトリア／佐々木孝訳『人類共通の法を求めて』（アンソロジー新世界の挑戦、岩波書店、一九九三年）

ヒューム／田中敏弘訳『道徳・政治・文学論集［完訳版］』（名古屋大学出版会、二〇一一年）

ビュフォン／荒俣宏監修、ベカエール直美訳『ビュフォンの博物誌――全自然図譜と進化論の萌芽』（工作舎、一九九一年）

ビンディング、カール、アルフレート・ホッヘ／森下直貴・佐野誠訳『「生きるに値しない命」とは誰のことか――ナチス安楽死思想の原典を読む』（窓社、二〇〇一年）

フィンケルスタイン、ノーマン・G／立木勝訳『ホロコースト産業――同胞の苦しみを「売り物」にするユダヤ人エリートたち』（三交社、二〇〇四年）

ブーガンヴィル／山本淳一訳『世界周航記』（「シリーズ世界周航記 第2巻」岩波書店、二〇〇七年。全訳は「一七・一八世紀大旅行記叢書」岩波書店、一九九〇年）

フーコー、ミシェル／慎改康之訳『言説の領界』（河出文庫、二〇一四年）

フーコー、ミシェル／慎改康之訳『知の考古学』（河出文庫、二〇一二年）

フーコー、ミシェル／神谷美恵子訳『臨床医学の誕生』（みすず書房、一九六九年、新装版、二〇一一年）

ブルデュー、ピエール、ジャン＝クロード・パスロン／戸田清ほか訳『遺産相続者たち――学生と文化』（藤原書店、一九九七年）

プレッツ、アルフレート『われわれの種の屈強さと弱者の保護』（一八九五年、未訳）Ploetz, *Die Tüchtigkeit unserer Rasse und der Schutz der Schwachen*, Berlin, 1895.

フレドリクソン、ジョージ・M／李孝徳訳『人種主義の歴史』（みすず書房、二〇〇九年、新装版、二〇一八年）

ヘッケル／後藤格次訳『生命の不可思議』全二巻（岩波文庫、一九二八年）

ヘロドトス／松平千秋訳『歴史』全三巻（岩波文庫、一九七一―七二年）

ポーター、ロイ／見市雅俊訳『啓蒙主義』（岩波書店、二〇〇四年）

ホックシールド、アダム『レオポルド王の亡霊』（一九九八年、未訳）Hochschild, *King Leopold's Ghost*, Mariner Books,1998.
ポリアコフ、レオン／アーリア主義研究会訳『アーリア神話——ヨーロッパにおける人種主義と民族主義の源泉』（法政大学出版局、一九八五年）
ホルクハイマー、アドルノ／徳永恂訳『啓蒙の弁証法——哲学的断章』（岩波文庫、二〇〇七年）
マーシャル、P・J、グリンデュア・ウィリアムズ／大久保桂子訳『野蛮の博物誌——18世紀イギリスがみた世界』（平凡社、一九八九年）
マルサス／斉藤悦則訳『人口論』（光文社古典新訳文庫、二〇一一年）
マルサス／南亮三郎監修『人口の原理』（中央大学出版部、一九八五年、『人口論』第六版の翻訳）
マンデラ、ネルソン／峯陽一監訳、鈴木隆洋訳『自由への容易な道はない——マンデラ初期政治論集』（青土社、二〇一四年）
メイエール、ジャン／猿谷要監修『奴隷と奴隷商人』（創元社、一九九二年）
モーガン、ルイス・ヘンリー／青山道夫訳『古代社会』全二冊（岩波文庫、一九五八—六一年）
モレル、エドモンド『赤いゴム——西暦一九〇六年にコンゴで繁盛するゴムの奴隷商売の話』（一九〇六年、未訳）Morel, *Red Rubber: The Story of the Rubber Slave Trade Flourishing on the Congo in the Year of Grace 1906*, Nassau Print, 1906.
モンテーニュ／原二郎訳『エセー』全六巻（岩波文庫、一九六五—六七年）
モンテスキュー／野田良之ほか訳『法の精神』全三巻（岩波文庫、一九八九年）
ユゴン、アンヌ／堀信行監修『アフリカ大陸探検史』（創元社、一九九三年）
ラヴェッソン、フェリックス／杉山直樹・村松正隆訳『十九世紀フランス哲学』（知泉書院、二〇一七年）
ラヴジョイ、アーサー／内藤健二訳『存在の大いなる連鎖』（ちくま学芸文庫、二〇一三年）
ラス・カサス／長南実訳、石原保徳編『インディアス史』全七巻（岩波文庫、二〇〇九年）
ラス・カサス／染田秀藤訳『インディアスの破壊についての簡潔な報告』（岩波文庫、二〇一三年）
ラッツェル、フリードリッヒ／由比濱省吾訳『人類地理学』（古今書院、二〇〇六年）
ラッツェル、フリードリッヒ『政治地理学』（一八九七

年、未訳）Ratzel, *Politische Geographie*, München und Leipzig, R. Oldenbourg, 1897.
ラマルク、ジャン＝バティスト／高橋達明訳『動物哲学』（朝日出版社、一九八八年）
ランシエール、ジャック／梶田裕・堀容子訳『無知な教師――知性の解放について』（法政大学出版局、二〇一一年）
ルソー／原好男訳『人間不平等起源論』（『ルソー・コレクション 起源』白水社、二〇一二年）
レディカー、マーカス／上野直子訳『奴隷船の歴史』（みすず書房、二〇一六年）
レリー、ジャン・ド／二宮敬訳『ブラジル旅行記』（大航海時代叢書 第Ⅱ期『フランスとアメリカ大陸2』岩波書店、一九八七年）
ロック／加藤節訳『統治二論』（岩波文庫、二〇一〇年）
荒井裕樹『差別されてる自覚はあるか――横田弘と青い芝の会「行動綱領」』（現代書館、二〇一七年）
池本幸三・布留川正博・下山晃『近代世界と奴隷制――大西洋システムの中で』（人文書院、一九九五年）
石田勇治『ヒトラーとナチ・ドイツ』（講談社現代新書、二〇一五年）
市野川容孝「ドイツ――優生学はナチズムか」（米本昌平ほか『優生学と人間社会――生命科学の世紀はどこへ向かうのか』講談社現代新書、二〇〇〇年）
鵜飼哲ほか著『レイシズム・スタディーズ序説』（以文社、二〇一二年）
演劇「人類館」上演を実現させたい会編『人類館――封印された扉』（アットワークス、二〇〇五年）
岡倉登志『「野蛮」の発見――西欧近代のみたアフリカ』（講談社現代新書、一九九〇年）
岡崎勝世「リンネの人間論――ホモ・サピエンスと穴居人（ホモ・トログロデュッテス）」（『埼玉大学紀要教養学部』四二巻二号、二〇〇五年）
岡崎勝世『科学VSキリスト教――世界史の転換』（講談社現代新書、二〇一三年）
岡崎勝世『世界史とヨーロッパ――ヘロドトスからウォーラーステインまで』（講談社現代新書、二〇〇三年）
岡崎勝世『聖書VS世界史――キリスト教的世界観とは何か』（講談社現代新書、一九九六年）
岡本恵徳・高橋敏夫編『沖縄文学選――日本文学のエッジからの問い』（勉誠出版、二〇〇三年、新装版、二〇一五年）

岡本春一『フランシス・ゴールトンの研究』（ナカニシヤ出版、一九八七年）
岡和田晃・マーク・ウィンチェスター編『アイヌ民族否定論に抗する』（河出書房新社、二〇一五年）
鹿島徹『可能性としての歴史——越境する物語り理論』（岩波書店、二〇〇六年）
片岡大右『隠遁者、野生人、蛮人——反文明的形象の系譜と近代』（知泉書院、二〇一二年）
加藤直樹『九月、東京の路上で——1923年関東大震災ジェノサイドの残響』（ころから、二〇一四年）
仮名垣魯文『安愚楽鍋』（岩波文庫、一九六七年）
北垣徹「社会ダーウィニズムという思想」（『現代思想 総特集ダーウィン——『種の起源』の系統樹』三七巻五号、二〇〇九年四月）
姜徳相・山田昭次・張世胤・徐鍾珍ほか『関東大震災と朝鮮人虐殺』論創社、二〇一六年）
栗原久定『ドイツ植民地研究——西南アフリカ・トーゴ・カメルーン・東アフリカ・太平洋・膠州湾』（パブリブ、二〇一八年）
高史明『レイシズムを解剖する——在日コリアンへの偏見とインターネット』（勁草書房、二〇一五年）
斉藤光「ダーウィンにおける性選択（sexual selection）の問題」（『現代思想 総特集ダーウィン——『種の起源』の系統樹』三七巻五号、二〇〇九年四月）
佐藤恵子『ヘッケルと進化の夢——一元論、エコロジー、系統樹』（工作舎、二〇一五年）
島崎藤村『破戒』（岩波文庫、二〇〇二年）
白川静『新訂 字統』（普及版、平凡社、二〇〇七年）
鈴木球子「啓蒙思想時代の異国のイメージ」（『愛知大学言語と文化』三六号、二〇一七年）
添谷育志「大量虐殺の語源学——あるいは「命名の政治学」」（『明治学院大学法学研究』九〇号、二〇一一年一月）
高田紘二「ヒュームと人種主義思想」（『奈良県立大学研究季報』第一二巻、三・四号、二〇〇二年）
高橋哲哉「《闇の奥》の記憶——アーレントと「人種」の幻想」（『記憶のエチカ』岩波書店、一九九五年）
竹沢尚一郎『表象の植民地帝国——近代フランスと人文諸科学』（世界思想社、二〇〇一年）
竹沢泰子「アメリカ人類学にみる進化論と人間の「差異」——太平洋を往来した人種論」（『現代思想 総特集ダーウィン——『種の起源』の系統樹』三七巻五号、二〇〇九年四月）
竹田英尚『キリスト教のディスクール』（ミネルヴァ書房、二〇〇〇年）

竹田英尚『文明と野蛮のディスクール』（ミネルヴァ書房、二〇〇〇年）
立岩真也・杉田俊介『相模原障害者殺傷事件――優生思想とヘイトクライム』（青土社、二〇一六年）
中央档案館ほか編／江田憲治ほか編訳『証言 人体実験――七三一部隊とその周辺』（同文館出版、一九九一年）
中央档案館ほか編／江田憲治ほか編訳『証言 生体解剖――旧日本軍の戦争犯罪』（同文舘出版、一九九一年）
常石敬一『七三一部隊――生物兵器犯罪の真実』（講談社現代新書、一九九五年）
ナンタ、アルノ「ポール・ブロカの形質人類学の前提――政治（性）の拒否と変移説の否定」（『人文学報』第九七号、二〇〇八年八月）
西成彦『［私家版］ジェノサイド縦横（2017―2019）』（二〇一九年）
西川祐子「ビュフォンの「人間誌」（『自然誌』より）その1」（『中部大学 国際関係学部紀要』一号、一九八五年）
西崎雅夫編『証言集 関東大震災の直後 朝鮮人と日本人』（ちくま文庫、二〇一八年）
西谷修『アメリカ――異形の制度空間』（講談社選書メチエ、二〇一六年）
西谷修『世界史の臨界』（岩波書店、二〇〇〇年）
西谷修『夜の鼓動にふれる――戦争論講義』（ちくま学芸文庫、二〇一五年）
野間易通『「在日特権」の虚構――ネット空間が生み出したヘイト・スピーチ』（河出書房新社、二〇一三年）
野家啓一『物語の哲学』（岩波現代文庫、二〇〇五年）
長谷川一年「ゴビノーとフィルマン――二つの人種理論」（柳沢史明・吉澤英樹・江島泰子編『混沌の共和国――「文明化の使命」の時代における渡世のディスクール』ナカニシヤ出版、二〇一九年）
長谷川一年「ゴビノーの人種哲学（一）――『人種不平等論』を中心に」（『同志社法学』五二巻四号、二〇〇〇年）
長谷川一年「ゴビノーの人種哲学（二）――『人種不平等論』を中心に」（『同志社法学』五二巻五号、二〇〇一年）
浜忠雄『ハイチ革命とフランス革命』（北海道大学図書刊行会、一九九八年）
浜本隆志編『欧米社会の集団妄想とカルト症候群――少年十字軍、千年王国、魔女狩り、KKK、人種主義の生成と連鎖』（明石書店、二〇一五年）
平野亮『骨相学――能力人間学のアルケオロジー』（世織書房、二〇一五年）

藤永茂『「闇の奥」の奥――コンラッド・植民地主義・アフリカの重荷』(三交社、二〇〇六年)
藤野寛『アウシュヴィッツ以後、詩を書くことだけが野蛮なのか――アドルノと〈文化と野蛮の弁証法〉』(平凡社、二〇〇三年)
布留川正博『奴隷船の世界史』(岩波新書、二〇一九年)
保坂展人『相模原事件とヘイトクライム』(岩波ブックレット、二〇一六年)
細見和之『フランクフルト学派――ホルクハイマー、アドルノから二一世紀の「批判理論」へ』(中公新書、二〇一四年)
堀利和編『私たちの津久井やまゆり園事件――障害者とともに〈共生社会〉の明日へ』(社会評論社、二〇一七年)
前田朗編『なぜ、いまヘイト・スピーチなのか――差別、暴力、脅迫、迫害』(三一書房、二〇一三年)
松永俊男『チャールズ・ダーウィンの生涯――進化論を生んだジェントルマンの社会』(朝日選書、二〇〇九年)
松村高夫編『〈論争〉七三一部隊』(晩聲社、一九九四年)
萬年甫・岩田誠編訳『神経学の源流3 ブロカ』(東京大学出版会、一九九二年)
溝井裕一『動物園の文化史――ひとと動物の五〇〇〇年』(勉誠出版、二〇一四年)
宮本正興・松田素二編『改訂新版 新書アフリカ史』(講談社現代新書、二〇一八年)
森貴史「カンパーの顔面理論からナチスの人種論へ」(浜本隆志編『欧米社会の集団妄想とカルト症候群』明石書店、二〇一五年)
師岡康子『ヘイト・スピーチとは何か』(岩波新書、二〇一三年)
八杉龍一編訳『ダーウィニズム論集』(岩波文庫、一九九四年)
安田浩一『ヘイトスピーチ――「愛国者」たちの憎悪と暴力』(文春新書、二〇一五年)
山口定『ファシズム』(岩波現代文庫、二〇〇六年)
山田昭次『関東大震災時の朝鮮人迫害――全国各地での流言と朝鮮人虐待』(創史社、二〇一四年)
弓削尚子『啓蒙の世紀と文明観』(山川出版社、二〇〇四年)
横田弘『増補新版 障害者殺しの思想』(現代書館、二〇一五年、初版は一九七八年)
横塚晃一『母よ、殺すな』(生活書院、二〇〇七年、初版は一九七五年)
吉井良隆「えびす神研究――ヒルコとヒルメ」(吉井良隆編『えびす信仰事典』戎光祥出版、一九九九年)
吉開那津子/湯浅謙追補『増補新版 消せない記憶――

日本軍の生体解剖の記録』（日中出版、一九九六年）
米本昌平『遺伝管理社会——ナチスと近未来』（弘文堂、一九八九年）
米本昌平ほか『優生学と人間社会——生命科学の世紀はどこへ向かうのか』（講談社現代新書、二〇〇〇年）
渡辺公三「パリ人類学会——帝政から共和政への変動の時代に問われた「人間」とは」（『身体・歴史・人類学Ⅲ——批判的人類学のために』言叢社、二〇一八年）
渡辺公三「一九世紀のフランス市民社会と人類学の展開——共和主義と人種」（『身体・歴史・人類学Ⅱ——西欧の眼』言叢社、二〇〇九年）
渡辺公三『司法的同一性の誕生——市民社会における個体識別と登録』（言叢社、二〇〇三年）
渡邊憲正「「文明と野蛮」の図式」（『関東学院大学経済経営研究所年報第三五集』二〇一三年、四六—七〇頁）
『西洋思想大事典』全五巻（平凡社、一九九〇年）

あとがき

本書を執筆するにあたっての筆者の動機については本書のまえがきに書いたとおりだ。ここでは舞台裏を少しだけ明らかにしておこう。

直接のきっかけは、二〇一七年八月某日にもらった本書の担当編集者、堀郁夫さんからのメールだ。それは〈野蛮〉を主題とする本の企画相談だった。本人に内緒で当時の文面の一部を引用すると「オリエンタリズムにせよ、現代のいじめにせよ、他者を排除する心性の背後には、自己の正当化があると思います。その正当化の論理が、どのように発生したのか。それは古代から脈々と人類がもっているものなのか、それとも「近代」という時代が生み出したものなのか……」こうした関心を堀さんが抱いており、前著『カリブ－世界論』を読んで筆者にこの企画を提案してくれたのが、そもそものはじまりだった。

執筆は難航した。内容も無論そうだが、どのようなスタイルで書くのかが、一番の問題だった。そんな時、恩師、西谷修さんの戦争論講義『夜の鼓動にふれる』(ちくま学芸文庫、二〇一五年)のことを思い出した。すると山口昌男の聞き書き講義録『学問の春』(平凡社新書、二〇〇九年)、今福龍太・鵜飼哲編『津波の後の第一講』(岩波書店、二〇一二年)などこれまでに親しんできた講義形式の本のことも思い出し、学生を想定したスタイルで書いてみようと思い立った。

この間、本書の一部を話す機会にも恵まれた。山形大学人文社会科学部では二〇一八年七月六日に「〈野蛮の言説〉を考える」と題した講演をおこなった。職場の同僚たちの研究会でも筆者の問題関心を話す機会を得た。そうした場でいただいたコメントが本書には反映されている。

さらに執筆中、二〇一九年より西成彦さんが立命館大学で「ジェノサイドと奴隷制」研究会を始めた。とくに本書後半部の筆者の問題意識は、ジェノサイドの問題を長年考え続けてきた西さんから深い影響を受けていたのではないかと思わずにはいられない。

分量の関係から書けなかったことは多い。アメリカ合衆国の「黒人問題」、南アフリカのアパルトヘイト政策、イスラエルによる「パレスチナ問題」、ルワンダの虐殺といった事例から、物神崇拝、サド・マゾヒズム、拷問、倒錯といった主題まで、論じる予定で書ききれなかった。上記の事柄すべてに取り組んだら確実にまとまらなかったとはいえ、〈野蛮の言説〉はこうした問題の射程も有している。

原稿がほぼ完成したところで、ブレイディみかこさんから本書のための言葉をいただいた。その的確にして新鮮な言葉に、ただただ感謝しかない。同じく書籍化に向けて陰ながら支えてくれた株式会社鷗来堂の校閲の方、そして筆者の注文に丁寧に応えてくれたデザイナーの宗利淳一さんに感謝の意を記したい。

最後に、本書の内容の第九講までは、早稲田大学法学部二〇一九年前期の講義科目「地域文化」で実際に話した内容である。講義準備をかねて執筆を続けた。最後まで付き合ってくれた二〇人ほどの鋭く麗しい目の受講生に感謝したい。

二〇二〇年一月

中村 隆之

人名・著作名索引

サ

タ

ナ

ハ

マ

ヤ

ラ

春陽堂ライブラリー 2

野蛮の言説——差別と排除の精神史

二〇二〇年二月一〇日 初版第一刷 発行
二〇二二年一月三〇日 第二刷 発行

著者 中村隆之
発行者 伊藤良則
発行所 株式会社 春陽堂書店
〒一〇四—〇〇六一 東京都中央区銀座三‐一〇‐九
電話 〇三‐六二六四‐〇八五五
装釘 宗利淳一［協力・齋藤久美子］
印刷・製本 株式会社 シナノパブリッシングプレス
乱丁本・落丁本はお取替えいたします。
ＩＳＢＮ９７８‐４‐３９４‐１９５０１‐６ Ｃ１３２０

中村隆之（なかむら・たかゆき）

カリブ海フランス語文学研究。同地域の文学を概観した小冊子『フランス語圏カリブ海文学小史』（風響社、2011年）刊行後、マルティニック島とグアドループ島という「小さな場所」から世界を考える地域研究書『カリブ-世界論』（人文書院、2013年）に取り組む。『エドゥアール・グリッサン』（岩波書店、2016年）でこの偉大なカリブ海作家の全貌を素描するとともに、グリッサンの『フォークナー、ミシシッピ』（インスクリプト、2012年）および『痕跡』（水声社、2016年）を翻訳。アフリカ系文化全般を視野に入れた〈環大西洋文学〉の展望で研究を続けるとともに『魂の形式 コレット・マニー論』（カンパニー社、2021年）以降、音楽文化研究にも着手している。現在、早稲田大学法学学術院准教授。